21世纪经济管理专业应用型本科系列教材

管理学原理

（第3版）

乔颖丽 ◎ 主编

清华大学出版社
北京

内 容 简 介

本书涵盖管理学的基本理论体系,以"四职能论"为主线展开,计划、组织、领导和控制形成本书的主体框架。围绕主体框架,主要在三个方面做延伸:从计划职能中将决策职能分离开来;从组织职能中延伸出人员配备职能和沟通职能;从领导职能中延伸出激励职能。区别决策与计划的关系,突出管理中的决策问题和人的问题。据此本书由三大部分共 11 章组成。第一部分为总论,包括绪论、管理理论的形成和发展;第二部分为管理的基本原理;第三部分是管理职能部分,包括决策、计划、组织、人员配备、领导、激励、沟通、控制。

本书主要定位于应用型本科或高职高专院校经济管理类学生,也适用于其他初涉管理学领域的读者。教材体系清晰,内容精练,逻辑性强,思路易于把握。通过精心设计的例题,使教师和学生在最短的课时内,掌握通常认为不易理解的管理技术和方法。

本书封面贴有清华大学出版社防伪标签,无标签者不得销售。
版权所有,侵权必究。举报:010-62782989,beiqinquan@tup.tsinghua.edu.cn。

图书在版编目(CIP)数据

管理学原理 / 乔颖丽主编. --3 版. --北京:清华大学出版社,2016(2023.6重印)
(21 世纪经济管理专业应用型本科系列教材)
ISBN 978-7-302-42684-4

Ⅰ. ①管… Ⅱ. ①乔… Ⅲ. ①管理学—高等学校—教材 Ⅳ. ①C93

中国版本图书馆 CIP 数据核字(2016)第 014225 号

责任编辑:高晓蔚
封面设计:汉风唐韵
责任校对:宋玉莲
责任印制:刘海龙

出版发行:清华大学出版社
网　　址:http://www.tup.com.cn,http://www.wqbook.com
地　　址:北京清华大学学研大厦 A 座　　邮　编:100084
社 总 机:010-83470000　　　　　　　　邮　购:010-62786544
投稿与读者服务:010-62776969,c-service@tup.tsinghua.edu.cn
质量反馈:010-62772015,zhiliang@tup.tsinghua.edu.cn
课件下载:http://www.tup.com.cn,010-62770175 转 4506

印 装 者:三河市龙大印装有限公司
经　　销:全国新华书店
开　　本:185mm×260mm　　印　张:13.25　　字　数:297 千字
版　　次:2002 年 3 月第 1 版　　2016 年 2 月第 3 版　　印　次:2023 年 6 月第 3 次印刷
定　　价:45.00 元

产品编号:067322-02

21 世纪经济管理专业应用型本科系列教材

编 委 会

主　　　编：刘进宝

编委会成员：潘　力　刘建铭　乔颖丽
　　　　　　李红艳　李海舰　张思光
　　　　　　秦树文

总 序

教材建设是高校的基本任务之一，是学科建设的主要组成部分。教材作为体现教学内容和教学方法的知识载体，无疑是承载教学改革思路并传导至教学对象的主导媒介。

本系列教材编委会成员 1998 年开始对高等职业教育经济管理类专业教材体系进行系统研究。2000 年 7 月与清华大学出版社合作，开始了本系列教材的编写工作。2002 年 3 月本系列教材第一版由清华大学出版社正式出版。2008 年，由清华大学出版社对修订后的系列教材进行了再版发行，并配了相应的教学课件。2014 年 8 月，受清华大学出版社委托，教材编委会在吉林省吉林市召开了教材修订编写会议，决定对原有教材进行重新修订和编写。

本次教材修订主要以满足应用型本科教育经济管理类专业的教学需求为目的，同时兼顾高等职业教育、实际工作技能培训的需求。教材编写以先进性、实用性、针对性为主导原则，突出培育应用型人才的需求特色。教材体系简明精练，理论选择深浅适度、范围明确，不求面面俱到；内容削枝强干，强化应用性、实践性、可操作性，削减抽象的纯概念性阐述和繁复的模型推演。在此基础上，教材具有如下特色：

（1）以建立新型课程体系为立足点，以教育教学改革新趋势为理论基础，明确应用型本科教育经济管理类系列教材编写的总体思路。

教材编委会基于经济全球化大背景，以近年来我国应用型本科教育教学改革主要成果所提出的理论与数据为依据，对本系列教材的编写宗旨进行前瞻性研究。本系列教材以建立新型课程体系为立足点，坚持"三用"（理论管用、知识够用、内容实用）和"三性"（创新性、普适性、典型性）的基本原则，重点融合国内外应用型本科教育改革新思想，以更宽阔的视野，融入国内外经济体系，从而赋予本系列教材新的内涵与定位；坚持理论与实践相结合，加强教学改革，提高教学质量，适应社会需求，努力打造国内应用型本科教育经济管理类优秀教材体系。

（2）从应用型本科教育经济管理类人才总体培养目标出发，设计教材模块结构，构建完整、系统的应用型本科教育经济管理类教材体系。根据应用型本科教育经济管理类人才能力和素质培养的需要，建立基本素质模块教材、行业基础模块教材和职业定向模块教材的框架结构，分别编写公共专业基础类教材、专业必修类教材、选修类教材以及职业定向类教材等。使用者可根据学生职业定向，灵活选择组合各类教材，构建基于职业定向的完整、系统的高等职业教育经济管理类教材体系。这一模式突出了各专业人才培养特点,满足了社会对各专业人才的需求,能够有效提高毕业生就业率。

(3) 适应应用型本科教育经济管理类课程教学改革,服务"案例牵引、项目驱动"的教学方法,形成适合工学结合、"零距离"培养的教材风格和内涵。教材的编写突破了多年来教材的编写框架,抛弃了传统的以内容为纲目的编写体例,转向以案例为牵引,以工作任务或项目为纲目的编写体例,力求把专业理论教学与技能训练一体化,直观地把课堂教学引导到理论与实际密切结合的轨道上来。

在本系列教材的出版过程中,清华大学出版社的编辑人员给予了很大支持,教材编委会全体同仁及教材全体编写人员在此表示衷心感谢。

前 言

本书是在2002年出版的《管理学原理》(第1版)和2015年出版的《管理学原理》(第2版)的基础上修订、完善而成,面向应用型本科或高职高专经济管理类学生。本书自出版发行以来,迅速得到广大读者的认可,累计重印了15次,发行量达到9万余册。为了能及时反应管理学理论与实践的发展动态,更好地适应教学的需要,本着总结经验、保留精华、发现问题、力求完善的原则,我们对教材作了进一步的修订和更新。第3版沿承了前两版教材内容精练、语言通俗、表述简要、深入浅出、注重实用的特点,旨在给初学者输入清晰、系统的管理学思维方式,让他们理解并掌握管理学是什么、要做什么、怎样做。

本书由河北北方学院教授乔颖丽担任主编,河北北方学院教师张飚担任副主编。参加本书编写的有乔颖丽(第一、二、三、四、五、九章)、张飚(第六、八、十一章)、孙殿君(第十章)、郭倩倩(第七章)。乔颖丽、张飚负责对全书内容体系的设计和统稿总纂。

管理学是一门涉及面广的学科,持续更新知识、总结经验、提高理论水平是我们每个人永恒的目标。对于书中出现的缺点和不足之处,敬请专家和读者指正,我们将在不断的学习和教学实践中广汲博取,至诚至真追求更高的目标。

本书编写过程中参考了大量相关教材和论著,在此一并致谢。

乔颖丽
2015年10月

目 录

第一章 绪论 ... 1
- 第一节 管理的概念 ... 1
- 第二节 管理的含义 ... 3
- 第三节 管理学的研究内容与特性 ... 5
- 本章小结 ... 6
- 思考与理解 ... 7
- 课外阅读 ... 7
- 【案例分析】 ... 7

第二章 管理理论的形成和发展 ... 9
- 第一节 早期管理思想 ... 9
- 第二节 古典管理理论 ... 14
- 第三节 行为科学理论 ... 17
- 第四节 现代管理理论 ... 21
- 第五节 几种管理新观念 ... 23
- 本章小结 ... 27
- 思考与理解 ... 28
- 课外阅读 ... 28
- 【案例分析】 ... 28

第三章 管理的基本原理 ... 30
- 第一节 系统原理 ... 30
- 第二节 系统原理在管理中的应用 ... 32
- 第三节 其他基本原理 ... 35
- 本章小结 ... 39
- 思考与理解 ... 39
- 课外阅读 ... 39

【案例分析】 ·· 40

第四章 决策 ·· 41

第一节 决策概述 ·· 41
第二节 决策的基本原则 ·· 44
第三节 决策的程序 ·· 45
第四节 决策的方法 ·· 48
本章小结 ·· 56
思考与理解 ··· 57
课外阅读 ·· 57
【案例分析】 ·· 57

第五章 计划 ·· 59

第一节 计划概述 ·· 59
第二节 计划的类型 ·· 62
第三节 计划的编制过程 ·· 64
第四节 计划的实施方法 ·· 66
本章小结 ·· 74
思考与理解 ··· 74
课外阅读 ·· 74
【案例分析】 ·· 75

第六章 组织 ·· 76

第一节 组织概述 ·· 76
第二节 组织结构设计 ··· 79
第三节 典型的组织结构 ·· 87
本章小结 ·· 91
思考与理解 ··· 92
课外阅读 ·· 92
【案例分析】 ·· 92

第七章 人员配备 ··· 94

第一节 人员配备概述 ··· 94
第二节 职务分析和工作设计 ·· 98
第三节 人员的招聘、考评与培训 ·· 102
本章小结 ·· 108
思考与理解 ··· 109
课外阅读 ·· 109

【案例分析】 …………………………………………………………… 109

第八章　领导

　　第一节　领导概述 …………………………………………………… 111
　　第二节　领导理论 …………………………………………………… 113
　　第三节　领导决策 …………………………………………………… 120
　　第四节　领导艺术 …………………………………………………… 124
　　第五节　领导的有效性和领导方式 ………………………………… 126
　　本章小结 ……………………………………………………………… 129
　　思考与理解 …………………………………………………………… 129
　　课外阅读 ……………………………………………………………… 130
　　【案例分析】 …………………………………………………………… 130

第九章　激励

　　第一节　激励概述 …………………………………………………… 132
　　第二节　激励理论 …………………………………………………… 134
　　第三节　激励的原则和方法 ………………………………………… 139
　　本章小结 ……………………………………………………………… 143
　　思考与理解 …………………………………………………………… 143
　　课外阅读 ……………………………………………………………… 143
　　【案例分析】 …………………………………………………………… 144

第十章　沟通

　　第一节　沟通概述 …………………………………………………… 146
　　第二节　沟通的基本策略 …………………………………………… 150
　　第三节　沟通的障碍与控制 ………………………………………… 153
　　第四节　组织中的正式沟通与非正式沟通 ………………………… 157
　　本章小结 ……………………………………………………………… 161
　　思考与理解 …………………………………………………………… 162
　　课外阅读 ……………………………………………………………… 162
　　【案例分析】 …………………………………………………………… 162

第十一章　控制

　　第一节　控制概述 …………………………………………………… 164
　　第二节　控制工作过程 ……………………………………………… 166
　　第三节　控制工作的基本类型 ……………………………………… 169
　　第四节　有效的控制系统 …………………………………………… 172
　　第五节　控制技术和方法 …………………………………………… 176

本章小结 …………………………………………………………… 180
思考与理解 ………………………………………………………… 181
课外阅读 …………………………………………………………… 181
【案例分析】 ……………………………………………………… 181
思考与理解答题要点 ……………………………………………… 183

第一章

绪论

第一节 管理的概念

一、管理的起源与发展

管理起源于人类的共同劳动，发展于社会分工的细致化和协作的普遍性。

人类的共同劳动需要分工协作，自从人类以群体的形式参与活动以来，协调、组织、指挥就成为必不可少的行为。从这种意义上讲，管理与人类的历史共存，人类有史以来，只要有共同劳动的地方，就不同程度地有协调、指挥、组织等管理活动存在。远古时代的人类在狩猎时就有不同的分工，其中最重要的分工，就是发出信号来指挥他人相互配合，以达到群体成员行动的协调一致，提高获取猎物的可能性。

随着人类社会的不断进步，社会分工逐渐细致化，协作的范围也不断拓展，对管理的要求不断提高。特别是 18 世纪下半叶，始于英国的产业革命在西方国家迅速推进，工具机的进步带动了动力机的进步，机器大工业替代着工场手工业，工厂制应运而生，工厂规模持续扩大，分工与协作变得具体和明晰，社会化大生产逐渐成为普遍的生产方式。这一时期起，管理的重要性及作用日益突出，成为合理组织社会化大生产和提高劳动生产率的重要手段，管理实践日益丰富，管理经验不断积累，一些重要的管理思想由实践中产生。

到了 19 世纪末 20 世纪初期，公司规模扩大，市场竞争日趋激烈，大企业的有效管理成为一项新的课题。这一时期，管理成为一种专门的职业，出现了专门的管理者阶层。在管理实践中，管理者阶层针对急需解决的现实问题，开始研究有效的管理措施和方法，从不同角度探寻管理中存在的共性内容，提出了相应的管理理论。管理理论的诞生，标志着管理已经从经验发展到规律，是管理学知识体系和学科体系形成的里程碑。

二、管理的概念

管理的中文含义为管辖、治理。管辖是指管理能达到的范围，是权限；治理则是指管理权限的运用。因此，管理可以理解为在一定范围内，为了实现既定的目标，对人员和事物的安排和处理。英文中的管理一词有 management（工商管理）和 administration（行政管理)两种表述方法。到目前为止,管理一词尚无统一定义,因为不同的管理者研究管理时的出发点不同,他们对管理下的定义也各异。

马克思在《资本论》第一卷中指出:"一切规模较大的直接社会劳动或共同劳动,都或多或少地需要指挥,以协调个人的活动,并执行生产总体的运动——不同于这一总体的独立器官的运动——所产生的各种职能。一个单独的小提琴手是自己指挥自己,一个乐队就需要一个乐队指挥。"①马克思的阐述表明了管理的本质含义。首先,管理是共同劳动的需要,尤其是社会性的共同劳动,更需要管理;其次,管理是通过指挥来协调劳动的过程,这种指挥可以具体到协调某一个人的活动;最后,劳动过程是在管理过程控制下所进行的,目的在于实现指挥者想要达到的劳动结果。从这种意义上讲,管理是一个过程,是引领他人与自己一道去实现既定目标的过程。

一些管理学家强调工作的重要性。美国管理学家小詹姆斯·H.唐纳利等认为,管理就是由一个或者更多的人来协调他人的活动,以便收到个人单独活动所不能收到的效果而进行的活动。美国的管理学家哈罗德·孔茨、海因茨·韦里克认为,管理就是设计并保持一种良好环境,使人在群体里高效率地完成既定目标的过程。可见,他们强调集体成员的活动必须协调一致,为此需要一种专门的活动,这种活动即管理。另有强调决策重要性的管理学家,如美国的赫伯特·A.西蒙有一个著名的观点:管理就是决策。还有强调管理是一系列特殊职能过程的学者,如美国的弗里蒙特·E.卡斯特等认为,管理就是计划、组织、控制等活动的过程。著名的管理过程学派代表人物法约尔认为,管理就是实行计划、组织、指挥、协调、控制。法约尔的观点在我国学术界影响广泛。

将管理方法、管理职能与管理目标结合起来的学者对管理的概念有不同的表述。科学管理之父泰罗认为:管理是一门怎样建立目标,然后用最好的方法经过他人的努力来达到的艺术。美国管理学者丹尼尔·A.雷恩说:"给管理下一个广义而又切实可行的定义,可把它看成是这样的一种活动,即它发挥某些职能,以便有效地获取、分配和利用人的努力和物质资源,来实现某个目标。"②美国管理协会对管理的定义是:管理是通过他人的努力来达到目标。

我国通常采用的定义是将管理职能和管理目标结合起来,强调定义能全面地概括管理的内涵和外延,体现管理的本质和目的:管理是指一定组织中的管理者在特定的组织内外环境的约束下,运用计划、组织、领导和控制等职能,有效地整合、利用组织的资源,协调他人的活动,使他人同自己一起实现组织的既定目标的活动过程。

管理的这一概念包括六个内涵要点:管理的主体、管理的客体、管理的职能、管理的载体、管理的环境、管理的目的。理解管理的概念需要从这几个内涵要点着手,把握管理的含义。

---

① 马克思.资本论(第一卷·上)[M].第1版.北京:人民出版社,1975:367.
② 丹尼尔·A.雷恩.管理思想的演变[M].李柱流等译.北京:中国社会科学出版社,1997:2.

第二节　管理的含义

一、管理者

管理者是管理的主体，是指管理活动的发起者和执行者，是承担着决策、计划、组织、指挥和控制的组织成员。因此，传统的管理者是那些告诉别人该做什么以及怎样做的组织成员。现代组织结构、管理活动和管理方式发生了根本的变化，传统的属于管理者职责范围内的工作分布于更多的职位中。例如在目标管理及团队管理方式中，在学习型组织这样的组织形式中，所有的组织成员均参与制定计划和制定决策，都具有自我控制的职责。据此，现代管理者是承担着协调与整合职责的组织成员，他们最主要的工作是协调组织的人力、财力、物力资源，整合他人的行动，达到与别人一起或者通过别人实现组织目标的目的。

根据组织结构设计的需要，可将管理者分成不同的种类。按管理者所负责的组织活动范围分为直线管理者和职能管理者。直线管理者是在组织中拥有指挥权的主管人员，他们在组织中被赋予制定决策、执行决策及发布命令的权力。职能管理者是指组织中服务于直线管理者的参谋人员，他们最基本的职权是建议权，一般没有指挥权。只有在直线管理者授权给参谋人员时，他们才会拥有原来属于直线管理者的指挥权。按管理者在组织中所处的层次分为：从事决策工作的高层管理人员，从事执行工作的中层管理人员，以及从事作业工作的基层管理人员。

从管理者在组织中充当的角色看，杰出的管理学者明茨伯格研究了管理者的管理行为类型，经过归纳，提出了管理者担当着人际关系角色、信息传递角色以及决策制定角色这样三种角色。人际关系角色是指管理者担任着与组织中的下级和组织外部的相关人员交往的角色，因此管理者是挂名首脑、领导者和联络者。信息传递角色是说管理者是寻求和获取外部信息的"监听者"，是将收集到的信息传递给组织其他成员的信息"传递者"，还是为完成组织目标而做出相应抉择的决策者。

就管理者应具备的能力而言，另一位著名的管理学者孔茨将管理技能概括为三种，分别为技术技能、人际技能和概念技能。技术技能是指管理者要熟悉某特定领域的专业知识，对基层管理者尤为重要。人际技能是成功地与别人打交道并与别人沟通的能力，各层次管理者都应具备。概念技能是管理者对复杂情况进行抽象化和概念化的能力，对高层管理者尤其重要。概念技能指一系列的能力，包括能够提出新的想法和新的思想的能力、能够进行抽象思维的能力、能够把一个组织看成是一个整体的能力，以及能够识别在某一个领域的决策对其他领域将产生何种影响的能力。简言之，概念技能主要表现为创新与变革能力、系统分析问题和解决问题的能力，以及驾驭全局的能力。

二、管理的对象

管理客体是指管理活动的接受者、对象，即组织的各类资源，包括人力资源、财力资源、物质资源、信息资源、关系资源、时间资源。一个组织中最重要的资源是人，因为人是最主要的管理对象,其他各类资源都是由人来运用的。此外,物力、财力的配备是一个组织生存与发展的物质基础。对人力、物力与财力三种资源的管理要求是使三者在组织中同步化、和谐化,即所谓协调。一个协调的组织可以发挥应有的效率,做到人尽其才、物尽其用、财尽其力。信息资源、关系资源和时间资源是现代信息社会中组织高效率运营与发展的关键性资源。信息时代,"地球是平的",快速的信息联系拉近了人与人之间的距离,也提出了如何快速应对市场变化、保证组织在激烈的市场竞争中长盛不衰的新要求。在经济全球化的发展趋势中,信息获取的渠道、速度与时效越来越成为决定组织生存发展的重要力量,因此信息资源、关系资源和时间资源成为重要的管理对象,成为组织的高层管理者应用和提升概念技能的物质基础。

三、管理的职能

管理是管理活动的抽象,在现实社会中,存在的只是具体的管理活动,没有抽象的管理。具体的管理活动就表现为管理者执行的各种管理职能,离开具体的管理职能,管理就是一个空洞的概念。管理的基本职能是合理组织生产力,维护和发展生产关系;管理的具体职能是计划、组织、领导、控制等,又称为管理过程。不同的管理学者对管理职能有着不同的描述。在法约尔的五职能论中,认为管理具有计划、组织、指挥、协调、控制五种职能。古利克的管理七职能(POSDCORB)论则包括计划、组织、人事、指挥、协调、报告、预算七个职能。多职能论对管理职能的描述各有不同,如认为管理的职能包括计划、组织、控制、人员配备、激励、领导等。对管理职能的不同认识中都包含着计划、组织、协调和控制四个最重要的职能,管理的四职能论为目前诸多管理学者所认同。

四、管理的组织

管理起源于集体劳动的分工协作,集体劳动的目的是完成单个人所不能完成的工作任务。集体劳动规模足够大时,为完成特定的工作任务,必须保证集体中的每一个成员行动一致,因此要求形成一定的集体成员间的相互关系体系,这就是管理的组织,它是管理的载体。从静态角度看,组织是一个有一定结构的人员集合系统。组织的结构主要包括部门组成、管理幅度、管理层次这样的实体结构,还包括人员配备、职责与职权划分这样的权责关系界定。从动态角度看,组织是完成组织结构设计的一系列组织工作。组织工作广义的概念,主要指按照一定的原则将组织的工作任务分派到不同的部门和相应的职位、建立职权线等。此外。组织工作还包括维护已形成的组织结构,以及根据环境和工作任务的变化创新组织结构。

五、管理的环境

管理的环境包括影响管理系统生存和发展的一切要素总和。可分为外部环境和内部环境两类。外部环境是指能够对组织绩效造成潜在影响的外部力量和机构,由一般环境因素和具体环境因素构成,各自又包含五个因素。一般环境因素包括:政治法律环境因素、经济环境因素、科学技术环境因素、人文社会环境因素和自然环境因素。具体环境因素包括:顾客、供应商、竞争者、战略同盟(战略伙伴)和管理机构。管理的内部环境因素包括组织的人力、物力、财力及信息资源。

六、管理的目的

管理的目的是实现组织的目标。管理者运用管理职能,协调组织中的人力、财力、物力资源,其最终目的是为了更有效地实现组织的目标。组织的目标能否有效地实现,除了取决于上述管理所涉及的各项内容之外,还取决于组织能否承担相应的社会责任。社会责任对企业组织尤为重要,现代管理中将社会责任定义为"企业追求有利于社会的长远目标的一种义务,它超越了法律和经济所要求的义务。"[①]因此,企业的社会责任是一种道德行为,是有益于社会公众和改善社会环境的行为。管理者对社会责任的关注范围经历了变迁的过程,最初的企业只对企业的所有者和管理层承担责任,此后范围扩大到企业的雇员,再扩展到具体环境中的各种力量,最后涵盖了社会整体——认为企业的社会责任在于保护和增进社会福利的提高,对社会全体公众负责(保护环境、促进社会公正、支持社会活动)。企业承担自己的社会责任有利于企业的持续发展。

第三节 管理学的研究内容与特性

一、管理学的研究内容

管理有许多特殊的领域:行政管理、经济管理、企业管理,以及各种行业、部门和过程的管理。这些领域都有专门的学科从事研究,但是所有领域都有许多共性的内容,因为所有管理都要以一定的组织为载体进行,各种组织的管理对象都是人力、物力、财力和信息资源等,各种组织中都面临着组织、计划、领导和激励等问题。管理学的研究范畴正是这种一般意义上的管理。管理学以一般组织为研究对象,研究管理的基本概念、原理、过程、原则和方法,探求管理过程中的规律性,目的是利用各种管理职能合理配置组织内部资源、适应外部环境并对外部环境产生有利的影响,更有效地实现组织的目标。

二、管理学的科学性与艺术性

管理学既具有科学性特征又具有艺术性特征。

科学是反映自然、社会、思维等客观规律的分科的知识体系。管理是一门科学,因为管理是由一系列概念、原理、原则和方法构成的知识体系,是有规律可循的。因此,管理的科学性是指管理反映了管理活动自身的特点和客观规律性——管理的科学性强调管理是具有特定规律的完整的知识体系。

艺术有三个定义,一是用形象来反映现实但比现实更具典型性的社会意识形态;二是指富有创造性的方式和方法;三是形状独特而美观的样子。管理是一种艺术,因为管理知识的运用具有较强的技巧性和灵活性,管理实践具有创造性。因为管理的主要对象是人,人是世间最具有主观能动性的群体,行为各异,目标不同,性格各有特点;管理是在

[①] 斯蒂芬·P.罗宾斯.管理学[M].第7版.北京:中国人民大学出版社,2004:115.

一定的环境中进行的,不同的环境中,用人、领导、人际关系、沟通、时间运用等都更倾向于艺术性——管理的艺术性更强调管理实践的创造性。

管理是科学与艺术的结合。认识管理的科学性的意义,就在于强调管理是一门科学,具有自身的客观规律性,不仅仅是具备了管理经验就可以成为一个有效的管理者。认识管理的艺术性的意义,可以更清晰地认识到管理同时也是一种艺术,是一种创造性的实践活动,管理是没有模式可循的,并不是系统地掌握了管理学的知识,就可以成为一个有效的管理者。从管理的科学性与艺术性可知,有效的管理艺术以对它所依据的管理理论的理解为基础。因此,管理的科学性与艺术性二者之间并非互相排斥,而为互相补充的关系。

三、管理的二重性

管理具有自然属性和社会属性两种属性,谓之管理的二重性。

管理的自然属性是指管理具有与生产力和社会化大生产相联系的属性。社会化大生产中的协作活动需要管理,与具体的生产关系和特定的社会制度无关。管理的社会属性是与生产关系和社会制度相联系的属性,管理是在一定的社会生产条件下进行的,受相应的生产关系、政治制度和意识形态的影响和制约,体现管理者的意志。

管理的自然属性产生于社会化大生产分工协作的要求,任何社会化的大生产都存在着计划、组织、领导和控制活动,以便有效地配置组织拥有的有限的资源,确保在资源约束下有效地实现组织的目标。管理的社会属性产生于维护和发展特定生产关系和特定意识形态的需要,不同的社会制度、不同的国家、不同的民族主流价值观差异较大,管理也各自具有自身的特色。主要体现在组织目标、社会责任、组织价值观、领导作风、激励方式、管理理念和组织文化等方面。

学习管理的二重性具有重要意义。正确认识管理的二重性,有利于我们学习、引进国外先进的管理理论、技术和方法。人们在长期的管理实践中创造和积累了大量科学的管理方法,如目标管理、全面质量管理、库存管理、成本控制和财务管理等。这些管理理论、技术和方法属于管理的自然属性范畴,是人类共同创造的财富,可以取其所长,为我所用。辩证地理解管理的二重性,有助于结合国情学习、运用及探索有特色的管理模式。不同社会制度下,管理方式方法具有很大的差别。不同国家、不同民族长期形成了自己不同的历史文化,管理理念和价值观有所不同。在学习和运用国外的管理理论方法时,应辨别其局限性,不能全盘照搬,只能从中得到启示,建立健全符合我国生产关系发展要求的管理模式。

本 章 小 结

管理起源于人类的共同劳动,只要有共同劳动的地方就存在着管理。管理发展于社会分工的细致化和协作的普遍性,随着社会化大生产出现,管理从实践发展到了理论。不同的管理学者对管理的概念有不同的描述,我国通常采用的概念为:管理是指一定组织中的管理者在特定的组织内外环境的约束下,运用计划、组织、领导和控制等职能,有效地整合、利用组织的资源,协调他人的活动,使他人同自己一起实现组织的既定目标的活动过程。管理的这一概念包括六个内涵要点:管理的主体、管理的客体、管理的职能、管理的载体、管理的环境、管理的目的。理解管理的概念需要从这几个内涵要点着手,把握管理的含义。

管理学以一般组织为研究对象,研究管理的基本概念、原理、过程、原则和方法,探求管理过程中的规律性,目的是利用各种管理职能合理配置组织内部资源、适应外部环境并对外部环境产生有利的影响,更有效地实现组织的目标。管理学是科学性与艺术性的结合,有效的管理艺术以对它所依据的管理理论的理解为基础。管理具有与生产力相联系的自然属性和与生产关系相联系的社会属性,自然属性和社会属性构成管理的二重性。正确认识、辩证地理解管理的二重性,有利于借鉴国外先进的管理理论和方式方法,有助于形成具有我国特色的管理理论和管理方法。

思考与理解

1. 理解管理的概念。
2. 论述管理的含义。
3. 管理有哪些主要职能?
4. 管理者的含义包括哪些内容?
5. 如何理解管理学的科学性和艺术性?
6. 什么是管理的二重性?管理的二重性有何意义?

课外阅读

1. [美]斯蒂芬·P.罗宾斯. 管理学[M]. 第7版. 北京:中国人民大学出版社,2004:4-135.

【案例分析】

升任公司总裁后的思考

郭宁最近被一家生产机电产品的公司聘为总裁。在他就任此职位的前一天晚上,他回忆起自己在该公司工作二十多年的情况。

郭宁在大学里学的是工业管理专业,大学毕业后就到该公司工作,最初担任液压装配部门的助理监督。刚开始时他每天手忙脚乱,经过努力学习和监督长的帮助,最后胜任了此项工作。经过半年多的努力,他已有能力担任液压装配部的监督长工作。可是,当时公司没有提升他为监督长,而是直接提升他为装配部经理,负责包括液压装配在内的四个装配单位的领导工作。

在他担任助理监督时,主要关心的是每天的作业管理,技术性很强。他担任装配部经理后,要求自己不仅要关心当天装配工作状况,还要作出此后数周乃至数月的规划,同时还要完成许多报告和参与很多会议,因而没有时间去从事技术工作。在他担任装配部经理后不久,就发现原有的装配工作手册已经过时,于是他花了整整一年时间去修订工作手册。由于该公司的生产工艺频繁发生变化,工作手册也不得不经常修订,郭宁对此都完成得很出色。几年后,他将工作手册交给助手,自己腾出更多的时间用于规划工作和帮助他的下属工作得更好,花更多的时间去参加会议、批阅报告和完成自己向上级的工作汇报。

在他担任装配部经理6年之后,公司负责规划工作的副总裁辞职,郭宁便主动申请担任这一职务。在同另外5名竞争者较量之后,郭宁被正式提升为规划工作副总裁。他自信拥有担任这一职务的能力,但由于此职务工作的复杂性,仍给刚到任的他带来不少麻烦。经过努力,他逐渐适应了新职位,并获取了很好的成绩。之后,他又被提升为负责生产工作的副总裁,这一职位通常是由该公司资历最深、辈分最高的副总裁担任的。

现在,郭宁又被提升为公司的总裁。他知道,一个当上公司最高主管的人应该相信自己有处理可能出现的任何情况的才能,但他也明白尚未达到这样的水平。想到自己明天就要上任了,今后数月的情况会是怎么样?他不免为此而担忧。

讨论题:

1. 你认为郭宁当上公司总裁后,他的管理责任与过去相比有了哪些变化?他应当如何去适应这些变化?

2. 你认为郭宁想要成功地胜任公司总裁的工作,哪些管理技能是最重要的?你觉得他具有这些技能么?试加以分析。

3. 如果你是郭宁,你认为当上公司总裁后自己应该补上哪些欠缺,才能使公司取得更好的绩效?

【知识点链接】 管理是否有效,在很大程度上取决于管理人员是否真正具备了一名管理者所必须具备的管理技能。有效的管理者应具备技术技能、人际技能和概念技能。一般来讲,概念技能对高层管理者最重要,技术技能对基层管理者特别重要,因为其最接近现场作业。由于管理工作的对象是人,因此人际技能是所有层次上的管理者必须掌握的基本技能。

第二章 管理理论的形成和发展

第一节 早期管理思想

管理思想随着人类不断丰富的管理实践活动萌生与发展。自有人类以来就有管理实践。人是社会动物，人们所从事的生产活动和社会活动都是集体进行的，需要分工协作，因此需要组织、指挥、控制等管理活动。但人类从事有效的管理活动，大约只不过6000年左右的历史。最早管理思想起源无史可查，早期管理思想大都散见于各国史籍及许多宗教文献之中，一般将人类有史以来至19世纪末这一时期都作为早期管理思想阶段。其中，以18世纪下半叶工业革命之后至19世纪末为管理思想与管理实践迅速发展阶段。

一、国外古代管理思想与管理实践

管理思想是随着生产力发展而不断发展的，古代生产力发展较快的国家的管理思想及管理实践都较丰富。

古巴比伦《汉谟拉比法典》于公元前2000年左右编纂，全文共282条，许多条款涉及责任、借贷、最低工资、交易、会计等管理思想。古罗马皇帝戴克里先曾采用把中央集权与地方分权管理有效结合的连续授权制度。《圣经》旧约全书的《出埃及记》的记载中也体现了管理的授权原则及例外原则。

古埃及金字塔是人类最伟大的管理实践之一。最大的胡夫金字塔建于公元前2600年，高146米，底边各长230米，共用大约230万块经过磨制的巨石，每块平均重2.5吨，有的重15吨。石块从山地拉来，中间还要运过尼罗河。道路完全用经过磨制的石块铺成。修路用10年时间，金字塔又造了20年，其间需同时动用人力10万人，且每三个月轮换一次。塔身的石块之间没有任何黏着物，而是石石相叠，至今虽已历时数千年，人们也很难用一把锋利的铅笔刀插入石块之间的缝隙。如此浩繁又精细的工程，没有周密筹划、合理安排工序及组织人力物力、有效的指挥及控制，是难以完成的。

公元前370年，古希腊人色诺芬（Xenophon）在其著作《经济论》中首次著文论述劳动分工的优越性："在有些地方（工厂），一个人甚至仅仅靠缝鞋底谋生，另一个人靠剪鞋样，而另一个人靠缝鞋帮，与此同时正有一个人不干上述任何一样活计，而是把各个部分缝在一起,一个人专心致志做一种高度专业化的工作,那么他肯定能把工作做得最好。"①

15世纪威尼斯兵工厂几乎一小时就有一艘大船下水,它的管理方法几乎包括了现代工业管理基本方面:组织机构制衡、精确计算、部件储存及存货控制制度、装配线生产、部件标准化、会计控制及成本控制、严密的人事管理制度。

15世纪的意大利著名思想家和历史学家马基亚维利(Machiavelli Niccolo)在著名的《君主论》中提出了四项领导原则,涉及领导者能力、素质等方面,这些都与现代领导理论形成共识:

(1) 领导必须得到群众的拥护。领导者个人及领导行为均能代表群众意愿,因为领导的权力来源于底层而非上层。

(2) 领导者必须维持组织内聚力。保持内聚力的关键是领导者具有威望,能吸引组织成员团结一致。为此领导要给下属以报偿,增进上下级之间的了解。

(3) 领导者必须具备坚强的生存意志。任何组织的目标都是使自己存在下去,为此,组织的领导者必须具有坚韧不拔的意志力,才能实现组织目标。

(4) 领导者必须具有崇高的品德和非凡的能力。

二、中国古代管理思想

中国是世界四大文明古国之一,从春秋战国时期起至19世纪末,管理思想可谓异彩纷呈,不胜枚举。著名的管理实践可与所有的文明古国相媲美。军事韬略古为今用,成为当代世界发达国家商战获胜、在竞争中发展的主导管理思想。

(一) 中国古代管理思想要点

在中国古代丰富多彩的管理思想中,共同点集中于下述几方面②:

(1) 尊重客观规律。在古代中国,这种管理思想为许多著名政治家、思想家所提倡,一般包括二重含义,一是顺应客观规律,扬其所长,发挥自身优势。二是研究客观环境条件及自己的相对位置,适时、适地、适力作出正确决策。

春秋时期政治家管仲管理国家所用的一个重要原则是"与俗同好恶",就是因时、因地制宜,采用相应管理原则和方法。范蠡的"持盈者与天"、"节事者与地"是越王勾践治国的两项基本纲领。前者说的是治国要遵循"天地之常",即天地运行的自然规律;后者指利用地利发展经济。老子则认为,弱可胜强,柔可胜刚,只要善于把握时机,正确利用自身条件,避开强大对手的锋芒,弱者是可以取胜的。荀子的"登高而招,臂非加长也而见者远;顺风而呼,声非加疾也而闻者彰",则强调善于利用有利的客观条件可获事半功倍之效。

(2) 重视人的因素。古代中国儒家思想开创者孔子提出了许多管理思想,其中重视人的因素、重视教育手段是孔子管理思想的一大特点。"为政在人"说的是搞好管理的决定因素是充分发挥人的作用;"举贤才"则要求选拔德才兼备的领导人才。孟子提出"善

---

① 丹尼尔·A.雷恩.管理思想的演变[M].北京:中国社会科学出版社,1986:20.
② 赵靖.中国管理思想史教程[M].北京:北京大学出版社,1993:585-666.

教得民心",是对儒家以教育为管理手段所得效果的总结。贾思勰在《齐民要术》中同时强调提高人与工具的作用,涉及了生产中的劳动管理问题。他说:"欲善其事,先利其器,悦以使人,人忘其劳","抚恤其人,常遣欢悦"。就是说提高生产效率,需先为劳动者提供完好的劳动工具,充分的物资准备,同时使劳动者心情舒畅,关心他们,使他们保持良好的精神状态。

(3) 重视领导的作用。中国古代管理思想集中体现出领导是管理成败关键的共识。其中,孔子在这方面观点最为全面,可概括成如下几条原则:

① 领导的表率作用。领导者自身的品质和行为对管理对象有重要影响,因此孔子一再说:"其身正,不令而行;其身不正,虽令不从。""不能正其身,如正人何?"

② 领导者要慎选一批骨干,参加领导集团,共同发挥表率作用,营造良好的社会风气:"举直错诸枉,则民服;举枉错诸直,则民不服。""举直错诸枉,能使枉者直。"

③ 领导者必须能取得被领导者的信任。中国古代思想家、政治家都重视取信于民的作用,对这一问题的认识并非以孔子为先,但孔子最先以明确的语言论述这一问题:"自古皆有死,民无信不立",对中国传统管理思想产生了深远影响。

④ 领导者要宽以待人,严于律己。要"躬自厚而薄责于人"。

⑤ 领导要统揽全局,善于分级管理。孔子认为,担负全面工作的领导者和担任各种具体工作的被领导者要有所分工。他称道"无为而治者,其舜也与!"是说舜会领导,自己什么具体工作也不做,却能把国家治理得很好。

孔子的领导原则皆包括在当代领导原则、原理之中。

(4) 重视和谐的人际关系。中国古代思想家、政治家都十分重视天时、地利、人和。天时是指有利的周边环境,有利的机会或机遇;地利是指自身所具有的种种优势;人和就是和谐的人际关系。孟子说:"天时不如地利,地利不如人和",突出了人和在三个因素中的首要地位。《孙子兵法·计篇》也提到决定战争胜负的有"道、天、地、将、法"五个因素,"道"居于首位。而"道者,令民与上同欲也"是指领导者与下属团结一致,上下齐心协力实现共同目标。

中国古代管理思想还突出体现在"富国之学"、"治生之学"的经济管理思想中,集中反映在《管子》、《周礼》、《史记·货殖列传》等著作中。代表人物有管仲、荀况、司马迁、白圭等人。

(二) 中国古代军事韬略在现代管理中的应用

《孙子兵法》是春秋时代中国杰出的军事家孙武所著的军事著作,至今仍是在国际上享有盛誉的军事学经典。第二次世界大战之后,生产力得到迅速发展,市场竞争日趋激烈,商场如战场。如何在商场中立于不败之地,国外一些管理者及管理学家注意到了《孙子兵法》在管理方面的价值。"知己知彼,百战不殆"是书中名句,商战中就被移植为心中有数,掌握对方信息与实力,在竞争中居于主动。类似这样的辩证思想书中比比皆是。例如,"合于利而动,不合于利而止"可理解为实现组织目标应考虑到成本;"多算胜,少算不胜"则可用作计划与决策的重要原则,缜密谋划,减少不确定性。日本的企业家和管理学者发表了很多研究论文,日本的一些大公司在培训管理干部时以《孙子兵法》作为教科书或必读书。东亚及欧美的一些国家也肯定了《孙子兵法》对现代管理思想的启示。

《三国演义》是一部包含大量军事、政治谋略的古典小说,日本一些大公司将之与《孙子兵法》并列为培训管理人员时的必读书,许多管理学者和企业家发表了一系列研究论著,如《三国人际关系学》、《三国的智慧》、《〈三国演义〉——商业学的宝库》。《三国演义》中的"隆中对"包含着一系列科学决策思想,被中外企业家广为借鉴。

(三)中国古代著名管理实践

古代中国是世界四大文明古国之一,有许多著名管理实践令现代人叹为观止。

四川省的都江堰,是2000多年前战国时期李冰父子设计修造的,把分洪、灌溉、排沙巧妙地结合在一个工程中,体现出现代管理的系统思想。历经20个世纪,都江堰仍在发挥作用。

举世闻名的万里长城,是不亚于古埃及金字塔的伟大工程,横跨七省市,绵延6 700公里,突兀在群峰峻岭之巅,砖石都要从山下运来,用工之多,用时之长,建筑之难,没有相当的管理水平是难以完成的。

北宋大臣丁渭主持修复失火后的皇宫,在工程复杂、时间紧迫的情况下,提出"一举三得"的修复方案:将皇宫前的大街挖成一条大沟,利用挖出的土烧砖,然后将京城附近的汴水引入大沟,形成运输水道,各地建筑材料经水道直接运到皇宫附近。工程竣工后,又把废弃的砖瓦、石块、泥土填入大沟,恢复原先的大街。这是我国古代运用系统思想解决复杂工程问题的又一先例。

中国古代管理思想及管理实践都是十分丰富的。18世纪,随着产业革命在欧洲的发生发展,资本主义生产方式迅速遍及整个欧洲,生产力水平迅速提高。而中国则仍处于封建制度统治时期。直至19世纪中叶沦为半封建半殖民地境地,资本主义生产方式、特别是民族工业始终未能发展起来,管理思想的发展始终处于一种管理哲学思想范围,或停留在零星不成体系状态,未能形成管理理论。

三、产业革命后的管理思想

18世纪中叶,西方国家开始进行产业革命。产业革命始于工具机的变革,最终引起动力机革命,劳动生产率迅速提高,生产过程专业化程度提高,分工与协作更为必要,开始了工场手工业向机器大工业演变时期,管理问题日益突出,如缺乏各级管理人才、劳动报酬、劳动力训练与激励、劳动纪律等问题,管理的指挥、组织、控制等职能逐渐提上议事日程。

一般来说,这一时期资本家仍担任管理者,凭个人经验和判断管理自己的工厂,经理人员也没有完全独立出来成为现代意义上的专门管理者。尚未形成系统的管理思想,只是有些学者提出颇有影响的管理思想,他们为以后管理理论的形成作出了重要贡献。

(一)亚当·斯密(Adam Smith,1723—1790年)

英国古典政治经济学代表人物,1776年发表代表作《国民财富的性质和原因的研究》(也称《国富论》),首次系统阐述了古典政治经济学,成为以后西方经济学发展的鼻祖。

同时,书中对劳动分工的作用与经济效益作出的论述,是对管理思想发展的重大贡献。

亚当·斯密以工厂制针工序专业化生产为例,说明了劳动分工可以极大地提高生产效率,并阐述了其原因:第一,提高工人技术熟练程度;第二,节省非专业化生产的每个工人在工序间转换所需的时间;第三,发明了许多便于工作又节省时间的机器。

(二) 罗伯特·欧文(Robert Owen,1771—1858年)

英国企业家罗伯特·欧文18岁起就创办了他的第一个工厂,一直对管理问题倾心致力研究和实践。他认为,"人是环境的产物",企业要想获利,就必须注意对人的关心,在人际关系方面取得和谐一致。他在自己管理的工厂中重新安排设备,改善工厂劳动条件,减轻劳动强度,为工人提供较多的福利设施,包括住宅、改善工人生活条件。欧文较早地重视管理中人的问题,且建立了一套管理模式。尽管在当时他的做法成功与否曾受到质疑,但现代日本企业管理中着意为员工创造满意的工作环境的做法,与欧文18世纪末的尝试之相同之处是显而易见的。

(三) 查尔斯·巴贝奇(Charles Babbage,1792—1871年)

在产业革命后期,对管理思想贡献最大的是英国的数学家、科学家、管理科学家查尔斯·巴贝奇。他参观访问了英国许多不同的工厂,1832年出版代表作《论机器和制造业的节约》,其中对作业的操作、有关各项技术以及每一道工序的成本等进行了分析,他是工时研究的先行者,曾经使用秒表记录生产大头针所需的操作动作和时间。他发展了亚当·斯密关于分工的思想,详尽阐述了劳动分工提高工效的原因,在解决劳资矛盾方面,他提出了可以使人们认识到工厂制度对他们最有利的分配方法——工资加利润分享制度等问题。

巴贝奇对劳动分工问题的论述比亚当·斯密丰富得多,他认为劳动分工能够提高生产效率的原因有:

(1) 节约学习所用的时间。分工使工人只学习某种操作,而不必学习所有工序的操作。

(2) 节约学习时的原料消耗。

(3) 节约原来每个工人变换工序时的时间耗费。

(4) 减轻工人劳动体能消耗。专门做一道工序比一个人完成全部工序体能消耗小,肌肉忍受能力大。

(5) 节省调整工具的时间。避免了非专业化操作中的各道工序工具调整问题。

(6) 有利于提高技术熟练程度。

(7) 有助于各道工序工具及机器改进。

巴贝奇认为工人和工厂主之间有着一致的利益,这一点与70多年后科学管理之父泰罗所见略同。为此他主张支付工人报酬的方式应改变,采用工资加利润分享的付酬方式,即工人除按其承担的任务获得固定工资外,还应随工厂利润水平按一定比例分享利润。此外,工人提出好的建议改进生产及管理,可得建议奖金。这样做的好处是:

(1) 每个工人的利益同公司的利润直接联系。

(2) 激励每个工人都来防止浪费和推动改进管理。
(3) 使各部门的工作都有改进。
(4) 促进工人提高技术和保持良好品行。
(5) 工人与雇主利益一致,取得和谐,消除对立。

查尔斯·巴贝奇还对经理人员提出许多建设性意见。他的研究,特别是在制造业研究中采取的科学分析方法,已展现出科学管理的萌芽,在泰罗之前就把科学管理方法应用于管理之中,可称是科学管理之祖。

第二节　古典管理理论

古典管理理论产生于19世纪末20世纪初期。这一时期,公司规模迅速扩大,市场竞争异常激烈。为在竞争中处于有利地位,企业通过联营、合并联合和控股公司等形式不断扩大自身规模。到1905年,大约有300家拥有7亿美元的资本投资公司就控制了美国制造业的40%,大企业变成了巨大的财团。安德鲁·卡内基一度拥有或控制了美国钢铁工业的2/3。企业规模扩大,使用机器增多,生产技术复杂,单凭个人经验与判断的传统管理方式已行不通。竞争的压力迫使企业不断提高劳动效率,给工人带来前所未有的沉重负荷,劳资矛盾激化,工会出现,工人有了一定的抗衡力量,要求缩短工作日,增加工资。仇恨机器和罢工时有发生。此时,如何调动工人积极性、提高劳动效率成为管理者所面临的新问题。

这一时期管理已普遍成为一种专门的职业,出现了资本和管理的分离,大公司组织形式的有效管理也成为当务之急。

因此,这一阶段出现了以泰罗为代表的科学管理理论和以法约尔为代表的古典组织理论两大理论流派。

一、科学管理理论

科学管理理论的主要代表人物及其理论概括如下。

(一) 泰罗(Frederick W. Taylor,1856—1915年)的科学管理理论

泰罗,美国管理学家,1856年出生于美国宾夕法尼亚一个富裕的律师家庭,18岁时以优异成绩考入哈佛大学法学院,但因视力欠佳停学到费城一家水压工厂当学徒。1878年学徒期满,转到费城米德维尔钢铁厂当一名普通工人。此后连续6年间,由工人升为职员、机工、机工班长、车间工长、修理与维修总技师、最后升为总工程师。他在米德维尔的12年间从事的工时研究试验,是他的科学管理理论以及"泰罗制"的基础。1911年,他的代表作《科学管理原理》出版,被译成5种文字。我国1914年出版中译本,名为《科学管理方法》。

泰罗的科学管理理论可概括如下:

(1) 科学管理的中心问题是提高劳动生产率。为此,他通过科学观察、记录和分析,进行时间(工时)和动作研究,探讨提高劳动生产率的最佳方法,制定出合理的日工作量。

(2) 提高劳动生产率的关键是怎样在管理者和工人之间建立一种和谐的人际关系。他提出,和谐人际关系的建立,取决于同时满足工人最迫切的要求——高工资,和雇主的欲望——工厂的低劳务成本。因此,工人和雇主双方均应进行"心理革命",把注意力转移到增加"剩余"上来,于是提高劳动生产率成为劳资双方共同的目标,其结果是使雇主得到更多的利润,工人可以提高工资。

(3) 挑选和培训第一流的工人。所谓第一流的工人,是指在体力及智力上适合做某项工作,且愿意尽其最大努力工作的工人。

(4) 使工人掌握标准化的操作方法,使用标准化的工具、机器和材料,在标准化的工作环境中操作。

(5) 采用刺激性工资报酬制度激励工人努力工作。主要通过制定合理的工作定额,实行差别计件工资制:完成任务给予正常工资,未达到工作定额标准给予低工资,超过工作定额标准则给予高报酬。这种报酬制度促使工人掌握标准化工作方法,提高劳动生产率。

(6) 把计划职能和执行职能区别开来,以科学工作方法取代经验工作方法。

(7) 提出管理中的分权、授权与例外原则。指出工厂的总经理应避免处理车间日常管理中的小问题,而应授权部属去做,高级管理人员只对例外事项保留处置权。

(8) 主张实行职能工长制。

泰罗制的核心是在研究劳动动作和时间标准化的基础上,实行工作定额管理和差别计件工资制。泰罗制实行的结果有效提高了劳动生产率,一个装运工由每天向车皮上装12.5吨生铁提高到47.5吨;一个砌砖工由日砌砖1 000块达到2 700块。他用观察、调查、试验等手段创立的科学管理方法在当时及后来都产生了巨大影响,在此基础上的系统论著《科学管理原理》标志着管理理论的诞生。泰罗是一位划时代的伟大管理实践家、管理学家,被誉为科学管理之父。

(二) 亨利·甘特(Henry L. Gantt,1861—1919年)与科学管理理论

亨利·甘特,美国机械工程师。26岁时进入米德维尔钢铁公司,任工程部助理工程师。他同泰罗一起工作多年,受到泰罗的影响很大,支持科学管理理论。他的主要贡献:

(1) 提倡"任务—奖金"付酬制度,而不主张差别计件工资制。在"任务—奖金"制度中,改变了工人按定额时间完成任务才可得到奖金的做法,规定工人如在规定时间内或少于规定的时间完成任务,除可得到规定时间内的报酬外,还可按该时间的百分比获得另外的报酬。

(2) 发明了生产计划进度表,是现代网络图的前身。甘特的生产计划进度表把车间、部门每日工作转变成任务的形式,每人都可以直观地从图上看到有关工作进展情况。后来甘特图又增加了成本控制、产量对比的内容,成为管理中计划与控制工作的有效工具。甘特首开了采用图表从事计划与控制工作的先河。

二、古典组织理论

(一) 法约尔(Henri Fayol,1841—1925年)的组织理论

法约尔是法国大公司经理、管理学家,古典管理理论的创始人与杰出代表。法约尔

出生在法国一个富裕的资产阶级家庭,1860年毕业于一所矿业学校,成为采矿工程师。同年进入科芒特里-富香博公司,他的一生都在这个采煤和铸铁联营公司度过。他从工程师做起,25岁时被任命为管理人员,1888年任总经理,到他77岁退休时,担任总经理职务达30年之久。

法约尔以大企业整体为研究对象,着重分析高层领导和企业组织问题。1916年发表的代表作《工业管理和一般管理》,提出了一般管理理论,对西方管理理论的发展产生重大的影响,成为管理过程学派的理论基础。其一般管理理论主要包括:

(1) 六种经营活动。法约尔认为经营和管理是两个不同的概念,经营是引导一个组织趋向一个目标,管理只是经营活动中的一项重要内容。经营包括六种活动:技术活动(生产)、商业活动(交换活动)、财务活动(资金的筹集、控制和使用)、安全活动(财务和人身安全)、会计活动(记账、算账、成本核算和统计等)、管理活动(计划、组织、指挥、协调、控制)。

(2) 五大管理职能(五大管理要素)。管理包括计划、组织、指挥、协调、控制五大职能,这些职能广泛适用于企业、事业单位和行政组织,是一般性的职能。法约尔管理五大职能的思想,形成具有权威性的管理职能及管理过程一般框架,至今仍被人们普遍接受。

(3) 十四条管理原则。法约尔提出了十四条著名的管理原则:① 劳动分工;② 权力与责任(权责对等);③ 纪律;④ 统一指挥;⑤ 统一领导;⑥ 个人利益服从整体利益;⑦ 人员的报酬;⑧ 集中(集权);⑨ 等级制度;⑩ 秩序;⑪ 公平;⑫ 人员的稳定;⑬ 首创精神;⑭ 人员的团结。在等级制度原则中,法约尔集权与分权的管理思想得到充分体现。等级制度按从总经理到工人各管理层次形成等级链,形似金字塔型结构图,形成了一个集权与分权可能性的连续统一体。在这种等级链构成的统一体中,集权与分权因时、因地、因不同情况相宜处理而非一成不变,原则是既维护统一指挥原则,又保证管理工作及信息传递的效率,为此他特别提出了允许横向联系的"跳板"原则。他的集权与分权管理思想对现代管理中集权、分权、授权、管理幅度、管理能级原理产生重要影响。

(二) 马克斯·韦伯(Max Weber,1864—1920年)的组织理论

德国著名思想家、社会学家。他同泰罗和法约尔生活、工作在同一时期,他提出的组织理论通常称作"官僚集权组织"、"科层制"或"理想的行政组织"理论。他的理论对工业化以来的不同类型组织产生了广泛而深远的影响,成为现代大型组织广泛采取的组织方式,被称为组织理论之父。

韦伯认为大规模的组织应通过建立官僚集权组织实施专业化管理,他认为官僚集权组织是理想的组织形式,这种组织形式以"合理—合法"的权力为基础。所谓"合理—合法"的权力,就是根据组织目标、管理职能所明确规定的各个不同管理层次的相应权力,由被下属信任的领导人行使。官僚集权组织具有以下特点:

(1) 实现劳动分工,明确规定每一个成员的权力和责任,并且把这些权力和责任作为正式职责而使之合法化。

(2) 各种公职或职位按权力等级组织起来,形成一个指挥链或者等级系统。

（3）根据通过正式考试或者训练和教育而获得的技术资格来挑选组织中的所有成员。

（4）所有管理人员都是任命的，而不是选出的。

（5）管理者的职能是他的职业，据此取得固定报酬，有按才干晋升的机会，应忠于职守而不是忠于某个人。

（6）管理人员不是他所管辖的那个企业的所有者。

（7）每个管理人员只负责特定的工作，拥有执行自己职能相应的权力；权力受到相关规则、纪律的制约，而这些规则和制约将不受个人情感影响，而且毫无例外地适用于组织中所有人员。

（三）卢瑟·古利克（Luther Gulick，1892—？年）的组织理论

卢瑟·古利克，美国管理学家，哥伦比亚大学公共管理研究所所长，曾经是罗斯福总统行政管理委员会的一名成员。古利克将法约尔有关管理过程的论点加以发展，提出著名的 POSDCORB，即管理七职能论：（1）计划（planning）；（2）组织（organizing）；（3）人事（staffing）；（4）指挥（directing）；（5）协调（co-ordination）；（6）报告（reporting）；（7）预算（budgeting）。

古典管理学派从泰罗等人开始从事管理试验、实践及理论研究算起，距今已有一个多世纪，他们的理论不但在当时起到了重要作用，而且对管理理论的发展具有重大影响，其中许多原理和做法在现代管理中仍被广泛应用。

第三节　行为科学理论

行为科学早期称为人群关系学说，诞生于 20 世纪 30 年代。行为科学对工人在生产中的行为以及这些行为产生的原因进行分析研究，目的是解释、预测、控制人的行为，使之有利于达成组织预期的目标，同时使个人获得成长和发展。

行为科学的诞生是西方管理理论与实践发展的必然结果。20 世纪初期，泰罗制逐渐行之无效，工人的组织化程度与谈判地位都已提高，罢工、怠工现象屡有发生，提高劳动生产率问题又成为一大难题。这促使管理学家重新审视科学管理理论，研究新的管理理论，行为科学应运而生。

一、霍桑试验和人群关系理论

（一）霍桑试验

行为科学的研究最初始于著名的霍桑试验。霍桑试验可以分为两个阶段。

第一阶段：研究工作环境对劳动生产率的影响。起初管理工作者和管理学者试图在工作环境和工人的健康与生产率之间寻求一种因果关系。1924 年，美国国家科学院的全国科学研究委员会决定，在西屋电气公司的霍桑工厂进行研究，于是开始了霍桑试验。在这一阶段，先后对照研究不同温度、湿度、照明度、工资报酬、休息时间、工作日和工作

周的长度、休息时提供茶点等一系列环境因素对生产率的影响。试验表明，这些改善工作环境及福利待遇的措施明显提高了产量。但令研究者困惑的是，多数优惠措施取消后，产量反而增长更快，再恢复被取消的"优惠"措施，产量又大幅提高。研究持续到1927年没有得到明确的结果。

第二阶段：社会心理角度的研究。正当试验难以进行下去的时候，实验小组成员之一、西屋电气公司检验部主任乔治·潘诺克偶尔在纽约哈佛俱乐部听了梅奥的一次报告，得到启发，于是梅奥被邀请参加试验。

乔治·埃尔顿·梅奥（George Elton Mayo，1880—1949年），原籍澳大利亚，曾做过精神病理学副研究员。1927年任哈佛大学工业研究所副教授。与梅奥同时参加霍桑试验的还有另一位哈佛大学学者弗里茨·朱利斯·罗特利斯伯格（Fritz Jules Roethlisberger，1898—1974年）。梅奥解释了第一阶段试验结果，指出生产率持续上升的关键在于工人精神状态的巨大变化，因为作为试验对象的工人成为一个社会单位，对试验中受到的关心感到心情愉快，并产生了一种参与意识。接着，他们从心理角度进一步设计了两项试验：

一是访谈。先后用了两年时间，对两万名工人进行访谈，让工人们自由发泄心中闷气，收到良好的效果。工人们一吐心中抑郁之情之后，感到他们的处境改善了。据此实行的改革是：把以往从事压制监视方式的领班训练成为访谈者，以同情的态度征求和听取工人的意见，消除了工人和领班之间的对立。结果，工人劳动态度大有改变，缺勤率大大减少，产量大幅提高。

二是绕线室中的团体行为试验。在梅奥之前的一些管理学者如泰罗等人都注意到了工厂中存在着有系统的怠工和团体压力，梅奥在绕线室中设计了试验来观察与分析这个问题。结果发现，工厂部门中的无形团体能对各个成员的生产行为进行强有力的控制。据此，梅奥提出企业中的"非正式组织"说。

（二）人群关系学说

梅奥等人通过霍桑实验建立了人群关系学说，1933年梅奥出版的代表作《工业文明中人的问题》，标志着人群关系学说的诞生。梅奥的人群关系学说主要内容如下：

（1）工人是"社会人"，而不是"经济人"。工作条件、物质利益并不是决定生产率的第一性因素，更重要的是他们还有社会心理方面的需求。

（2）管理者的责任是提高工人的"士气"，增加工人的"满足度"，从而达到提高生产率的目的。为此，要改变传统的管理方式，创造一种工人参与管理、自由发表意见、同事之间及上下级之间坦诚交流的和谐的人际关系。

（3）企业中除"正式组织"之外，还存在着"非正式组织"。工人在共同工作、共同生产中必然产生相互之间的人群关系，产生共同的感情，自然形成一种行为准则或惯例，要求个人服从，这就构成"非正式组织"，它是影响生产效率的一个重要因素。

二、行为科学及其主要理论

从20世纪30年代起形成了以梅奥为创始人的人群关系学派，很快受到极大的关注。到1949年,在美国芝加哥大学一次跨学科的科学会议上,学者们肯定了人群关系研究的一系列成果,讨论了利用现有科学知识发展关于行为的一般性理论的可能性,会议肯定了这种可能性,并将之定名为"行为科学"。1952年,美国成立"行为科学高级研究中心",推动了行为科学理论的形成和发展。行为科学主要理论可概括如下。

(一) 人性理论

人性理论是行为科学的基础理论之一,基于对"人性"的不同认识,管理重点、领导方式、激励形式均不相同。这里的人性主要指组织中人对工作、对组织目标、对人际关系的心理状态、认识情况和目标追求。

最早提出人性理论的是梅奥,他指出人不是只追求物质利益的"经济人",而是将社会心理需求看得更重要的社会人。

1960年哈佛大学教授道格拉斯·麦克雷戈(Douglas McGregor)在《企业中的人性面》一书中提出X理论—Y理论。把基于经济人的假说的传统管理理论看作是X理论,X理论在管理方式上立足于"管",认为工人没有积极性、主动性,对组织目标漠不关心;奉行强制、惩罚、金钱刺激这种"胡萝卜加大棒"的管理方式。Y理论建立在"自动人"(自我实现的人)基础之上,认为人是可信赖的,可以自我激励自我控制,他们有能力把自己个人目标和组织目标结合起来。因此管理的重点是关心人、培养人的归属感,发挥工人潜能,鼓励参与管理,引导工人在实现组织目标的同时达到自身自我发展的目标。

"超Y理论"是20世纪60年代末70年代初提出的人性理论,以"复杂人"假说为依据,认为经济人、社会人、自动人都有其合理之处,但人是复杂的,人因各自的需求和能力不同,对不同的管理方式会作出不同的反应。因此,应根据工作性质、个人特点、外界环境三者合理配合,因人、因地而异,灵活地采取不同多变的管理措施,没有一套通行的理论同时适用于所有的人,这就是所谓的权变理论管理思想。

(二) 个体行为理论

行为科学认为,人的行为受某种动机驱使,动机被激发是由于人的需要,最强烈的需要决定人的行为。人的行为达到预期目标,他的需要就得到满足,从而产生新需要,激发新动机,采取新行为,达到新目标,循环往复,永无止境。个体行为理论研究人的行为原因、行为发展过程以及如何引导与强化人的有利于组织目标的行为、化解与消除那些抑制人的积极性的行为。主要理论有马斯洛需求层次理论,赫茨伯格双因素理论,麦克利兰的三分法需要,弗鲁姆的期望值理论,斯金纳的强化理论,亚当斯的公平理论等。

(三) 群体行为理论

行为科学认为,管理所面对的不仅仅是个体行为,群体行为对生产效率影响很大。行为科学的群体理论始于梅奥提出的正式组织与非正式组织观点。正式组织是指为实现组织目标,按照组织原则、规章制度等规定各个成员间相互关系和职责范围的组织体系,如企业中的车间、班组等。非正式组织是指某些正式组织中的成员自然形成的一种无形组织。继梅奥之后,巴纳德(C. I. Barnard)在其1938年的著名代表作《经理的职能》一书中,研究组织系统的协作问题时,深入阐述了正式组织的性质、结构以及非正式组织的作用。他认为非正式组织有三种作用:信息交流;通过对协作意愿的调节,维持正式组织内部的团结;维护个人品德和自尊心。他认为,三种作用有助于使正式组织更有效率,使非正式组织成为正式组织不可缺少的组成部分。

群体行为的另一重要理论是库尔特·卢因提出的"团体动力学"。卢因把自己的思想称作"场论",他认为团体行为就是一套复杂的力和彼此间的相互作用,这些力不仅影响团体结构,而且修正个人行为,所以一个团体永远不会处于一种固定的平衡状态,而是处于各种力相互适应的准静态平衡形式。他描述了群体依靠内力动态发展的过程。

行为科学的群体理论还包括:冲突论,传统管理理论认为冲突是坏事,行为科学认为组织中的冲突是一种自然现象,是不可避免的,它具有建设性与破坏性双重效果;沟通论,研究群体内部成员间尤其是领导与下属之间的信息交流问题。

(四)领导理论

行为科学关于领导理论的主要内容有:领导品质理论、个人行为理论和情景(权变)理论。

领导品质理论研究领导者的个人特性对领导成败的影响,有代表性的理论如美国普林斯顿大学包莫尔(W. J. Baumol)提出的企业家应具备的10个条件;美国学者斯托基尔(Ralph M. Stodgill)发现了与领导才能有关5种身体特征、4种职能特征、16种个性特征、6种与工作有关的特征以及9种社会特征。

个人行为理论又称领导行为理论,着重研究领导者的领导方式和领导风格,侧重于对领导形态的分类。主要理论包括:

(1)领导形态的一般分类:专制型、民主型和放任型领导。心理学家列文(P. Lewin)曾以10岁儿童分为三组试验三种领导方式的效果,即所谓"列文实验",得出有关结论。

(2)领导行为连续带。由美国学者坦南鲍姆(R. Tannenbaum)和施密特(W. H. Schmidt)等人提出,认为在专制型和民主型领导方式之间尚存在着多种中间过渡类型。

(3)"四体制"理论与"四象限图"(四分法图)。美国密歇根大学的利克特(R. Likert)提出的领导行为"四体制"理论,与俄亥俄州立大学的两位教授提出的"四象限图"有很多相似之处,共同点是他们都认为领导行为有以生产为中心和以人为中心两个方面,且二者不相互排斥,他们分别举出了二者相结合的四种典型类型。

(4)管理方格。以"四体制"与"四象限图"为思想渊源发展而来,由布莱克(R. R. Blake)和莫顿(J. S. Mouton)提出,实质上将以生产为中心和以人为中心二元因素的结合各划分成9种不同的强度,于是便形成了81种领导行为。他们强调了其中典型的5种。

情景理论不仅研究领导行为,而且考虑领导行为的环境,认为领导效率是领导者、被领导者和环境的因变量。主要理论包括哈佛大学阿吉里斯(Chris Argysis)"成熟—不成熟"理论;加拿大多伦多大学教授豪斯(R. J. House)的"途径—目标"理论;美国学者菲德勒(Fred Fiedler)的"权变领导模式"等。

第四节 现代管理理论

现代管理理论主要产生于20世纪40～60年代。第二次世界大战以后,科技进步以及原用于军事战争的一些技术及管理思想转向发展社会生产,引起生产力的巨大发展,相应地出现了许多新的管理理论。美国著名管理学家哈罗德·孔茨称之为"管理理论丛林"。主要有以下学派:

一、社会系统学派

社会系统学派以美国社会学家切斯特·欧文·巴纳德(Chester Irving Barnard,1886—1961年)为首,他从心理学和社会学的角度研究组织理论,1938年出版代表作《经理的职能》,主要理论观点概括如下:

(1) 一切组织都是一个由相互协作的个人"自觉地、有意地、有目的地"组成的协作系统,是一种人的相互关系的体系。它是社会大系统中的一个部分,受到社会环境各方面因素的影响。

(2) 任何协作系统,无论级别高低、规模大小,都包含着三个基本要素:协作的意愿;共同的目标;信息的交流。

(3) 经理人员的职能是在一个信息交流系统中作为相互联系的中心。具体可分为三项职能:①制定并维持一个信息传递系统。包括信息交流渠道和渠道中人员的职责。要注意非正式信息交流途径。②促使组织中人员间的协作,并使他们为组织作出贡献,包括人员选聘与激励工作。③制定组织目标。包括决策和授权二项职能。决策是对组织目标实现所涉及各要素、各部分、各种条件的相互作用与相互关系系统地、综合地考察后作出的。授权是一种决策,既包括所追求的组织目标,又包括达到目标的手段。

(4) 领导者必须有某种道德规范,具有承担责任的高度能力,能够在别人身上创造出一种道德力量。巴纳德还提出了权威接受理论:领导者的权威来自下级的认可,而不是来自本人的级别与地位。

此外,巴纳德还提出了正式组织与非正式组织理论。

二、系统管理学派

系统管理学派的代表人物是卡斯特(F. E. Kast)、罗森茨韦克(James E. Rosenzweig)、约翰逊(R. A. Johnson)及贝塔朗菲(L. Von Bertalanffy)等人。这个学派企图将各派管理学说兼容并蓄,寻求统一适用的模式与原则,从而建立最新的管理理论。他们认为,组织是一个人造的开放式系统,与环境之间存在着交互作用;它由各个相互联系的子系统组成,根据研究的需要,可以把子系统分成不同种类,如企业组织中,可分为目标子系统、技术子系统、工作子系统、相互联系子系统、组织结构子系统等等。

该学派将系统理论与方法应用于管理之中,影响到组织理论、管理科学及管理信息系统的发展。

三、管理过程学派

管理过程学派的创始人是亨利·法约尔,当代主要代表人物是美国学者哈罗德·孔茨(Harold Koontz)和西里尔·奥唐奈(Cyril O. donnell)。管理过程学派的特点是把管理理论和实践归纳为原则与步骤,将管理理论同管理者的职能(应该做什么)与工作过程(如何有步骤地去做)联系起来,认为管理是由一些基本步骤(如计划、组织、控制等)所组成的一个独特过程,这些步骤之间相互联系,递次运转,形成一个完整的管理过程。

四、经理主义学派

经理主义学派又称为案例学派、经验主义学派。经理主义学派代表人物有美国著名管理学家彼得·德鲁克(Peter F. Drucker)和欧内斯特·戴尔(Ernest Dale)。他们把管理看成是对经验的研究,并运用案例分析作为概括管理经验的手段。他们以向大企业的经理提供管理企业的成功经验和科学方法为目标,其主要研究对象是大企业的管理经验,以便把这些经验加以概括和理论化,传授给企业管理的实际工作者和研究工作者。他们认为,通过对管理人员成功或失败的分析与考察,就可以得出一般性的管理技能和方法。戴尔的代表作是《伟大的组织者》,德鲁克的代表作有《管理实践》、《有效的管理者》等。

五、决策理论学派

决策理论学派主要代表人物有美国卡内基-梅隆大学管理学、心理学教授赫伯特·西蒙(Hebert A. Simon)和美国学者马奇(James. March)等人。西蒙的代表作是《管理决策新科学》。

决策理论学派是社会系统学派中发展出来的。他们把决策作为管理的中心,西蒙认为,决策贯穿于管理的全过程,管理就是决策。组织是由作为决策者的个人所组成的系统。西蒙把系统理论、运筹学、计算机科学和心理学综合运用于管理决策分析上,形成了有关决策过程、准则、类型及方法的较完整的理论体系。基于他在决策理论研究上的重大贡献,西蒙获1978年诺贝尔经济学奖。

六、管理科学学派

管理科学学派又称数理学派或数量学派。主要代表人物有美国的伯法(E. S. Buffa),英国的物理学家、诺贝尔奖获得者布莱克特(P. M. S. Blackeelt),他们是运筹学应用于生产管理的启蒙研究者。这个学派包括运筹学家、作业分析家或管理科学家。

管理科学学派认为,管理就是制定和运用数学模型和程序的系统,就是用数学符号和公式来表示计划、组织、控制、决策等合乎逻辑的程序,求出最优解,以达到企业的目标。

七、权变理论学派

权变理论学派强调,在管理中要根据组织所处的内外环境变化而随机应变,针对不同情况采用相宜的管理模式与方法,没有一成不变的、普遍适用的、最好的管理模式和方法。主要代表人物有美国尼布拉加斯大学教授卢桑斯(F. Luthans),代表作是《管理导论:一种权变学》,他提出"管理权变理论";美国伊利诺斯大学的菲德勒(F. Fiedler)教授,代表作为《最不受欢迎共事者尺度的问卷》(简称《LPC问题》),提出了有效领导的权变模式理论。

八、管理文化学派

管理文化学派产生于20世纪70年代后期,流行于80年代。管理文化又称企业文化、公司文化、组织文化。它在长期的管理实践中形成,是一种客观存在,是不同的企业因成长与发展的环境、经历、管理思想、价值观、作风等不同,在管理实践中所形成的独特的管理方式和方法,或者说是以其独特的价值观为核心形成的企业员工的共同行为规范、道德准则和群体意识。管理文化作为一种管理理论被提出,是20世纪80年代之后。管理文化为人们广泛认识和重视,主动在企业管理实践中弘扬和塑造企业文化,形成一种新的管理观念。

管理文化思想首先由美国学者提出,当时世界市场上,美国企业遇到来自日本企业的强有力的挑战,美国企业竞争力下降。日本曾是后进的资本主义国家,第二次世界大战前,企业管理落后,产品质量低劣,"东洋货"曾是劣质品的代名词。战后其在逆境中迅速崛起,一跃成为可与欧美抗衡的经济强国,其原因成为美国学者探究的热点。经过多方面考察与比较研究,美国学者发现,日本经济发展的重要原因之一就是成功的企业管理,美国企业更多地注重管理的硬件方面,强调理性的科学管理,忽视了日本企业所重视的全体员工共有的价值观、行为准则等形成的精神力量。正是这种精神力量的激励与凝聚作用,构成了日本企业的独特优势。

这一时期,有影响的美国学者及代表作为:1979年哈佛大学教授沃格尔(Efra F. Voger)的《日本名列第一:对美国的教训》是较早的著作,此后分别有斯坦福大学的帕斯卡尔(R. T. Pascale)和哈佛大学艾索斯(A. G. Athos)两位教授的《日本的管理艺术》、威廉·大内(W. G. Ouchi)的《Z理论——美国企业界怎样迎接日本的挑战》、托马斯·彼得斯(Thomas J. Peters)和沃特曼(Robert H. Waterman)的《追求卓越》、迪尔(Terrence E. Deal)和肯尼迪(Allan A. Kennedy)的《公司文化》等。

第五节 几种管理新观念

20世纪末,科学技术迅速发展,竞争更加激烈。适应经济发展和生产力变革的组织创新与管理创新成为应对21世纪管理挑战之大势所趋,新的管理思想不断涌现。以下择要介绍几种管理新观念。

一、智力资本说

智力资本说的提出反映出人们对企业核心资源的认识发生了剧烈的变化,从有形资本积累为核心转向智力资本积累为核心,利用智力资本获得真正的竞争优势正在成为一种全新的管理理念。

智力资本观点主要产生于20世纪90年代,当时美国经济高速发展,引发了对知识推动经济增长作用的新认识。知识经济思想被广泛接受,很多企业管理方面的疑问接踵而来:为什么像微软这样的新兴企业能在短短的时间内成为最有价值的企业?一个企业怎样自觉地而不再是盲目地管理自身最有价值的资产?智力资本的观念随后提出,并且在1991年,瑞典的第一大保险公司——斯堪的亚(Skandia)公司就开始着手智力资本的量化评估工作。该公司于1993年发布的世界上第一份公开的"智力资本年度报告",作为对传统财务报表的补充,被称为是从工业经济时代转变为知识时代的一个重要里程碑。

智力资本的概念至今众说纷纭,且彼此间差异较大,有代表性的观点包括:

(1) 智力资本就是无形资产。具体包括市场资产、知识产权资产、人才资产、基础结构资产四大类。代表人物为英国学者安妮·布鲁金(Annie Brooking),1996年出版了《第三种资本资源:智力资本及其管理》一书。

(2) 智力资本是人力资本与结构资本之和。代表人物是托马斯·斯图瓦特(Thomas A. Stewart),1994年将智力资本划分为人力资本、结构资本和顾客资本三部分。

(3) 智力资本的核心是人力资源中的隐性知识与技能。这里给出的是狭义的智力资本的概念,强调的是企业员工创造性与运用知识与技能的能力,它不是试图去量化地评价隐含在员工身上的智力资本,而更关注这种智力资本的成因、转变方式以及如何去激发利用。

二、战略联盟理论

战略联盟理论体现出企业组织竞争中的合作这样一种管理方略。战略联盟作为一种全新的现代组织形式,已被众多当代企业家视为企业发展全球战略最迅速、最经济的方法,已成为现代企业提高国际竞争的有效形式,被称为20世纪末最重要的组织创新。

战略联盟理论的主要代表人物及主要观点:

普瑞斯(Kenneth Preiss)和戈德曼(Steven L. Goldman)、内格尔(Roger N. Nagel)合著《以合作求竞争》(1997)一书中,提出新型企业没有明确的界限划分,其作业过程、运行系统、操作及全体职工都应与顾客、供应商、合作伙伴、竞争对手相互作用并有机联系在一起。

美国勒海大学亚科卡学院向美国工会提交的《21世纪工业企业研究报告》中,提出了一种新的生产模式,即以战略联盟为基础的灵捷生产,即快速作出市场反应的生产模式。

三、柔性管理理念

柔性管理是对"稳定和变化"同时进行管理的新战略。柔性的概念由"柔性制造系统"借用而来,原意指制造过程的可变性、可调整性,描述的是生产系统对环境变化的适应能力。柔性管理则是指企业组织结构应具备可调整性,强调企业组织结构对环境变化的应变特征,如反应速度、灵敏与弹性等。

柔性管理需要以现代信息技术为手段,以现代新的组织形式为依托,以平等与尊重、激发人的主动性和创造性为动力,才能实现迅速应变、获得竞争优势的目的。柔性管理的特征主要包括:

（一）人本管理特征

柔性管理的本质在于企业组织的快速应变。洞悉、观察、预见瞬息万变的市场，识别出潜在未知需求，开拓未知市场就成为首要前提，因此，有洞察力、创新精神、远见卓识的管理人才，以及如何发挥这些人才的主动性、创造性，就成为人本管理的关键。著名的管理学家彼得·德鲁克在《21世纪的管理挑战》(1999)一书中指出，"知识工作者"的生产力将成为对人员管理的中心议题和21世纪对管理的最大挑战。他们在一个组织内不再是"从属"地位，而是"同事"，应尊重他们，对他们平等相待。

（二）组织形态创新

组织形态创新是企业快速开拓市场、敏捷应对环境变化的资源与组织保证。新的组织形态如战略联盟、虚拟企业，可以迅速组织各种资源，快速、高效地实现企业目标。

虚拟企业是以计算机信息网络系统为联系工具，以知识共享、信息共享为基础而组建的动态企业群体。该群体成员非固定，仅是围绕某种市场需求及时形成快速反应的高效协作群体。

组织内部结构重建也是与柔性管理相适应的创新。传统的金字塔型组织结构层次多、传递信息渠道单一、路线长、反应迟缓；各职能部门相互隔离，信息流动受边界限制；上下级之间信息传递常常失真、扭曲。相比之下，网络式组织是一种扁平结构，特点是各个部分相对独立，层次较少，且部门间是一种融合共生关系，不存在明确的边界。因此可提高信息传递速率，多渠道加强部门间联系与沟通，提高企业整体反应灵敏程度。

四、企业再造理论

企业再造理论以一种再生的思想重新审视企业，并对传统管理学赖以产生的分工理论提出了质疑，是管理学发展史中的一次巨大变革。1993年，美国管理学家迈克尔·哈默(M. Hammer)和詹姆斯·钱皮(J. Champy)出版了《再造企业——工商业革命宣言》一书，在美国和西方发达国家中掀起了一场管理革命。

（一）产生背景

20世纪80年代之后，美国企业开始积极向日本企业学习，曾一度认为将日本的成功经验移植过来就可以取得成功，但这种改良式的变革没有给美国企业带来明显的效果。企业再造理论正是源于对这一结果的反思，重新审视亚当·斯密关于劳动分工可以带来高效率的传统理论，认为分工理论在不断提高企业生产效率的同时，也给企业的持续发展套上了一道无形的枷锁。首先，将一个连贯的业务流程侵害成数个支离破碎的片段，既导致劳动者的技能愈加专业化，成为一个片面发展的机器附属，也增加了各个业务部门之间的交流工作，交易费用因此会大大增加。其次，在分工理论的影响下，科层制成为企业组织的主要形态，这种体制将人分为严格的上下级关系，即使进行一定程度的分权管理，也大大束缚了企业员工的积极性、主动性和创造性。特别是在旧的工业经济时代逐步向新的知识经济时代过渡的过程中，流行200多年的分工理论已经成为亟待变革的羁绊。因此,以恢复业务流程本来面目为根本内容的企业再造理论便应运而生。

(二)理论主张

企业再造理论主张以"流程为导向",重新设计企业工作流程。经重新设计的企业业务流程的主要特点是:工作单位发生变化——从职能部门变为流程执行小组;工作变换——从简单的任务变为多方面的工作;人的作用发生变化——从受控制变为授权;职业准备发生变化——从职业培训变为学校教育;衡量业绩和报酬的重点发生变化——从按照活动变为按照成果;晋升的标准发生变化——从看工作成绩变为看工作能力;价值观发生变化——从维护型变为开拓型;管理人员发生变化——从监工变为教练;组织结构发生变化——从等级制变为减少层次;主管人员发生变化——从记分员变为领导人。

五、学习型组织理论

培育学习环境被认为是现代管理者的主要责任。学习型组织理论是当前最前沿的管理理论之一,被称为21世纪的管理圣经。由美国麻省理工学院彼得·圣吉(Peter M. Senge)博士在《第五项修炼——系统思考的概念》一书中提出,20世纪90年代初传播到我国,并迅速引起理论界、企业界和教育界的广泛关注。

(一)学习型组织的含义

美国著名管理学者彼得·圣吉下的定义:学习型组织由组织和个人通过自我超越、改善心智模式、建立共同愿景、团体学习和系统思考五项基本修炼构建而成。是组织及其成员获取、加工、整理、创新和利用知识,来指导和改善自身的行为和思想,从而达到增强适应环境也影响环境能力的组织。简言之,学习型组织是充分发挥每个员工的创造性的能力,努力形成一种弥漫于群体与组织的学习气氛,凭借着学习,个体价值得到体现,组织绩效得以大幅度提高的组织。

(二)学习型组织的修炼途径与特征

五项修炼是彼得·圣吉博士提出的创建学习型组织的修炼途径:自我超越;改善心智模式;建立共同愿景;团队学习;系统思考。其中系统思考是五项修炼的核心,其他四项修炼都要以系统思考为内核,置身系统的全面、动态、本质的思考下开展修炼。为了突出和强调系统思考的核心地位和重要作用,作者就将其著作定名为《第五项修炼》。

1. 自我超越(personal mastery)

能够不断理清个人的真实愿望、集中精力、培养耐心、实现自我超越。这项修炼是学习型组织的精神基础。要求组织的每个成员学习如何认清、强化并努力实现自己心中美好的愿望。做到此项修炼的人应是全身心投入,充满将愿望变成现实的动力。

2. 改善心智模式(improving mental models)

心智模式是看待旧事物所形成的特定的思维定式。在知识经济时代,这会影响对待新事物的观点;这项修炼是学习型组织的思维基础。要求组织成员有效地表达自己的想法,并以开放的心灵容纳别人的想法。以改变原来固有的思考问题的方式和方法。

3. 建立共同愿景(building shared vision)

所谓"共同愿景",是指能鼓舞组织成员共同努力的愿望和远景。简言之,就是我们想要创造什么。是学习型组织的动力基础。只有当人们致力于实现某种他们深深关切的事情时,才会产生创造性学习,否则只能产生适应性学习。

4. 团队学习(team learning)

是发展组织所有成员整体搭配能力、发展组织所有成员实现共同目标能力的过程;这项修炼是学习型组织的方法基础。要求组织成员之间能够敞开心灵,充分交流,相互启迪,共同提高,达到 $1+1>2$ 的效果,使大家都能在相互学习中提升工作、学习和创新能力。

5. 系统思考(systems thinking)

系统思考是学习型组织的灵魂,也是五项修炼的基石。系统思考要求组织成员从系统的角度思考问题,而不是片面的和零碎的考虑问题。形成整体意识、全局观念和动态平衡的思想。

按照上述的修炼途径形成的学习型组织具有五个特征:有一个人人赞同的共同构想;在解决问题和日常工作中,抛弃旧的思维方式和常规程序;作为相互关系系统的一部分,成员对所有的组织过程、活动、功能和环境的相互作用进行思考;人们之间坦率的相互沟通;人们抛弃个人利益和部门利益、为实现组织的共同构想一起工作。

本 章 小 结

管理活动伴随人类社会诞生而出现,管理观念和思想在人类不断丰富的管理活动中萌生已达数千年之久,管理理论则形成于社会生产力迅速发展的 19 世纪末 20 世纪初期。纵观管理理论形成及发展过程,一般可分为下述四个阶段:

第一阶段为早期管理思想阶段,产生于 19 世纪末期之前。第二阶段为古典管理理论阶段,产生于 19 世纪末至 20 世纪 30 年代之间。第三阶段为行为科学理论阶段,产生于 20 世纪 30 年代至 50 年代之间。第四阶段为现代管理理论阶段,产生于 1945 年之后。这一时期由于科学技术进步和生产力的巨大发展,出现了众多管理学派。

早期管理思想阶段又分为古代和产业革命后两个时期。国外古代管理思想主要体现在文明古国的法律、宗教文献中,也有一些专门著述如古希腊的色诺芬的文章,15 世纪威尼斯兵工厂管理制度、意大利学者马基亚维利的《君主论》等。中国古代管理思想集中在重视客观规律、重视对人的管理、重视领导的表率作用、重视和谐的人际关系四个方面;军事著作中的管理思想至今为世人瞩目;此外,许多管理实践闪烁着管理思想的光辉。

产业革命后,欧洲资本主义生产方式迅速普及,相应地产生了颇有影响的管理思想,代表人物包括亚当·斯密、查尔斯·巴贝奇及罗伯特·欧文。这一时期的突出特点是:资本家凭自己的经验管理自己的工厂,专职的管理人员尚未出现。

古典管理理论阶段出现了两大管理理论体系:以泰罗为代表的科学管理理论和以法约尔为代表的古典组织理论。

行为科学理论阶段重视人际关系的研究,提出了人性理论、个体行为理论、群体行为理论和领导理论。

现代管理理论学派林立,被孔茨称为"管理理论丛林",主要学派及代表人物有:巴纳德的社会系统学派,卡斯特、罗森茨韦克等人的系统管理学派,法约尔、孔茨、奥唐奈的管理过程学派,彼得·德鲁克等的经验学派,西蒙、马奇等的决策理论学派,伯法、布莱克特等的管理科学学派,卢桑斯等的权变理论学派。20世纪90年代产生了几种有影响的管理新理念,主要包括智力资本说、战略联盟理论、柔性管理、企业再造和学习型组织。上述理论有益于读者开拓思路,了解管理思想发展前沿。

思考与理解

1. 管理理论的发展可分为几个阶段?划分依据是什么?
2. 国外古代管理思想发展阶段有什么特征?提出哪些主要管理思想?
3. 中国古代管理思想主要有哪些?举例说明。
4. 早期管理思想阶段中,产业革命后的管理思想及代表人物有哪些?
5. 泰罗科学管理理论的内容及要解决的问题是什么?
6. 法约尔古典组织理论的内容是什么?
7. 行为科学和科学管理理论所要解决的问题及途径之异同。
8. 行为科学的主要理论。
9. 现代管理理论中各学派的代表人物及主要观点是什么?
10. 你认为中国企业管理中更适宜采用哪种管理思想?
11. 管理新观念与传统的管理理论最主要的区别是什么?

课外阅读

1. [美]丹尼·A.雷恩.管理思想的演变[M].孙耀君译.北京:中国社会科学出版社,1986:2-16;117-275.
2. [美]彼得·圣吉等.第五项修炼——实践篇[M].中国人民大学工商管理研修中心译.北京:东方出版社,2002:1-85;209-251.
3. 陈德中.第五项修炼——开放性思维经典故事[M].北京:中国商业出版社,2005.
4. [美]斯蒂芬·P.罗宾斯.管理学[M].第7版.北京:中国人民大学出版社,2004:27-50.

【案例分析】

UPS:效率的执着追求者

联合邮包服务公司(UPS)雇佣了15万名员工,平均每天将900万个包裹发送到美国各地和180个国家。为了实现他们的宗旨,"在邮运业中办理最快捷的运送",UPS的管理层系统地培训他们的员工,使他们以尽可能高的效率从事工作。让我们以送货司机的工作为例,介绍一下他们的管理风格。

UPS 的工业工程师对每一位司机的行驶路线进行了时间研究,并对每种送货、暂停和取货活动都设立了标准。这些工程师记录了红灯、通行、按门铃、穿院子、上楼梯、中间休息喝咖啡时间,甚至上厕所时间,将这些数据输入计算机中,从而给出每一位司机每天中工作的详细时间标准。

为了完成每天取送 130 件包裹的目标,司机必须严格遵循工程师设定的程序。当他们接近发送站时,他们松开安全带,按喇叭,关发动机,拉起紧急制动,把变速器推到 1 挡上,为送货完毕的启动离开做好准备,这一系列动作严丝合缝。然后,司机从驾驶室出溜到地面上,右臂夹着文件夹,左手拿着包裹,右手拿着车钥匙。他们看一眼包裹上的地址把它记在脑子里,然后以每秒 3 英尺的速度快步跑到顾客的门前,先敲一下门以免浪费时间找门铃。送完货后,他们在回到卡车上的路途中完成登录工作。

这种刻板的时间表是不是看起来有点烦琐?也许是。它真能带来高效率吗?毫无疑问!生产率专家公认,UPS 是世界上效率最高的公司之一。举例来说吧,联邦捷运公司平均每人每天不过取送 80 件包裹,而 UPS 却是 130 件。在提高效率方面的不懈努力,看来对 UPS 的净利润产生了积极的影响。虽然这是一家未上市的公司,但人们普遍认为它是一家获利丰厚的公司。

讨论题:
1. 联合邮包服务公司的管理体现了什么管理理论或思想?
2. 你认为联合邮包服务公司细致的训练和控制在今天是否适用?为什么?
3. 你认为联合邮包服务公司的管理有哪些优势?有什么局限性?

【知识点链接】 泰罗的科学管理理论是古典管理理论阶段的代表,科学管理的中心问题是提高劳动生产率,在动作研究和时间研究的基础上,提出工作定额和标准化原理,强调以科学的管理方法代替传统的经验管理方法。

第 三 章
管理的基本原理

第一节 系统原理

一、系统的概念

所谓系统,是指由若干相互联系、相互作用的要素(部分)组成,在一定环境中具有特定功能的有机整体。

系统的一般表达式为:

$$P_s^{(t)} = E^{(t)} R^{(t)} \sum_{i=1}^{n} P_e^{(t)}$$

式中,$P_s^{(t)}$ 表示系统在 t 时刻的状态及其整体功能,$E^{(t)}$ 表示系统在 t 时刻的系统环境及其对系统的作用;$R^{(t)}$ 表示在 t 时刻系统的联系状况及"组织效应";$\sum_{i=1}^{n} P_e^{(t)}$ 表示在 t 时刻要素及其功能的集合。

$$\sum_{i=1}^{n} P_e^{(t)} = P_1^{(t)} + P_2^{(t)} + \cdots + P_n^{(t)} \qquad n \geqslant 2$$

其中,$P_i^{(t)}$ 分别表示系统各组成部分即要素在 t 时刻的状态及功能。每一部分又可按上述模型进一步展开:

$$P_{is}^{(t)} = E_i^{(t)} R_i^{(t)} \sum_{i=1}^{n} P_{ie}^{(t)}$$

式中,$E_i^{(t)}$、$R_i^{(t)}$ 分别表示子系统 $P_i^{(t)}$ 的环境、系统联系状况;而 $\sum_{i=1}^{n} P_{ie}^{(t)}$ 表示 t 时刻第 i 个子系统中要素及其功能集合。

二、系统的特征

从系统的概念模型可知系统的一般特征如下。

(一)集合性

集合性是系统最基本的特征。系统至少由两个或两个以上的子系统构成,构成系统的子系统称为要素。例如企业的组织系统,首先是由若干职能部门组合而成的,各部门都是一个要素。系统的集合性主要表现为系统的整体功能,是由系统要素有机结合所形成的,是各组成要素所没有的新功能。一般系统论的创始人贝塔朗菲举例说,人体器官的功能是组成器官的组织所没有的,尽管器官是由细胞、组织所组成的。

(二) 相关性

系统内的各要素是相互作用又相互联系的。集合性确定系统的组成要素,相关性则说明这些要素之间的关系。系统中各要素相互制约,它们之中若有一要素发生变化时,则应对其他相关联的要素作出改变和调整,以保证系统整体最优状态。

(三) 环境适应性

与系统发生联系的周围事物的全体,就是系统的环境。大系统中其他子系统对于某一子系统而言即环境。各子系统与其他子系统(环境)之间产生物质、能量、信息的流通。任何一个(子)系统必须要适应外部环境的变化,才能实现特定的目标和功能。

(四) 动态性

系统的状态与功能不是一成不变的,系统不仅作为一个功能实体而存在,而且作为一种运动而存在。系统内部各部分之间的联系是一种运动,系统与环境的相互作用也是一种运动。系统的功能与状态在每一时刻各不相同,系统就是在这样的运动中发展。

系统运动的实质是物质、能量、信息的流动。在自然界系统中,这种流动形成并维持特定的生态系统。企业系统中,存在着人、财、物、信息的流转过程,一旦这种流动停止,系统的生命也就停止了。

(五) 目的性

目的性指系统是一个具有特定功能和作用的整体,系统中的各个要素(子系统)就是为完成其既定的目的而协同活动的。每个系统的存在都有自身的目的性。自然界生物系统的存在,源于生物链的持续和发展,这是自然系统;我们研究的是人造系统,当我们设计某个系统时,总是为了达到一定的目的,如生产系统、运输系统、管理系统等,其目的性的共同特征是在系统要素的选择、联系方式上反映人们的某种意志,服从人们的某种目的,从而形成系统的某种特定功能。

目的明确是系统设计中的首要准则,目的不明确,必然导致系统内层次不清,结构无序,管理混乱。一个系统在一定时期内只能有一个目的,目的多了,也就失去了目的性。目的还应有具体目的和模糊目的之分。所谓具体目的,是整个系统要达到的阶段目标或最终目标,它必须是具体的、明确的;所谓模糊目的,是系统整体中子系统乃至元素的目的,与整个系统目的的界限的模糊性,只有这样才能使小目标保证大目标,局部目标服从于全局目标。

(六) 层次性(有序性)

凡系统都有结构,结构都是有序的。系统的有序性通过系统的层次形式反映出来。

自然界是有序的,有宏观、微观之分,而宏观、微观又都具有无限可分性。系统的层次性是普遍存在的,大系统和子系统是相对的,子系统又是由更小的系统所构成。

第二节 系统原理在管理中的应用

所谓系统原理,是指组织作为一个人造系统,与其他系统的生成、运行和发展类似,在组织的形成、管理过程及发展过程中,系统的思想和特征贯穿始终。作为组织的领导者和管理者,要树立系统的思想和观念,充分认识作为管理载体的组织的特征,成为更有效的管理者。系统原理是从系统的角度认识和处理管理问题的理论和方法,是具有重要地位的管理原理之一,在管理基本原理体系中起着主导作用。从某种意义上说,管理的其他基本原理是系统原理的衍生。

系统原理在管理中的应用可概括为三个方面:在管理中树立系统管理的观念,将之融汇于管理过程的始终;系统分析方法,优化系统要素配置,高效达到系统目标;系统管理模式,应用系统思想指导,形成与本组织特点相适应的管理方式。以下分而述之。

一、系统管理观念

管理中,根据系统特征,所应树立的系统观念包括下述各方面。

(一) 整体性

整体性是指系统中具有独立功能的各子系统和各要素之间,必须统一和协调于系统的整体中。一个系统有若干个子系统构成,每个子系统又有若干元素构成,每个元素和子系统的功能决定着整个系统的功能状况。元素和子系统的功能协调一致,无相互冲突,则整个系统的功能一定正常;同时,为保障整体功能,就必须制约那些跟整体利益相冲突的元素或子系统,以保障整体利益的最大化。

系统论认为,系统不是若干简单事物的堆砌,而是具有新的性质和功能的整体。这表明,从组成系统的要素看,一般而言,如果每个子系统功能都好,则系统整体性能也较理想。但是,各子系统都力争自己的最佳效益,却不一定能保障系统整体效益最佳,因为系统的整体功能不等于系统内各要素功能的简单相加,而在于各要素间的合理配合与有机结合。系统论的奠基者贝塔朗菲提出了一个著名的定律——整体大于孤立部分的总和。这就是说,由部分有机构成的整体,会产生结构上的质变和功能上的放大,用数学语言来讲,就是 $1+1>2$。这是因为系统整体具有各构成要素所没有的新质,这个新质能产生新功能、新行为和新力量。

管理中要树立整体观念,剔除那些产生负功和虚功的子系统,降低系统内耗,避免出现 $1+1<2$ 的结果;注重各子系统间优化配置,从系统整体功能最优考虑利用各子系统功能特点,而不是只考虑单个子系统的功能最大。

(二) 层次性

组织系统的层次性是组织结构的必然要求。具有合理层次结构的组织系统能够高效率实现组织目标,人、财、物、信息流动顺畅,组织中各层次具有明确的职责和权利,具有相应的特定功能。层次分明,层次间的联系渠道清晰。

层次性管理观念提示组织管理者,要恰当地运用管理层次控制组织系统,处理好集权、分权和授权的关系,规定各管理层次职责与权力后,就要给予他们相应的行使权力的范围,从而调动他们的积极性、主动性、创造性。如果领导者事无巨细,一切包揽,事必躬亲,只能造成管理层次混乱,造成系统低效率。

(三) 动态性与环境适应性

管理的动态性观念一是指系统内部存在着要素之间的动态联系,这种动态联系是通过物、能、信息的流动来实现;二是指系统与环境之间的联系是动态变化的,系统所处的环境不断改变,系统自身也不断发展,要求使二者相互适应。

根据动态性观念,就系统内部而言,一个组织系统要保持自身生存发展,必须协调好各子系统之间的联系,即保障物流、人流、资金流、信息流顺畅无阻,无论哪一个环节受阻,都会影响到组织整体的效率。从系统与环境间的联系看,当代社会没有一个组织可以脱离环境影响而生存发展。组织是一个开放系统,环境影响越来越成为决定组织存亡的限制性因素,"物竞天择,适者生存"已不仅是自然界进化演替的规律,人类社会中组织生存也是如此。因此,应认识到,在组织目标既定的前提下,其实现受到环境的制约;另一方面,因环境的变化,组织目标要不断修正、更新,把握环境机会,避免环境威胁。柔性管理就是当代一种适应环境变化的新理念。

二、管理系统分析方法

(一) 管理系统分析的概念

系统分析,就是把一个系统作为分析对象,运用系统原理分析其组成要素、结构、功能和目标,以便在系统全局中观察各子系统间的联系是否合理,功能发挥程度以及对系统目标实现的作用,从而协调各要素,实现系统优化,强化系统整体功能。

管理系统是借以行使计划、组织、指挥、控制和协调等职能的人造系统,管理系统的分析,就是把管理组织和管理活动作为一个系统,并分析其组成要素、结构、功能和目标,以便纵观系统整体,在整体中考察其组成部分的结构及功能合理性,从而通过协调组织结构及各项管理活动,高效达到组织目标。

(1) 管理系统的要素:指构成管理组织的各子系统。按职能可分为组织、决策、指挥、控制、信息等子系统。

(2) 管理系统的结构:指各个要素在系统中的位置(空间排列)、顺序(时间排列)和内在联系。从管理系统的结构看,因要素间的纵横联系形成网络结构。以企业管理系统为例,其网络结构如图3-1所示。

(3) 管理系统的功能:系统的功能是指对来自环境的输入经过处理后的输出功能。以较少的输入提供更多的输出,则系统的功能强。管理系统输入的是各种原始信息,输出的是管理职能(计划、组织、指挥、控制和协调等),以此推动管理对象(人、财、物)的运

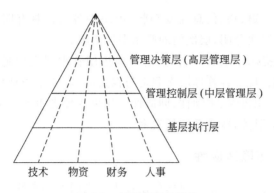

图 3-1 管理系统的结构

行,达成管理系统的目标。

(4) 管理系统的目标:系统的目标指系统在一定时期内要达到的目的或要完成的任务。管理系统的目标是通过优化系统结构、强化系统功能,高效率地实现组织目标,提高经济效益、社会效益、生态效益。

(5) 管理系统的结构、功能与目标间的关系:结构制约功能,功能实现目标。管理系统的结构制约着系统的功能,系统结构呈有序状态,各要素配置相互协调,系统整体功能则被加强,产生大于部分之和的新功能;反之,无序系统中各子系统杂乱无章,产生内耗,就弱化系统功能,产生整体功能小于部分之和的结果。

管理系统目标是借助其功能得以实现的。有序的结构输出富有成效的各项管理职能,借以优化人力、财力、物力资源,使之顺畅流动,以达到组织目标。

(二) 管理系统分析一般框架

依据管理系统结构、功能、目标间的关系,管理系统分析一般框架如图 3-2 所示。

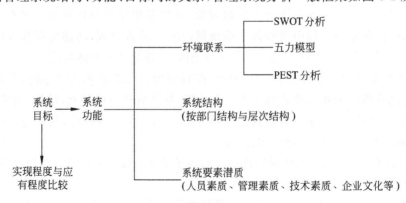

图 3-2 系统分析一般框架

三、系统管理模式

所谓系统管理模式,是在系统分析的基础上,采用相应的典型管理方式,实现管理系统优化。如,1954 年美国管理学家彼得·德鲁克倡导实行目标管理,主要是一种用目标考核及评价下属的方法,以后经过许多人的补充完善,形成了一种系统管理模式。1961年美国通用电气工程师费根堡姆发表了《全面质量管理》一书,以后经西欧和日本实践,到 1969 年形成了全面质量管理这一系统管理模式。

第三节 其他基本原理

一、相对封闭原理

从系统原理可知,开放性是系统的一般属性,系统的开放是绝对的,封闭是相对的。所谓封闭,是指系统中各元素间的制衡关系。管理中的相对封闭原理是指,在一个组织系统中,管理机构、管理制度、管理原则、管理措施都应形成连续的封闭回路,环环相扣,互相制约,才能确实发挥管理的效力,实现组织的目标。以管理机构的封闭为例,一个管理系统可以分解为指挥中心、执行中心、监督中心和反馈中心。由指挥中心发出指令,由执行中心负责执行,由监督中心监督执行过程,由反馈中心反馈执行结果给指挥中心,如此循环前进,一环扣一环,管理的各种手段在这封闭的回路中不断运动,推动管理前进。

相对封闭原理是电学原理在管理学中的移植。相对封闭原理强调的是管理中的控制职能。相对封闭的管理机构如图 3-3 所示。

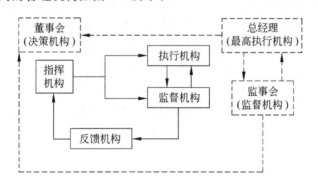

图 3-3 相对封闭的管理机构

二、能级原理

能级原理由系统的层次性特征衍生而来。任何一个组织系统都是分层次的,在组织系统中,根据组织的特征,处理好管理层次与管理幅度的关系、分权与授权的关系,将不同的人分配到不同权责的岗位上,做到因事择人,人尽其才,这就是能级原理。能级原理要求:第一,组织系统结构须按层次形成稳定的形态,为金字塔形结构。第二,不同的组织层次均有相应的权力和责任。第三,各工作岗位对人的要求不同一,可分为指挥人才、监督人才、反馈人才和执行人才。

三、整分合原理

整分合原理是指任何一个系统,均是统一的整体;任何一个整体内,又有各式各样子系统和各层次的分工；任何一个子系统及分工又是相互联系、相互制约的，从而形成其内部的有机结合。现代高效率的组织管理系统，必须在整体规划下明确分工，在分工的基础上有效地综合，这就是整分合原理。

随着现代化进程的不断加速，现有的系统需要重组，过时和衰老的功能必须抛掉，新的和超前的功能必须追加。系统的重组是任何一个开放系统生存和发展的必由之路。整体把握、科学分解、组织综合，就是整分合原理的基本特点。所谓整体把握，就是从系统的目的性着手，提出一个新的系统目的，让老系统焕发生机，使新系统更合时宜；所谓科学分解，就是将新目的，按系统不同层次的不同职能层层分解下去；所谓组织综合，就是协调系统中各层次的职能，保证最终达到系统的目的。

四、反馈原理

反馈是控制论的一个极其重要的概念。反馈就是由控制系统把信息输送出去，又把其作用结果返送回来，并对信息的再输出发生影响，起到控制的作用，以达到预定的目的。原因产生结果，结果又构成新的原因、新的结果。反馈在原因和结果之间架起了桥梁。这种因果关系的相互作用，不是各有目的，而是为了完成一个共同的功能目的，所以反馈又在因果性和目的性之间建立了紧密的联系。

当代社会的任何组织都是一个开放的系统，与环境之间保持着动态适应性，才能生存和发展。管理的实质就是构建一个控制系统，通过反馈的桥梁作用，不断地调整组织系统目标并适时修正相应决策方案。面对着永远不断变化的客观实际，管理是否有效，关键在于是否有灵敏、准确和有力的反馈。这就是反馈原理。

反馈原理蕴含于相对封闭原理之中，是相对封闭原理赖以产生的核心环节。根据相对封闭原理，管理系统是一个相对封闭的回路，管理系统中的信息在这一回路中做闭环式流动，没有溢出，不会失真，不被阻断，才能做到有效管理。

五、弹性原理

管理的各种手段必须及时适应客观事物的变化，有效地实行动态管理，这就是弹性原理。管理所碰到的问题，总是由众多因素千丝万缕地有机地联系在一起的。管理的各种计划、决策、指令等手段，要百分之百地适应客观规律的要求是不可能的。事物总是发展变化的，计划总赶不上变化，因此管理必须保持稳定性、调整性、发展性。

所谓稳定性，是指管理的手段或方案一旦实施，在相关的时间或空间范围内，特别是在实施的初期或实施对象是敏感人群时，无论出现怎样的困难，都应该锲而不舍地执行下去，以维护管理的有效性；所谓调整性，是指在管理的过程中，随着客观环境的变化，及时调整管理的方针或方法，这种调整可以是局部的校正，体现出局部弹性，也可以是全局的重新布置，体现出整体弹性。调整时，既可以是"留一手"式的防御性弹性，也可以是"多一手"式的进攻性弹性；所谓发展性，是指管理活动中的一切调整，都应该以促进管理效率上台阶晋水平式的发展，是能动地解决管理实践中的问题，而不是回避问题、绕开问题。稳定性是基础，调整性是艺术，发展性是根本目的。人们对客观世界发展的认识永远有缺陷，这是弹性原理的出发点，也是进行科学管理的基本要求。

六、动力原理

相对封闭原理告诉我们,管理的各种手段是在一个连续封闭的回路中不断振荡的。那么推动管理运动的方式和方法,就构成了管理的动力。只有正确的运用动力,才能使管理运动持续有效地进行下去,这就是动力原理。

管理动力是使管理活动有效地进行下去的必要保障,如能级原理的运用,若无必要的动力作能源,能级就会蜕变为等级,成为管理运动中的耗能层、隔热层。构成管理动力的要素有四个,即物质动力、精神动力、知识动力和机制动力。

物质动力是根本性动力。物质动力是原动力,因为物质动力是其他动力产生的基础。古代的管理行为,如狩猎中人们的分工与协作,完全是为了获取生存的物质资料,满足最基本的生理需求。任何时代的人们,当他们参与生产劳动的过程时,进而也就参与了管理的过程,他们首先想到的是能得到怎样的物质成果,这种物质收益与劳动的投入是否成比例,否则就会放弃劳动,当管理的行为强加于它们时就会怠工。

精神动力是意识性动力。人类的劳动都是有意识的,意识的集中和统一,升华为精神。在物质资料贫乏的时候,人们会形成艰苦奋斗的精神,在物质资料丰富后,人们就会产生进一步提高生活质量的需求,进而产生创新的精神。艰苦奋斗的精神可以补偿物质动力的缺陷,而创新精神却可以促进物质动力的提高。物质动力和精神动力是密不可分的。

知识动力是发展性动力。知识应该是经验的累积、总结和学习。今天的经济已是知识经济,人们的各种劳动都离不开必要的知识体系。知识能够生产更丰富的物质资料,能够生产更丰满的精神产品。运用知识动力,要求在管理过程中创建学习型组织,使组织具有自我发展自我更新的主动性,避免组织受外部的压迫而被动地适应环境。

机制动力是创新动力。管理的手段往往体现为管理活动中的各项规章制度以及运行机制。同样的规章制度,在不同的运行机制下,运行的效果进而是管理的效果会截然不同。好的机制会把"要我干"变成"我要干",而不良的机制会把"我要干"变为"我不干"。机制,是物质动力、精神动力和知识动力运行的载体,是它们联系的纽带。运用机制动力,就是有创造性地将上述三个动力结合起来,使它们优势互补,优势共振。

动力原理的四个动力要素中,物质动力和精神动力是主要动力,知识动力和机制动力是辅助动力,后二者是前二者的合理延伸与科学派生。运用动力原理时,既不能把知识动力和机制动力夸大化,又不能生硬地空谈物质动力和精神动力,要注意各种动力要素的综合运用。

七、人本原理

人是生产力中最积极最活跃的因素,也是生产关系中最核心、最关键的因素。管理活动中,管理者是人,被管理者也是人。所谓人本原理,就是指在管理中要以调动人的主观能动性和积极创造性为根本。人的任何管理活动都是人的主观能动性见之于客观现实性的体现,管理首先是人为达到自己的目的而进行的自觉活动。

要调动人的主观能动性,就要把适当的人选放在适当的能级中去任用,即所谓"适当的人做适当的事";主观能动性的调动,与动力原理运用密切相关;物质动力与精神动力能把人的主观能动性的"潜质"激发出来;知识动力和机制动力能使人的"潜质"得到充分的发展和运用,并发展出创造的功能。为此,正确运用人本原理应注意以下几个要点:

(1) 协调利益

物质动力是第一性的。在社会经济生活中,每一个人都是因一定的利益而担任自己的角色的,不管人与人之间发生怎样的冲突,都一定是利益冲突的表现或直接就是利益冲突本身。因此,无论解决什么冲突,都要将冲突各方的利益结合起来,进行协调,使人们看到利益是共存的客观现实,从而让每个人都把个人的利益服从于共同的利益,管理的目的就达到了。

(3) 激励行为

人们在社会经济活动中,除了追求一定的物质利益外,同时还追求一种精神上的荣誉感和归属感,当人们在组织中的行为被肯定时,工作积极性便会增加,工作效率便会提高;若被否定或指责,工作的过程便会停顿;若不置可否,便会丧失工作的信心,半途而废。

所以,管理者应十分清醒地知道如何去激励下属的行为,以提高组织目标实现的效率;如何通过激励的办法而不是横加指责的办法,让下属回到正确的方法上来;如何通过激励而不是漠不关心的办法,让下属始终对自己的工作充满信心。

(3) 适度控制

管理者对下属的控制过于严密,会妨碍其工作的积极性和责任心,会伤害其自尊心和自信心;疏于控制,放任自流,会使组织丧失实现目标的机会。要进行适度控制,要用机制而不是"人治"。要制定一系列保护和激励下属工作积极性和创造性的规章制度,按章行事,既显公平公正,又使管理者不至于陷入事务性的纠缠中。

(4) 适时培训

知识经济时代,要求人们的知识不断地、快速地更新。根据有关理论,现代知识更新的周期一般为3～5年。这就要求管理者对下属的知识体系和技能水平更加关注。只有更新了人的知识和观念,才能使组织不断地焕发出生机,才能使组织中的人充满自信和成就感,才能更有效地实现组织目标。

八、效益原理

管理行为产生的标志,可以说是分工与协作的劳动组织方式的出现。马克思在他的著作中说过,分工与协作不费资本分文。管理的意义就在于找到最好的方式或方法,使人们能以尽可能少的投入(成本)换取尽可能多的产出(效益),这就是效益原理。效益原理要求我们做到以下几点。

(1) 加强管理的基础工作

管理的基础工作,就是建章立制的工作。要建立健全各种有效的规章制度,如统计制度、核算制度、会计制度、审计制度、计量制度等。这些工作能为我们发现管理中存在的低效率因素提供有用的分析资料,从而能使我们从管理上找出有效的解决方案。

(2) 重视科学技术的应用工作

科学技术是第一生产力,先进的工作技术和方法,直接高效地提高工作效率,使单位时间内的效益产出增大。效益的追求最终应体现在效益的提高上,同时,还要注意运用现代化的管理方法和技术。

(3) 重视社会效益

单个组织在追求自身经济效益最大化时,要重视社会效益的提高,这正是系统原理的要求,因为社会是我们单个组织存在的大体系。社会效益的提高,如环境保护的效益、公共设施的效益、社会保障的效益等,都会反过来直接影响组织个体的经济效益,所以,要追求经济效益与社会效益的最佳匹配,以推动组织的持续发展。

本 章 小 结

本章首先介绍了系统的概念、特征。简言之,所谓系统,就是相互联系着、相互作用着的若干元素的复合体。一般可表达概括为 $P_s^{(t)} = E^{(t)} R^{(t)} \sum_{i=1}^{n} P_e^{(t)}$。系统的特征蕴含于系统的一般表达式中,包括集合性、相关性、环境适应性、动态性、目的性、层次性等。系统原理是从系统论角度认识和处理问题的理论和方法,是具有重要地位的管理原理之一;系统原理在管理中的应用可概括为三个方面:在管理中树立系统管理的观念、运用系统分析的方法优化系统要素配置、建立系统管理模式以形成与本组织特点相适应的管理方式。

由系统原理衍生出一系列管理基本原理:整分合原理、相对封闭原理、弹性原理、动力原理、人本原理等。管理的基本原理中系统原理是大前提,人本原理是核心,动力原理是关键,反馈原理、弹性原理、整分合原理、相对封闭原理、能级原理是技巧,效益原理是目的。

思考与理解

1. 什么是系统？它有哪些特征？
2. 怎样认识相对封闭原理和能级原理？二者存在怎样的联系？
3. 怎样运用整分合原理和反馈原理？
4. 如何理解弹性原理？
5. 怎样将动力原理和人本原理结合运用？
6. 如何理解权变原理和效益原理？

课外阅读

1. 周三多.管理学——原理与方法[M].第 4 版.上海:复旦大学出版社,2007:120-151(第 3 章).

2.[美]斯蒂芬·P.罗宾斯.管理学[M].第7版.北京:中国人民大学出版社,2004:59-137(第3章～第4章).

【案例分析】

华生集团提前应对危机

华生集团是美国最大的银行企业,有3 300家分支机构。该集团被认为是创新银行业务的领导者,而且被认为有一个得力的领导团体。在整个20世纪80年代,这家银行机构几乎每年都盈利。尽管华生集团在金融业拥有强大的实力,而且具有良好的管理力量,但它近来还是受到了世界范围银行业危机的影响——许多银行纷纷倒闭,其数量创纪录。特别在以下三个领域,一直困扰着华生集团:美国政府债权交易中糟糕的业绩、公司伦敦分部的困境和投资银行业拓展势力的失败。

华生集团的管理者最近宣布:计划步其他许多美国公司的后尘,进行经济规模收缩。公司最近并没有财政困难,但公司希望通过积极主动的行为能够避免未来出现的问题。作为紧缩的一部分,公司决定削减2 000个职位。正如其所预料的,公司雇员反映十分强烈,并有两名雇员自杀。压力增大,导致工作事故和失误的显著增加。

华生集团意识到了伴随紧缩出现的问题,并采取措施去帮助雇员应付面临的不确定性,收效还不错。

讨论题:

1. 华生集团是怎样应付环境的变化的?
2. 华生集团内部出现的这些问题应该怎样处理?

【知识点链接】 管理的系统原理强调组织是一个开放系统,环境越来越成为决定组织存亡的限制性因素,在环境变化的前提下,组织要不断地适应环境,把握环境机会,避免环境威胁。

管理的人本原理认为管理中要以调动人的主观能动性和积极创造性为根本,在管理活动中,管理者是人,被管理者也是人,任何的管理决策都要以人为中心。

第四章 决策

第一节 决策概述

一、决策的概念及特点

决策是管理的重要职能之一。所谓决策,就是在组织外部环境及内部条件约束下,为实现组织特定目标,从所拟定的若干个备选方案中选出较为满意的方案付诸实施的管理活动。

从决策的概念可以看出决策的下述特点:

(1) 目标确定性。任何一项决策都必须有确定的决策目标,它体现决策行动的预期结果,同时是选择行动方案的依据,又是组织目标在某种程度、某个范围的具体实现。

(2) 环境条件约束性。组织所处外部环境包括政策、法律、社会文化、科学技术、经济、市场等多方面因素;组织内部条件诸如自然条件,人力、财力、物力资源,管理水平,科技水平等。组织外部环境及内部条件既约束决策目标的确定又制约行动方案的选择,不切合组织实际的目标,或者一味追求方案最优,都会受到环境条件的限制而难以实现。

(3) 方案可选择性。选择决策方案是决策的核心所在,无此,就无所谓决策。针对决策目标及环境条件的可能变化,拟出多个可选择的方案是选择方案的基础工作。"多谋善断"贴切地表述了这两步工作间的因果关系,善断须以多谋为前提。

(4) 决策的风险性。一般而言,决策的各个备选方案是考虑到环境条件的某种可能变化,从而有针对性地拟出相应方案,决策者选择方案时,也考虑了环境条件的变化,但决策毕竟是一种事先行为,环境条件的影响因素又很多,决策的风险性成为一种客观存在。另外,决策者所能获得的信息资料也是有限的。因此决策者的知识、素质、胆略、远见卓识对正确决策及降低决策风险性十分重要。

二、现代决策理论

(一) 现代决策理论产生背景

决策理论诞生于 20 世纪中期,属于现代管理理论时期。决策理论的出现,是社会发展、生产方式变革和管理理论发展的必然结果。

19世纪末20世纪初,新兴的资本主义生产方式尚有广阔的市场发展空间,企业增加总产量就可获利。管理方式正实现着由传统经验管理到科学管理的演变,面临的主要问题是在企业发展战略方针已定的前提下,如何提高车间、班组等基层生产单位的劳动生产率问题,以及如何确立管理的各种职能及其彼此联系,更有效率地完成管理过程,实现组织目标的问题。因此,这一时期属于科学管理理论与古典组织理论的时代。

20世纪中期,发达的资本主义国家已进入工业社会,垄断与竞争程度不断升级,企业规模越来越大,科学技术快速发展,国家对经济的干预日益增强。企业承受着环境迅速变化的巨大压力,如何制定与采取相宜的行动方案应对多变的环境,即企业战略目标选择与行动方案确定,成为企业组织生存与发展的首要问题,决策这时作为一项重要的管理职能被列入企业管理过程。在激烈的竞争中,一方面,决策失误,意味着与之相关的其他管理职能随之步入歧途,这种情况下,管理职能配合越好,发挥效率越高,则失败得越惨;另一方面,从确定组织目标这样的大略方针开始到日常管理工作的方方面面都存在决策问题,尤其是随着环境的瞬息万变,作为战略目标的组织目标确定后,为实现目标而做出的战术决策应该能随机应变,这也是现代所谓柔性管理的内涵之一。从这两方面不难看出,决策成为管理的首要职能,正如美国经济学家、卡内基—梅隆大学教授西蒙所说:决策贯穿于管理全过程,管理就是决策。

(二)决策理论的产生及主要内容

20世纪30年代,美国学者巴纳德和斯特恩等人最早把决策这个概念引入管理理论。巴纳德在其1938年出版的代表作《经理的职能》中,提出经理人员的三项职能,其中第三项职能包括决策。后来,西蒙和马奇等人发展了巴纳德的理论,创立了决策理论,并形成了以他们为首的决策理论学派。决策理论学派是从社会系统学派分离而来,决策理论以社会系统理论为基础,吸收了运筹学、行为科学、系统理论等学科的内容,形成了一门独立的学科。西蒙应用决策理论和方法,把经济学、数学、电子计算机技术和行为科学等用于大型企业和跨国公司管理,取得了良好效果。西蒙创立的决策理论要点如下:

(1)组织是作为决策者组成的系统,组织成员的第一个决策是应否加入该组织。

(2)"管理就是决策",决策贯穿于管理全过程。计划本身是决策,组织和控制也离不开决策,强调了决策在管理中的地位。

(3)创立了用"满意原则"代替传统的"最优化原则"的新理论。传统经济学认为,人们在决策时是按利益最大化准则择取最优方案的。西蒙则认为,用最大化准则择优需要具备三个条件:①有全部的备选方案可供选择;②每个备选方案所产生的后果都十分清楚,也就是说决策者有无限的估算能力;③对所有的备选方案的结果能按好坏顺序排列。显然,决策者不可能完全具备这些条件,因为:①搜集的信息情报不可能完整无缺;②有些决策目标很难做到定量化;③决策涉及长期与目前、局部与整体利益冲突时,要服从长远、全局利益;④决策受环境变化影响,决策时最优,实施中环境变了就不一定最优;⑤受决策者能力和知识限制。为此,西蒙认为,人们在决策时,只能选择到足够好的决策方案,于是他提出"满意原则",意即在决策时,要确立一套方案择取标准,这些标准的最低限度是令人满意的。如果对比中有备选方案满足了或超过了所有这些标准,则此备选方案就是令人满意的,可取做决策方案。

(4) 决策时既重视数学模型、计算机技术等定量分析方法,又重视行为科学、人际关系等社会因素对决策的影响。

(5) 决策不是一瞬间,而是包括收集信息资料、拟出备选方案、选择方案等一系列过程。全部决策阶段有:从确定决策目标开始,再拟订和评价备选方案,继之选定满意的方案,最后执行选出的方案并反馈给决策者及至不同决策阶段。将决策过程延伸到执行和反馈阶段,是西蒙的独到之处。

三、决策的类型

决策可以从不同的角度按一定的标准分成不同的类型。

(一) 按决策活动表现的形式不同,可分为程序化决策和非程序化决策

程序化决策又称常规决策,是指具有一定程序、模式及标准的例行决策。组织日常管理中有很多经常重复的程序化活动,人们经过长期实践经验等,已建立起一套解决这些问题的准则与程序,即所谓程序化决策。如企业管理中的订货程序、原料储备、劳动定额制定、劳动分配等,这类决策常借助规章制度、定额等即可完成。可见,程序化决策可用于解决一般日常管理问题,其决策权由一般管理人员或基层作业人员掌握。

非程序化决策是不经常出现的偶然性决策,没有既定的程序及模式为依据。非程序化决策一般用于解决重大行动方案的选择,如企业经营方针、基建投资、新技术引进等,因无章可循,要求决策者具有创造性,决策风险也较大。所以,决策权一般为组织的高层人员所掌握。

程序化决策与非程序化决策的划分并非绝对的,二者可相互转化。

(二) 按决策的性质不同,可分为战略决策和战术决策

战略决策是指组织高级管理阶层所做的、对组织全局和长期发展有着重大影响的决策。如组织目标、发展方向的确定及改变;技术革新与技术改造;新产品开发等方向性决策问题属之。

战术决策是管理决策和业务决策的合称,指在战略决策指导下,为实施战略决策目标,针对具体问题而作出的决策。战略决策界定了战术决策的范围及方向,战术决策则是战略决策的实现形式。战术决策多为组织中层管理者与基层执行者作出。例如,各种规章制度的建立和改革决策、组织内部资源协调与控制决策;生产决策、存货及销售决策等。

(三) 按决策的方法不同,可分为确定型决策、风险型决策和不确定型决策

这种划分方法是美国学者卢斯和莱伐二人提出的。确定型决策是指决策时所面临的未来(自然)状态为已知、确定情况下的决策。这类决策提供给决策者的各个方案的结果是确定的,而且决策者选定某一方案实施后,所得到的结果一般与决策时的预期结果相同。

风险型决策又称随机型决策,指未来事件出现的状态不能确定,但出现某种状态的概率已知的情形下,所面临的决策问题。

不确定型决策与风险型决策类似,是未来事件出现的状态不能确定,同时出现某种状态的概率也不知道的情形下,需要作出的决策。

(四) 按决策问题所面临的对象不同,可分为非对抗型决策和对抗型决策

非对抗型决策指不针对特定的竞争对手的决策,其所面临的是环境因素的影响及变动。

对抗型决策又称对策或竞争性决策,是指针对特定竞争对手、为获得竞争胜利而作出的决策。如下棋、体育竞赛等,历史典故齐王与田忌赛马也属之。对这类决策问题的研究已形成了一个数学分支——对策论(game theory),又称竞赛理论或博弈论。

第二节 决策的基本原则

一、信息原则

信息是决策的物质基础。科学的决策有赖于广泛获得信息,在此基础上对信息进行归纳、整理、比较、选择,提供准确、可靠、全面、系统的信息为决策服务。例如国外许多企业都建立了管理信息系统。充分的信息既关系到决策备选方案的生成数量与质量,又关系到决策结果的科学性。

二、可行性原则

可行性原则要求决策必须符合组织所处外部环境及内部人力、财力、物力条件,不能一味追求优化,不考虑实现的可能性。不能只考虑有利因素和成功的机会,还应充分估计到限制性因素的制约作用可能造成的影响。具体可分为:

(1) 经济可行性。一是使决策过程本身花费最少。一味追求最完备的信息、全部潜在方案的成本可能极高,得不偿失。因此在决策程序、决策方式、决策标准选择上,应在保证决策科学合理的前提下,达到成本最低。二是决策方案在实施中应与组织人力、财力、物力相一致,讲求方案的运行成本和经济效益。

(2) 技术可行性。选择方案所用的技术,特别是运行决策方案所用的技术,是组织成员有能力掌握的。

三、系统原则

组织是受多因素互动影响并与外界环境存在交换关系的复杂系统,应用系统理论、系统思想是科学决策的要求之一。具体地,在决策时应注重以下原则:

(1) 统筹兼顾,全面安排,求得整体目标最优;

(2) 局部利益服从整体利益;

(3) 强调系统中各部分、各层次、各项目之间的相互联系,达到系统运行平衡,构成系统最大综合能力。

(4) 反馈原则。建立决策实施反馈系统,加强决策方案实施的控制。

四、对比择优原则

对比择优是从方案的比较到决断的过程,是决策的关键步骤。它的步骤是有众多备选方案可供比较、分析与综合。同时,对比不仅是把各种不同的方案加以比照,还要将各方案与客观实际认真对比,权衡各种方案在环境条件约束下的优势与劣势,以及各种方案可能带来的影响与结果,综合比较之后,确定最优方案。

五、柔性原则

柔性原则是指决策方案实施中要有一定的应变幅度。现代社会所处环境时时变化,要求决策者具有前瞻性,在一定程度上预见到可能出现的环境因素变化,选择决策方案时除考虑到方案本身的应变能力外,还要在方案实施过程中制定相应的环境应变措施,实质上是作为方案顺利运行的补充或保护措施,以确保组织目标得以实现。

六、集体决策原则

集体决策原则是科学决策的基本要求。随社会发展和科技进步,决策问题越来越复杂,已不是少数人或个人所能胜任的,更不是个别人凭经验和个人意志所能解决的。所以集体决策成为决策科学化的重要保证。

所谓集体决策,是依靠和利用智囊团为决策做参谋、顾问,为决策服务。根据任务的不同要求,把相关自然科学家、社会科学家、工程技术人员和管理工作者组织起来,系统调查研究、分析数据资料、评议论证方案,提出切实可行的方案,供决策者参考。

上述基本原则主要针对组织所处外部环境变化及内部条件限制这两个最重要的因素所提出,除此之外,影响决策的因素还有决策者对风险的态度、组织文化等因素,冒险进攻型决策者承担风险意识强,处于开拓、创新氛围中的决策者思维活跃,思路新颖开阔。但这些因素是社会传统习俗、个人经历、行为规范、社会文化、经济发展水平、地域特征等多方面因素长期影响形成的,短期内难以改变。

第三节 决策的程序

简言之,决策是为实现组织特定目标而选择行动方案的过程,这个过程由一系列前后关联又相互独立的步骤组成,这就构成了决策的程序。

一、发现问题

问题存在,才会产生组织的决策目标;不断发现问题,继而确立组织决策目标,是组织持续运行与发展的内在动力。所谓问题,就是事物应有现象与实际现象之间的差距。识别潜在的问题,既为组织生存发展消除障碍,又为组织的进步提供了契机。所有决策工作都是从发现问题开始的。

发现问题,尤其是识别潜在的问题,找出组织自身所存在的差距,是组织高层决策者的重要职责。他们统揽全局,比其他组织成员易于掌握更多的信息资料,更能把握潜在问题关键与动态。但这不等于说高层领导者就一定能发现问题。深入实际,调查研究,具体问题具体分析,是领导者具有前瞻性、作出正确估计不可或缺的重要方面。

二、确定决策目标

确定决策目标是决策的前提,决策目标既体现决策行动的预期结果,又是选择行动方案的依据。确定决策目标的要求及步骤如下。

(1) 根据问题及改进的可能性确定决策目标

决策目标是根据所要解决的问题确定的,因此首先应将所要解决问题的性质及原因分析清楚,目标才能确定。一般而言,决策目标所要解决的问题,就是差距。差距是通过将事物应有现象和实际现象加以对比得出的。但是差距又不等于决策目标,因为要考虑到组织内部条件和外部环境的制约,所确定的目标要考虑其在现有环境条件下实现的可能性,不能一味追求优化,决策的可行性原则在确立决策目标时就应把握。

(2) 检查决策目标的准确性

这是拟定、评价、执行、检查与反馈决策方案的前提。决策目标必须符合以下要求:

① 决策目标必须是单义的,不应有多义解释。

② 决策目标应具有明确的实现期限。

③ 规定目标的数量界限。质量指标应通过转化使之数量化。如采用合格率、废品率、返修率等间接数量指标反映产品质量;用一级、二级等等级来划分产品质量。

(3) 决策目标的约束条件及弹性

决策目标的约束条件主要用于界定决策目标是否完全实现。当无约束条件时,一个决策目标实现可以从多方面理解,如企业的决策目标若为比上年增加利润10%,可以通过减员增效,提高劳动生产率,减少人工费用达到;还可以通过改善产品品种结构做到;甚至可以为节约原材料费用而采用降低原材料规格、标准等方式达到。因此,应根据决策目标内在要求及组织实际情况,在确定决策目标时附加一定的关联条件,这就是约束条件。

决策目标的弹性,是指所订目标应有必须达到和争取完成两种,形成具有完成低限与高限这样有一定幅度的弹性目标。必须达到的目标,要作为责任制和计划的基本指标,作为平衡和奖励的依据。争取完成的目标,一般随情况的变化及时修改。

三、拟定备选方案

在决策中,对程序化决策,基本上可根据过去成功经验,拟出可供选择的方案。而对非程序化决策及复杂问题的决策,需要寻找新的解决方案。

拟定备选方案是决策的基础工作。决策是在多种方案中选择一种,首先应能拟出多种方案备选,各方案间思路差异越大,选择余地越大,所选方案的优点及可行性才越突出,越容易发现和补充其存在的缺憾。对非程序化及复杂问题的决策,需要提出多种各具特色、有创意的备选方案,一般采用以下步骤。

(1) 方案的轮廓设想是方案拟定的第一阶段。旨在通过大胆设想,集思广益,从不同角度、途径设想出各种可能方案,实现方案创新。国外常用"头脑风暴法"和"对演法"两种形式。

(2) 方案的精心设计。在轮廓设想的基础上，把方案的各个细节进行严密的运算、平衡，并估算某个方案可能获得的经济效益。最后将精心设计的各方案交决策者选择。

四、方案的评价和选定

方案的选定是在所拟备选方案中选出方案作为实施方案，这一步骤涉及方案评价与选定两方面的工作。

(1) 方案的评价。对备选方案的评价首先应组成评选专家组，制定评价标准。以企业决策为例，专家组成员应包括有技术、财务、市场、公关、人事等各方面的专家。方案的评价标准应根据组织所处客观环境及内部条件，考虑方案运行产生的方方面面影响，确定最基本的评价指标及相关指标。以经济组织为例，评价方案多以利润、毛收益、成本、投资回收期、现金收益率等为基本指标，而同时应考虑到社会效益如资源利用效率、环境污染防治等。此外一些方案的评价尚可采用试验法，如企业新产品定价决策。

(2) 方案的选定。在专家组制定评价标准，对各个备选方案作出评价对比后，将经评价对比的方案提交决策者——组织的领导者作出最后决策。领导者的基本职能之一就是科学决策，从广义讲，它包括整个决策过程的组织、指挥、协调、控制工作，其中最关键的是最后方案的选定，即狭义决策的内涵。专家组是广义决策过程的参与者，其职能是为领导者提供、评价与对比分析备选方案，也就是为决策者积累决策所需的全部信息资料，他们不能代替领导决策。领导者是最终决策者。

五、决策方案的执行和反馈

决策选定的方案在实践中正式实施后，可能会出现这样那样的偏离目标的情况，这时就需要及时调整修正。因此，方案执行过程中的跟踪控制也是决策过程的重要环节，对确保决策目标的实现，针对环境瞬息万变适时应变，增强决策方案的柔性特征，是不可或缺的重要保障措施。这种跟踪控制就是决策方案运行中的反馈过程。

决策方案运行中的反馈过程包括对决策目标及决策方案的调整修正。决策方案实际运行中偏离目标，可能是所选方案不当，这时可完善运行方案、补充新方案；也可能是决策目标确定与现行环境条件差异悬殊，就需要修订目标或重新确立目标，如图4-1所示。

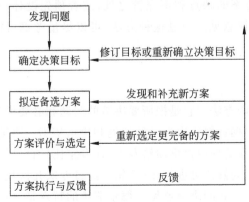

图4-1　决策方案的执行和反馈

第四节　决策的方法

决策方法可分为定性决策方法、定量决策方法及二者结合的决策方法。

定性决策方法就是指难以量化或难以做精确数量分析的决策,如人事任免、企业形象设计等,可根据管理者和专家经验、知识、判断能力及胆略,通过定性判断,寻求解决问题的最佳方案的决策方法。应用于程序化决策时,常采用借鉴法,即借鉴以往处理这类问题的惯例;用于非程序化决策时,常用头脑风暴法、对演法、德尔菲法等。

定量决策是指既可以量化决策结果,又可对决策方案做数学分析的决策,如企业生产决策、组织的财务决策等。较复杂的定量性决策问题需要运用运筹学方法借助计算机解决,通过采用线性规划、非线性规划、统筹法、库存论等建立数学模型求得最优方案。目前,许多企业研制计算机软件,将程序化决策化为计算机程序解决。一般的定量决策方法采用简单计算法就可以解决,如常用确定型决策、风险型决策与不确定型决策方法。

一、定性决策方法

(一)头脑风暴法

头脑风暴法又称畅谈会法。是用小型会议的形式,启发大家畅所欲言,充分发挥创造性,经过相互启发产生思维共振,然后集思广益,提出多种可供选择的方案的方法。会议一般邀请6~10人,时间1~2小时,由主持人介绍背景,提出议题,然后与会者畅所欲言,形成思想和热情风暴,最后形成创意、决策意向或方案。头脑风暴法要遵循四项原则:(1)对别人的建议不作任何评价,将相互讨论限制在最低限度内;(2)建议越多越好,不考虑建议的质量,想到什么就应该说出来;(3)鼓励每个人积极思考、广开思路,想法越新颖、奇异越好;(4)可以补充和完善已有的建议使它更有说服力。

(二)对演法

对演法是分小组提出不同方案,会上各方案提出者分别介绍自己的观点,展开辩论,互攻其短,充分暴露各方案的缺点和不完善之处;或者预先设计一个方案,作为对立面,故意让与会者提出挑剔性意见。通过这种方法,可以尽量考虑可能发生的问题,增加方案的完善程度和可行性。

(三)德尔菲法

德尔菲法又叫专家调查法。它是把所要决策的问题和必要的资料,用信函的形式向专家们提出,每个专家根据资料给出自己的意见和决策依据。决策的组织者将第一次决策的结果及资料进行统计整理后再反馈给专家,让专家比较自己同他人的不同意见修改自己的意见和判断,决策的修改可进行3~5轮。经过专家几次反复修改的结果,根据全部资料,确定出专家趋于一致的决策意见。德尔菲法的特点是:(1)匿名性。参加决策的专家彼此不知是谁,消除了"权威的影响";(2)有价值性。专家参与决策,各有专长,出发点不同,会提出很多有价值的意见;(3)决策结果的统计性。德尔菲法每轮调查都用统计方法对结果进行处理,最后得到的是综合统计后的评定结果。

二、定量决策方法

前述决策方法的分类中,我们已给出了确定型决策、风险型决策、不确定型决策三种方法的概念,这里我们进一步将三种方法作出比较,以便于理解。

三种决策方法的区别从本质上说是根据某决策问题所包含的因素不同,从而所采用的决策方法有所区别。其中属于风险型决策的决策问题,包含的因素最为全面,我们首先将风险型决策问题诸因素列出,作为对比参照。

风险型决策的因素:

(1) 决策目标:指决策者期望达到的某一个经济目标值。如成本最低(或一定)、产量最高(或一定)、利润最大(或一定)等。

(2) 行动方案:指为达到决策目标可供选择的一系列方案(用 A_i 表示)。

(3) 自然状态:指决策者无法控制的未来事件可能出现的状态(用 Q_i 表示)。

(4) 自然状态的概率:指各种自然状态出现可能性的大小(用 P_i 表示)。P_i 在风险型决策中是已知的,它是通过统计分析或主观分析得出的 $\sum_{i=1}^{m} P_i = 1$,$(i=1,2,\cdots,m)$。

(5) 各行动方案在某种自然状态下的益损值,用 U_{ij} 表示。

风险型决策的各因素及其彼此间的关系,可用矩阵形式反映出来,如表 4-1 所示。

表 4-1 风险型决策的矩阵(收益矩阵)

自然状态及概率		行动方案 A_1	A_2	A_3	A_4	A_5
Q_1	P_1	U_{11}	U_{12}	U_{13}	$\cdots$	U_{1n}
Q_2	P_2	U_{21}	U_{22}	U_{23}	$\cdots$	U_{2n}
$\vdots$	$\vdots$	$\vdots$	$\vdots$	$\vdots$	$\vdots$	$\vdots$
Q_m	P_m	U_{m1}	U_{m2}	U_{m3}	$\cdots$	U_{mn}

与风险型决策相比较,确定型决策没有自然状态及其出现的概率此二因素,一旦选定某个行动方案,只能产生一个确定的结果。而不像风险型决策,因有 m 个自然状态,选定某个方案时,会有 m 个不确定结果,需要按期望效益最大确定其中一个方案。

不确定型决策与风险型决策相比,没有自然状态出现的概率这个因素,其他相同。因此,这种决策的本质特征是,决策者依据一定的准则,估计出各种自然状态的概率,再选择最佳方案。

以下分述各种方法。

(一) 确定型决策

简言之,确定型决策就是每个行动只产生一个确定结果的决策,因此,最优行动方案常常是求收益最大的方案。确定型决策方法很多,如线性规划方法、目标规划方法。我们这里仅介绍简单、常见的一般方法。

1. 保本点分析法

保本点分析法是揭示产量(业务量)、成本、利润之间的数量关系,借助单位产品贡献毛收益额,找出保本点产量的决策方法。保本点又称盈亏平衡点,当生产任务大于盈亏平衡点时,就可以获得利润;当生产任务小于盈亏平衡点时,生产亏损(见图4-2)。

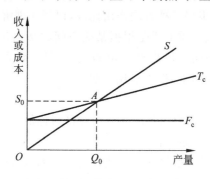

图 4-2 保本点分析法

保本点分析法有两个基本公式,即保本点产量和保本点销售收入。

保本点产量(Q):

$$Q = \frac{F_c}{P_y - AVC}$$

式中:F_c——总固定成本;
P_y——产品单价;
AVC——单位产品变动成本。

保本点销售收入(S):

$$S = Q \cdot P_y$$

2. 保本点分析法实例

某饲料加工厂总基本建设投资每年应摊折旧费和其他固定成本之和为25万元,每吨配合饲料的变动成本为3 000元,销价为4 000元,预计年销售量为150吨,最大生产能力为400吨。问该饲料厂的盈亏平衡点产量和盈亏点收入各为多少?经营安全率为多少?如果获得目标利润5万元,则其销售量应为多少?当饲料市价下跌时,在什么情况下可继续生产或停产?

根据问题及资料可得如下解:

(1) 盈亏平衡点产量

$$Q = \frac{250\ 000}{4\ 000 - 3\ 000} = 250(吨)$$

(2) 盈亏平衡点销售收入

$$S = 250 \times 4\ 000 = 100(万元)$$

由上结果可知,该厂产量达到250吨,销售收入为100万元时,方可收支相抵。而其预计销售却只有150吨,势必造成产品滞销积压,处于亏损状态。

(3) 获利5万元时的销量($L = 5$万元)

$$Q = \frac{250\ 000 + 50\ 000}{4\ 000 - 3\ 000} = 300(吨)$$

(4) 获利 5 万元时的销售收入
$$S_L = 300 \times 4\,000 = 120(万元)$$

(5) 经营安全率(H_r)：
$$H_r = \frac{Q_r - Q}{Q_r} \times 100\% \qquad 或 \qquad H_r = \frac{S_r - S}{S_r} \times 100\%$$

Q_r——实际产量；S_r——实际销售收入。

本例中若以最大生产能力作为实际产量，则有
$$H = \frac{400 - 250}{400} \times 100\% = 37\%$$

经营安全率用以衡量盈利可能性的大小。一般以 H_r 在 40% 以上为安全限，30%~40% 为较安全；10%~20% 为较不安全；10% 以下为不安全，稍有变化就会亏本。

(6) 市价下跌时的生产决策

毛收益是产品单价与产品单位变动成本之差。毛收益在多部门综合经营企业的短期决策中，经常作为决策依据。企业短期决策中，常把成本分为固定成本和变动成本两类。固定成本是不随产量增减而变化的成本，如企业管理费、职工的基本工资、折旧费等，不论生产项目的规模多大（产量高或低、生产或不生产），都要分摊固定成本，如直接材料费、燃料费、计件工资等。企业短期决策中，根据毛收益作出决策的基本原则是：只要有毛收益，即产品单价大于产品变动成本，就可以生产该产品，因为这时不仅可以从产品销售中收回变动成本，还可以降低单位产品所分担的固定成本部分。

本例中，饲料单价大于 3 000 元，就可以生产。

本例中的决策问题可归纳为关于生产规模决策三种方案，如表 4-2 所示。

表 4-2　生产规模问题的确定型决策（短期）

U_i \ A_i	A_1 亏损	A_2 盈亏平衡	A_3 获利 5 万元
结果确定	$P_y >$ AVC	$Q = 250$ 吨 $S = 100$ 万元	$Q = 300$ 吨 $S = 120$ 万元

生产实践中，人们都希望选到 A_3 方案，甚至比 A_3 更好的方案，A_1、A_2 及介于二者之间的情形也是极可能出现的，在遇到不利市场状况时，也不失为一种短期应对策略选择。通过此例可见，确定型决策中，一旦选取某个方案，只能得到一种确定的结果。

3. 保本点分析的推广应用

承上例，并假设该厂通过市场细分推出一种新产品，年产（销）量均为 280 吨，每吨变动成本为 3 500 元，欲实现目标利润 7 万元时的产品单价应为多少？

这是在总产（销）量，总固定成本、单位可变成本已知的情况下，产品定价决策问题，可用下式求出结果：

$$P_y = \frac{L + F_c}{Q} + \text{AVC} = \frac{70\,000 + 250\,000}{280} + 3\,500 = 4\,642.86(元)$$

这时每吨饲料定价约为 4 700 元。

也可将目标利润 L 作为自变量，产品单价作为因变量，求出一定条件下相应个数的

关于定价问题的行动方案。如表 4-3 所示。

表 4-3 新产品定价问题的确定型决策

A_i	A_1 $L=3$ 万元	A_2 $L=5$ 万元	A_3 $L=7$ 万元
产品单价(元)	4 500.00	4 571.43	4 642.86

(二) 风险型决策

风险型决策又称随机型决策。指未来自然状态及其发生的概率均为已知条件下的决策,这种决策中,每一个行动方案因对应有各种不同的自然状态,所以无论选定哪一个行动方案,其结果亦是不确定的,有一定的风险性。选择最佳方案的方法是:通过计算各个行动方案的期望效益值,并比较它们的期望效益值,最后确定期望效益值最大的方案为最佳方案。

1. 风险型决策的表解法

例:某副食店为经营海鲜产品做日进货决策。据市场调查,每年同期同等规模零售店日销售量分别为 20 千克、60 千克、80 千克、100 千克;概率依次为 0.2,0.4,0.3,0.1。海鲜每千克成本 30 元,售价为每千克 50 元,若当日卖不出去,则降价为每千克 20 元销售。问:日进货量多少为妥?

决策步骤如下。

(1) 做出益损值矩阵(表 4-4):

表 4-4 益损值矩阵

Q_i 及 P_i	A_i	日进货量/千克			
		20	60	80	100
20	0.2	400	0	−200	−400
60	0.4	400	1 200	1 000	800
80	0.3	400	1 200	1 600	1 400
100	0.1	400	1 200	1 600	2 000

(2) 计算各种行动方案的期望效益值(E_{A_i})

E_{A_i} 为第 A_i 个方案的期望效益值:

$$E_{A_i} = \sum_{i=1}^{m} P_i \cdot U_{ij}$$

$E_{A_1} = 400 \times (0.2+0.4+0.3+0.1) = 400$

$E_{A_2} = 0 \times 0.2 + 1\,200 \times (0.4+0.3+0.1) = 960$

$E_{A_3} = -200 \times 0.2 + 1\,000 \times 0.4 + 1\,600 \times (0.3+0.1) = 1\,000$

$E_{A_4} = -400 \times 0.2 + 800 \times 0.4 + 1\,400 \times 0.3 + 2\,000 \times 0.1 = 860$

结果以 A_3 方案为最佳,即日进货为 80 千克时收益最大。

2. 风险型决策的图解法（决策树法）

（1）决策树的一般形式

决策树的一般形式如图 4-3 所示。

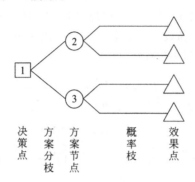

图 4-3　风险型决策的决策树

（2）单级决策树解题程序

① 根据题意画决策树。单级决策只有一个决策点。决策点之后的方案枝表示决策行动方案的个数，方案节点表示各行动方案的期望效益值，概率枝及效果点分别表示各行动方案中不同自然状态出现的概率及益损值。

② 在决策图上标明有关数据和条件。

③ 计算各方案的期望效益值，并标在方案节点上方。

④ 比较各方案的期望效益值，选出最佳方案。

⑤ 剪枝填值。将所选最佳方案的期望效益值填在决策点上方，保留已选定的方案枝，剪去未入选的方案枝。

以上例说明决策树方法，如图 4-4 所示。

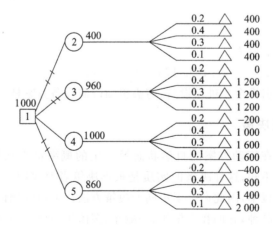

图 4-4　决策树实例（1）

（3）风险型决策的多级决策问题

例：某企业因产品更新换代面临技术改造，提出引进全套进口设备或在现有设备基础上追加投资、更新、改造某些部件。二者投资额分别为 500 万元及 200 万元。新产品需求增长的概率为0.7,需求低迷的概率为0.3。引进设备且需求增长可获得利润100万元,反之亏损20万元;更新改制设备因产品部分元件不能生产,需购进,利润相应为50万元及10万元。另外,引进设备预计使用10年不用换代,而在销路好的情况下,更新改制设备则可能在5年后再更新改制一次,方可再用5年,预计需再投资100万元。或者届时淘汰,再投资500万元购入新设备。试就此问题作出决策。

根据条件画出决策树如图4-5所示。

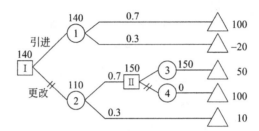

图4-5 决策树实例(2)

各节点的期望效益值:

节点1:$[100×0.7+(-20)×0.3]×10-500=140$(万元)

节点Ⅱ:节点Ⅱ是二级决策的决策点,因为该点是需求增长情况下所做的选择,所以,无论改制或淘汰重购,产品需求状况的概率都为1。其期望效益值为节点3及节点4二者择一,由于

节点3:$50×1.0×5-100=150$(万元)

节点4:$100×1.0×5-500=0$(万元)

故取节点3,即先更新改制,5年后再更新改制。

节点2:在需求旺盛情况下,应分成前5年和后5年两部分计算。

前5年:$0.7×50×5=175$(万元)

后5年:$0.7×150=105$(万元)

节点2总期望效益值为:

$$(0.3×10×10+175+105)-200=110(万元)$$

决策结果是选择引进全套进口设备,剪去更新改制设备方案枝。

(三) 不确定型决策

不确定型决策是在行动方案的自然状态及发生的概率都未知情况下所做的决策。由于自然状态的概率不知,这种决策的实质是根据决策者对风险的不同态度,主观给出不同自然状态发生的概率,因此产生了不同的决策方法。下面以例说明。

假定有三个小麦品种,它们在干旱年、一般年、多雨年的单产不同,如表4-5所示。

表4-5 不确定型决策的益损值矩阵　　　　千克

Q_i \ A_i	抗旱品种(A_1)	一般品种(A_2)	怕旱品种(A_3)
干旱年(Q_1)	250	200	150

续表

Q_i \ A_i	抗旱品种 (A_1)	一般品种 (A_2)	怕旱品种 (A_3)
一般年(Q_2)	300	330	350
多雨年(Q_3)	350	400	450

1. 乐观法则（大中取大法、最大原则）

这种决策法则对未来持乐观态度，只考虑有利方面，或说把有利状态出现的概率看作1，而不利状态出现的概率定为0。方法是，先将各方案损益值中最大值选出，然后再从这些最大值中取最大值，该最大值所在的方案，确定为最佳方案。

本例中，各方案最大值分别为350，400，450，再取其中最大的450，A_3方案为最佳方案。

如果自然状态的变化未能如决策者所期待的出现多雨年，A_3所导致的最小收益值为150千克，低于A_1、A_3方案相应状态下的收益值250千克、200千克。因此，采用这种方法风险较大，该决策者为冒险进攻型决策者，对利益反映强烈，宁愿冒失败的风险，以追求最高效果。

2. 悲观法则（小中取大法）

决策者对未来状态出现情况呈悲观态度，以不利条件作为决策依据。即以众方案中最小益损值状态出现的概率为1，其他自然状态发生的概率为0。决策方法是，找出各方案中最小益损值，再从中取最大者，以该最大值所在方案为最佳方案。

本例中，最小益损值依次为：250，200，150，其中250千克所在的方案A_1为最佳。

采用这种决策法则的决策者以小心谨慎为出发点，不求大利，但求稳妥。如本例，采用A_1方案，最佳自然状态是多雨年，而多雨年出现，A_2、A_3都较A_1收益高，但决策者以最佳状态出现的概率为0，认为只有最不利的自然状态干旱年出现，这时A_1方案是收益最高的。

3. 乐观系数法则（赫威兹原则）

小中取大法过于悲观、保守，大中取大法则过于乐观、冒险，于是产生了介于二者之间的乐观系数法则。

方法是：首先确定一个表示决策者乐观程度的所谓乐观系数，用α表示，$0 \leq \alpha \leq 1$。决策者对未来自然状态的估计越乐观，α就越接近与1；越悲观，α就越接近于0。因此，α就是假定只有好坏两种状态时，好状态发生的概率。α确定后，计算各方案的期望效益值，取期望效益值最大的方案为最佳方案。

本例中，若设α＝0.8，则有
$$E_{A_1} = 0.8 \times 350 + (1-0.8) \times 250 = 330$$

以此类推得：$E_{A_2}=360$；$E_{A_3}=390$；A_3方案为最佳。

这种方法的缺点在于：(1)不易确定乐观系数；(2)只注意到最好和最坏两个状态。

4. 最小最大后悔值法则（萨维奇原则）

这种方法首先要求根据收益矩阵作出损失值(后悔值)矩阵。

(1) 损失值(后悔值)矩阵。首先设想某一自然状态发生时，各行动方案相比较，以收益值最大的方案为无损失,即损失值为 0;该最大收益值与其余方案相应的自然状态下的收益值之差,就是这些方案在这一自然状态下的损失值。参见表 4-6。

表 4-6 收益矩阵与后悔值矩阵

	收益值矩阵				后悔值矩阵		
	A_1	A_2	A_3		A_1	A_2	A_3
Q_1	250	200	150	Q_1	0	50	100
Q_2	300	330	350	Q_2	50	20	0
Q_3	350	400	450	Q_3	100	50	0

决策方法:首先从损失值矩阵中选出各方案取大后悔值:100,50,100,再从中选最小的 50,其所在方案为最佳方案。

A_2 方案无论在哪种自然状态下,后悔值都是最小的。这意味着决策者的原则是,某一状态发生时,决策者本着应选取收益最大方案,但没有选到,而他选定的方案与其他方案相比,后悔值最小,意味着他未选到最大收益方案而采用现有行动方案的遗憾程度是最低的。

5. 最大平均效益原则(等概率原则、拉普拉斯原则)

假定各种自然状态发生的可能性相等,然后求各行动方案的期望效益值,以期望效益值最大的方案为最优。即

$$E_{A_1} = 1/3(250 + 300 + 350) = 300$$
$$E_{A_2} = 1/3(200 + 330 + 400) = 310$$
$$E_{A_3} = 1/3(150 + 350 + 450) = 317$$

A_3 方案最佳。

本 章 小 结

本章介绍了决策的概念及内涵要点。简言之,决策是为实现组织目标,从若干行动方案中择一实施的过程,这个过程因受环境条件约束从而具有风险性。因此决策概念的内涵要点就包括目的性、环境约束性、方案可选择性及风险性四个方面。

现代社会发展、生产方式变革、管理理论发展使决策成为管理的首要职能,20 世纪中叶产生了决策理论,其中以西蒙的理论为突出,是由巴纳德的理论发展而来的。

决策的主体是人,而人的知识、能力、经历、胆识、对待风险的态度各不相同,在同样的环境条件下作出的决策必然不尽相同,但是决策的基本原则应是共同的。本章阐述了决策的六条基本原则。

决策是一个具有既定步骤的过程,顺序包括发现问题、确定决策目标、拟定备选方案、方案评价和选定、方案执行和反馈几个步骤。决策的方法应用于拟定备选方案这一步骤,可分为定性方法、定量方法、定性与定量相结合的方法。本章介绍了三种定性决策

方法:头脑风暴法、对演法和德尔菲法;三种定量分析方法:确定型决策、风险型决策及不确定型决策方法,并详述了三者彼此间的区别及适用情况。

思考与理解

1. 什么是决策?其内涵要点有哪些?
2. 为什么说决策只能以"满意"(最佳)为原则而非"最优"?
3. 西蒙决策理论的内容。
4. 决策的分类方法;程序化决策、非程序化决策的含义。
5. 理解决策的基本原则及意义。
6. 简述决策的程序。
7. 掌握头脑风暴法、对演法和德尔菲法的应用。
8. 确定型决策、风险型决策、不确定型决策的概念及区别。掌握应用方法。

课外阅读

1. 周三多等.管理学[M].第4版.上海:复旦大学出版社,2007:238-270.
2. [美]斯蒂芬·P.罗宾斯.管理学[M].第7版.北京:中国人民大学出版社,2004: 155-175.

【案例分析】

铱星的悲剧

2000年3月18日,两年前曾耗资50多亿美元建造66颗低轨卫星系统的美国铱星公司,背负着40多亿美元的债务宣告破产。铱星所创造的科技童话及其在移动通信领域的里程碑意义,使我们在惜别铱星的时刻猛然警醒:电信产业的巨额投资往往使某种技术成为赌注,技术的前沿性固然非常重要,但决定赌注胜负的关键却是市场。

铱星的悲剧告诉我们,技术不能代替市场,决策失误导致铱星陨落。

铱星代表了未来通信发展的方向,但仅凭技术的优势并不能保证市场的胜利。"他们在错误的时间,错误的市场,投入了错误的产品。"这是业界权威对铱星陨落的评价。

第一,技术选择失误。铱星系统技术上的先进性在目前的卫星通信系统中处于领先地位。但这一系统风险大,成本过高,尤其维护成本相当高。

第二,市场定位错误。谁也不能否认铱星的高科技含量,但用66颗高技术卫星编织起来的世纪末科技童话在商用之初却把自己的位置定在了"喷族科技"上。铱星手机价格每部高达3 000美元,加上高昂的通话费用,使得通信公司运营最基础的前提——用户发展数目远低于它的预想。在开业的前两个季度,铱星在全球只发展了1万用户,而根据铱星方面的预计,初期仅在中国市场就要达到10万用户,这使得铱星公司前两个季度的亏损即达 10 亿美元。尽管铱星手机后来降低了收费,但仍未能扭转颓势。

第三,决策失误。有专家认为,铱星系统在 1998 年 11 月份投入商业服务的决定是"毁灭性的"。受投资方及签订的合约所限,在系统本身不完善的情况下,铱星系统迫于时间表的压力而匆匆投入商用,差劲的服务给用户留下的第一印象对于铱星公司来说是灾难性的。因此,到铱星公司宣布破产保护时为止,铱星公司的客户还只有 2 万多家,而该公司要实现盈利至少需要 65 万个用户,每年光维护费就要几亿美元。

第四,销售渠道不畅。铱星系统投入商业运营时未能向零售商们供应铱星电话机;有需求而不能及时得到满足,这也损失了不少用户。

第五,作为一个全球性的个人卫星通信系统,理论上它应该是在全球通信市场开放的情况下,由一个经营者在全球统一负责经营,而事实上这是根本不现实的。由于以上这些原因造成了铱星的债务累累,入不敷出。

讨论题:

1. 结合铱星公司破产的案例,谈谈你对决策可行性原则的认识和体会。

【知识点链接】 决策的可行性原则要求决策必须符合组织所处外部环境及内部人力、财力、物力条件,不能只考虑内外环境中的有利因素和成功的机会,还应充分估计到一些限制性因素的制约作用可能造成的影响。决策的可行性原则包括经济可行性和技术可行性。

第五章 计划

第一节 计划概述

一、计划的概念和特点

计划是指组织在未来一定时期内,对组织目标做出的决策和对执行决策的途径做出的具体安排,是组织、领导、控制等管理活动的基础。管理中的"计划"一词有名词(plans)及动词(planning)两种含义。动词含义中的"计划"是指对各种组织目标的分析、制定和调整以及对组织实现这些目标的各种可行方案的设计等一系列相关联的行为、行动或活动。"计划"动词含义又可称为"计划工作"。名词含义中的"计划"就是指上述计划行动的结果,包括组织使命和目标的说明,以及战略、政策、预算等计划方案。

计划是管理的重要职能,其特点体现在以下几个方面。

(一) 目的性

计划是对决策所确立的组织目标在时间和空间两个维度上的展开,使组织中所有的行动保持同一方向,促使组织目标的实现,这就是计划的目的性。计划对决策目标的时间上的展开,是指通过计划将组织的决策目标及其行动方式分解为不同时间段的目标及相应行动安排,将组织的决策目标落实到一定的时期中完成。计划对决策目标的空间上的展开,是指通过计划将决策目标分派为组织中不同部门、不同层次、不同成员的目标及行动安排。

(二) 首要性

计划职能相对于其他管理职能处于首位,是组织中所有管理活动的路标,是一切管理活动的前提。计划的组织分解——将决策目标在空间上展开,为一定时期中的组织工作确定了方向,要求组织中的不同部门、不同层次、不同成员相互协调配合来完成各自的任务,以确保实现组织的总体目标;为了确保经计划展开到时空中的细化目标都切实实现,需要通过领导职能来协调组织中的各种资源和各个部门及层次间的关系,以期达到时空上步调一致和方向一致;同时,还需要利用控制职能衡量不同部门、不同层次、各个组织成员完成自己目标的情况,才能保证组织不偏离决策确定的方向,有效地实现组织的总体目标。

(三) 普遍性

"凡事预则立,不预则废。"计划的普遍性主要从下述几个方面体现出来。首先,计划存在于一切组织的管理活动之中,没有一个组织的管理活动是无计划的盲目与随意行为。其次,计划作为保障组织行动纲领和行动方案实现的细化措施,引领着组织管理活动的方向,是一个完整管理过程的起点,同时又是下一个管理过程的基础。最后,计划要分解到组织中各个管理层级、各个管理部门及每个组织成员。由此可见,计划的普遍性表现为时间上的继起性和空间上的广泛性。

(四) 秩序性

计划的秩序性表现为层次性、协调性和综合性。计划本身是分层次的,有战略性计划、战术性计划之分;计划的分解和执行是分层次的,不同管理层级各有自己的计划。计划是成体系的,协调组织中的不同层级与不同部门的资源,综合分派组织中的各种资源使之优化利用,来保证组织特定目标的实现。

(五) 效率性

通过计划可以找出达到目标的明晰的途径,可以合理分派组织资源,可以有效地整合组织中各部门、各层次、各个成员的行动步调,起到"做正确的事"和"正确地做事"双重作用,因此可以提高组织的效率。

二、计划的重要性

由计划的概念和特征可知,计划是一切管理活动的前提,计划的重要性主要表现在下述几个方面。

(一) 计划是指挥的依据

管理者的重要职责是通过别人完成任务,这就需要指挥。指挥职能主要体现为管理者分派任务和引领组织成员完成任务,计划是管理者履行指挥职能的依据,管理者按照计划将各项任务分派到组织中的不同管理层级和相应的管理部门,通过授权和定责,指挥并激励组织成员按计划行动。

(二) 计划是控制的标准

计划的实施情况要通过控制职能及时得到反馈,不断纠正偏差,才能保证组织通过计划所确立的目标得以实现。计划于是作为控制的标准要被细化为有规定时间、数量及质量的各种控制标准,管理者在计划的实施过程中,必须按照计划规定的时间和标准,对照检查实际活动结果与计划设定目标是否一致,从而保证能够按时、按质、按量地完成计划。没有计划,控制便无从谈起。

(三) 计划是提高效率和效益的有效方法

效益取决于组织方向选择是否正确,效率取决于组织任务完成的速度。计划确立了组织的目标和行动方案,就解决了组织活动的方向和路径问题,避免组织活动的盲目性,一方面节约了组织获取资源的成本;另一方面节约了达到目标所需要的时间,从而提高了组织工作的效益。计划的秩序性使组织任务分层次、相互协调并彼此综合。计划的普遍性将组织任务落实到全部管理过程中的每个环节,成为组织的行动纲领,分解为每一个组织成员的职责。这些都是提高组织效率的有效途径。

(四) 计划可把不确定因素的影响降到最小

计划是一种事前行为,是在分析和预测未来发展趋势的前提下制定的。未来的情况是不断变化的,特别是当代经济全球化的大趋势中,"蝴蝶效应"更为突出。因此在计划编制过程中,要准确把握环境和组织的自身状况,科学预测、合理推断未来趋势,力求合理预期各种环境变数,正确估计各种变化对组织带来的影响,找出应对环境变数的措施,增强计划的弹性,努力降低未来不确定性所带来的风险。

三、计划与决策的关系

管理研究中对计划与决策二者间的关系有不同认识。有人认为,计划是一个包括环境分析、目标确定、方案选择的过程,决策只是这一过程中某一阶段的工作内容。例如,法约尔认为,计划是管理工作的一个基本部分,包括预测未来并在此基础上对未来的行动予以安排。西斯克认为,"计划工作在管理职能中处于首位",是"评价有关信息资料、预估未来的可能发展、拟定行动方案的建议说明"的过程,决策是这个过程中的一项活动,是在"两个以上的可择方案中作一个选择"。西蒙认为管理就是决策,决策是包括情报活动、设计活动、抉择活动和审查活动等一系列活动的过程;决策是管理的核心,贯穿于管理的全过程。因此决策不仅包括了计划,而且包容了整个管理过程,甚至管理就是决策。

本书中的计划与决策是两个相互区别又相互联系的概念(参见表5-1)。仅就计划和决策这二个管理职能比较而言,二者的联系表现为:

(1) 计划是组织最重要也是最首要的决策。计划面临的首要问题是决定组织用什么样的战略来实现其目标的决策。

(2) 计划的步骤和决策的步骤大体相同。计划也需要考虑外部环境及内部条件的约束,从而估量机会,确定组织目标;之后的拟出备选方案、选择评价方案等步骤都相同。

(3) 计划与决策相互渗透,不可分割地交织在一起。

从整个管理过程看,计划与决策二者的区别在于:

(1) 决策是组织对活动方向与方式的选择,贯穿于整个管理过程中。计划则是对组织目标、组织发展战略、组织内部不同部门、不同成员的工作任务的具体安排。

(2) 计划是决策的组织落实过程。决策是计划的前提,计划是决策的逻辑延续。决策为计划的任务安排提供了依据,计划则为决策所选择的目标活动的实施提供了要素保证。

（3）计划是一种决策，而决策不仅仅存在于计划职能之中。

表5-1 管理职能中的决策[1]

计　划	领　导
组织的长期目标是什么？	我怎么处理雇员情绪低落的问题？
什么战略能够最佳地实现这些目标？	在给定的条件下什么是最有效的领导方式？
组织的短期目标应该是什么？	某项具体的变革会怎样影响工人的生产率？
个人目标的难度应该有多大？	什么时候是鼓励冲突的适当时间？
组　织	控　制
直接向我报告的雇员应该是多少？	需要对组织中的哪些活动进行控制？
组织应当有多大程度的集权？	怎样控制这些活动？
职位应当怎么设计？	绩效差异偏离到什么程度是显著的？
什么时候组织应当实行不同的结构？	组织应当具有什么样的管理信息系统？

第二节　计划的类型

一、计划的分类方法

组织的多样性和管理活动的多样性决定了计划有多种形式，根据不同组织中计划体系构成的需要，可以从不同的角度选择计划的某些特征对计划做出分类，通常可选择时间、功能、对象、明确程度、影响程度等特征，见表5-2。

表5-2 计划的种类

分类标志	计划类型
时间长短	长期计划、中期计划、短期计划
功能性质	业务计划、财务计划、人事计划……
对象范围	综合性能超群计划、专业性计划
明确程度	指向性计划、具体性计划
程序化程度	程序性计划、非程序性计划
影响范围	战略计划、战术计划

上述计划的分类方法相互之间不是完全独立的，在管理实际中，一项计划可能具有多种类型计划的特征。如企业的战略性计划，同时具有长期计划、综合性计划的特征。而企业的生产计划既有短期性计划的特征，也有具体性计划的特征。

---

[1] 斯蒂芬·P.罗宾斯.管理学[M].第7版.北京：中国人民大学出版社，2004：162.

如果从明确程度和影响程度两个标志考察计划的类型时,体现出显著的组织层次特征:计划的层次越高,其明确程度越低,具体性越差,影响范围越广。计划的层次越低,其内容越明确、可操作性越强。从功能性质、对象范围两个标志考察计划类型时,则体现出组织结构的特征,组织系统中的不同功能部门为了实现自己的部门目标,需要制定具有各自特征的计划。因此,在组织管理活动中,计划体系的形成就十分必要。战略性计划需要有战术性计划配套;指向性计划需要有具体性计划细化;功能性计划一般均为专项计划,需要有综合性计划引领和统一。

二、不同类型的计划

(一)长期、中期和短期计划

一般以五年以上及一年以内划分,位于中间的也称为中期计划。

长期计划一般是指五年以上的计划。它主要是确定和预测未来,帮助高层管理人员确定、指挥和协调有关重要活动。有了长期计划,可以更合理地安排中期和短期计划,进而科学地安排好各项工作。长期计划不同于规划,尽管二者都是规定组织发展的未来。规划是粗线条的,而长期计划则是依据规划做出的相对具体的安排,长期计划是为规划的实现制定的纲领性文件。

中期计划一般是指一年以上至五年之间的计划。它是根据长期计划提出的要求,结合计划期内的实际情况制定的。与长期计划相比,中期计划的目标和要求相对比较具体。

短期计划一般是指年度计划,是对长期、中期计划的具体落实。

需要指出的是:长期、中期和短期计划的时间划分并没有绝对的标准。组织中的战略、战术和可操作性方面的差异却是显而易见的。

(二)业务计划、财务计划和人事计划

适用于经济组织计划中常用的分类方法之一。企业的业务计划包括产品开发、物资采购、仓储后勤、生产作业以及市场开拓等内容。有长期业务计划与短期业务计划之分。

财务计划与人事计划是为业务计划服务的,也是围绕业务计划展开的。财务计划研究如何从资本的提供和利用上促进业务活动的有效进行,人事计划分析如何为业务规模的维持和扩大提供人力资源保证。两者都有长期与短期之分。

(三)综合性计划和专业性计划

综合性计划是对业务经营过程中各方面活动所作的全面规划和安排。如企业的年度综合经营计划。专业性计划是组织中某一业务部门的计划,通常是综合性计划在该业务部门的细化。如企业组织中的年度经营计划为综合性计划,销售计划、生产计划、产品研发计划、人事计划、财务计划、物资供应计划、技术改造计划、设备维修计划等均为专业性计划。

(四)指向性计划和具体性计划

指向性计划也可称为指导性计划,内容为指导性的目标、方向、方针和政策等,适用于中长期计划。具体性计划具有明确的目标和措施。

(五)程序性计划与非程序性计划

与程序化决策对应的为程序化计划,适用于例行的组织活动。如企业的订货计划、原材料储备计划。与非程序化决策对应的为非程序化计划,是没有一定之规的组织活动中的决策和计划问题。如新产品开发、生产规模扩大、品种结构调整等。

(六)战略计划和战术计划

根据涉及时间长短、对象范围与影响程度的不同,可将计划分为战略性计划与战术性计划。战略性计划是涉及组织较长时期发展总体目标的计划,由组织的高层制定,其内容不追求具体、明确,只规定总的发展方向、基本策略和具有指导性的政策、方针。战术性计划是战略性计划的细化和具体化,一般由组织的中低层管理者制定,又可细分为施政计划、协调发展计划、作业计划等,共同的特征是涉及时间较短、内容明确具体和可操作性强。

第三节 计划的编制过程

一、估量机会

估量机会是计划工作的起点。其内容包括:初步分析未来可能出现变化和预示的机会,形成判断;根据组织的优势和劣势确定组织本身所处的位置;了解组织本身利用机会的能力;列举主要的不确定因素,分析其发生的可能性和影响程度。估量机会的目的在于明确制定计划的依据和期望得到的结果,据此确定组织的计划目标。估量机会的主要方法如前述系统分析的方法,主要有SWOT分析、PEST分析和五力模型分析方法。

二、确定计划目标

目标是指期望的成果,它是计划工作的首要依据。计划是一种重要的决策,确定计划目标的过程和要求与决策目标的确定相同。在计划编制过程中,所谓确定目标,就是在估量机会的基础上,为组织及其各层次、各部门确定计划目标。首先确定组织的总体计划目标,再以之为依据,确定组织中不同层次及不同部门的计划目标。通过对组织计划目标的整体把握,科学分解,组织综合,做到不同层次、不同部门的计划目标相互支撑、总体协调,成为一个完整的目标体系。

三、明确计划的前提条件

计划的前提条件是指计划实施时预期的内外部环境条件。由于未来环境变化的复杂性,要确切对未来环境条件做出全面的预期,需要较高的成本和较完备的信息,实践中不可行。明确前提条件应当把握计划实施中的限制性条件,即那些关键性的、对计划的实施影响最大的条件。为此,找出计划实施的限制性条件就成为重点所在,预测方法是确定限制性条件的重要方法。如趋势外推法、德尔菲法等。

四、拟定、评价和选择计划方案

拟定、评价和选择计划方案的方法和步骤与决策方案基本相同。在评价计划方案时,还需要结合已经明确过的计划的前提条件,特别注意下述几点:

(1) 认真考察每一个计划的制约因素。
(2) 用整体效益的观点来衡量对比各计划方案。
(3) 既要考虑到各个计划中诸多有形且可以量化表示的因素,又要考虑到那些无形并不能量化表示的因素。
(4) 要动态地考察计划的效果,不仅要考虑计划执行所带来的利益,还要考虑计划执行所带来的损失,特别注意那些潜在的、间接的损失。

五、制定主要计划

将所选出的计划用文字形式正式地表达出来,作为一项管理文件。拟定计划要清楚地确定和描述 5W1H 的内容。

(1) 做什么——what? 组织的目标、内容及具体工作要求,各时期的中心任务和工作重点。
(2) 为什么做——why? 指对"做什么"的意图和原因的说明。其作用在于用组织目标来统一组织成员的认识,激发组织成员的认同感、使命感,确保计划目标的实现。
(3) 何时做——when? 指规定计划中各项工作开始及完成的进度及时间,以便实施有效地控制和平衡组织的人财物力资源。
(4) 何地做——where? 是规定计划的实施地点和场所,了解计划实施的环境条件和限制因素,从而合理安排计划实施的空间组织和布局。
(5) 谁去做——who? 指计划由哪些部门、哪些人员负责执行。
(6) 怎样做——how? 是计划的具体实施措施。包括资源合理分派,要素之间的综合平衡,以及计划执行之前、期间和之后的考核和控制。

六、制定派生计划

派生计划是与主要计划相匹配的其他相关计划。派生计划的目标必须是总计划的一部分。根据组织类型的不同,派生计划的类型有所不同。如企业的经营计划作为主计划时,其派生计划为主要为生产计划、财务计划和人事计划。此外,还可能涉及技术革新计划、新产品开发计划、设备更新改造计划等。

七、制定预算使计划数字化

预算是数字化的计划,是计划的定量化过程,具有较硬的约束。

在做出主要计划和派生计划之后,下一步的工作是将计划转变成预算,使计划数字化。预算作为一种计划,是以数字表示预期结果的一种报告书,反映了一个组织在未来一定时期内(一般为一年)经营活动、管理活动的效益情况。预算可以帮助组织的各级管理部门的主管人员从现金收支的角度,全面、细致地了解本组织经营管理活动的规模、重点和预期成果。

预算实质上是资源的分配计划。它是汇总和平衡各类计划的工具,也是衡量计划完整进度的重要标准。

预算的主要形式是财务收支预算。财务收支预算包括:利税计划、流动资金计划、财务收支计划、财务收支明细计划、成本计划等。

预算也是一种控制方法。它的主要优点是促使人们去详细制定计划,去执行计划。由于预算总要以数字表现,所以它能使计划工作做得更细致、更精确。

第四节 计划的实施方法

一、目标管理

美国管理学家彼得·德鲁克(Peter F. Drucker)1954年在《管理实践》一书中提出了目标管理,他在书中强调:凡是业绩影响企业健康成长的地方都应设立目标,通过设立目标使下级进行自我管理和控制。此后不久,通用电气公司率先在实践中实施了目标管理,取得了较好的效果。我国企业于20世纪80年代初开始引进目标管理方法,并取得较好成效。

(一)目标管理的含义

目标管理(management by objectives,MBO)是以泰罗的科学管理和行为科学的理论为基础形成的一套计划执行实施的管理制度。目标管理在假设所有的员工均能积极参与目标制定、在实践中能够进行自我控制、能够自觉完成工作目标的前提下,将组织的任务转化为各级组织成员共同制定的、分层次的目标,并确定彼此的成果责任。以目标实现程度和责任履行状况作为奖惩员工的依据。

(二)目标管理的核心内容

1. 形成目标体系

纵向考察组织的目标体系时,作为目标管理的组织的目标体系具有层次性。包括从高层到基层的组织战略目标、分公司的目标、部门和单位的目标、个人目标等。在纵向目标体系形成的基础上,还需要对目标体系中的各种目标间横向考察,分析不同部门的目标、各种各类目标间的关联性,协调不同部门的目标、各种各类目标,使之在时间、空间、资源分派和成果衔接等方面取得一致。经过纵向与横向考察所形成的目标体系,是一种整体网络结构。

2. 规定目标的性质

目标管理中的目标应具有可考核性、可接受性和挑战性。

目标管理的重要特征是重视工作成果而不是工作本身,工作成果又是通过各层次的组织成员完成各自目标职责的情况反映的,目标的可考核性就显得尤其重要。目标管理中的目标是各级组织成员参与制定的,其假设前提是组织成员能积极参与、自我控制、自觉完成,这样制定的目标具有可接受性的特征。为避免可接受的目标定的太低,不经过努力就可以完成而不能激发员工的积极性,目标还应该具有挑战性。

目标管理中有一项 SMART 法,用以判断目标的有效性。包括下述内容:具体的(specific)、可测的(measurable)、可完成的(achievable)、现实的(realistic)、有时间维度的(time-related)。

3. 通过参与式管理完成组织成员各自的职责

目标管理中的参与式管理是一种自主式的管理,不是通过管理者监督、控制下属完成工作任务,而是以目标为标准考核其工作成果。参与式管理体现在以下方面:一是在目标制定与分解的过程中,各组织层次、各部门动员其下属积极讨论参与组织目标和个人目标的制定及分解。二是以自身承担的目标责任作为自我控制的依据,自觉完成工作任务。三是下属可以在保持既定目标不变的情况下,自主选择完成任务的方式方法,从而激发员工的积极性、主动性和创新精神。

(三) 目标管理的过程

1. 设定目标

包括确定组织的总体目标和各部门的分目标。上级要向下级提出自己的方针和目标,下级要根据上级的方针和目标制定自己的目标方案,通过上下级间的沟通协商,最后由上级综合考虑后作出决定。设定目标的结果要形成符合目标管理要求的目标体系。

2. 目标执行

主要通过上级对下级的授权、指导与激励来完成。管理者本阶段的职责是指导下属、及时了解组织运行情况和目标执行情况、协调平衡各种资源和部门之间的关系,保证组织目标的实现。

3. 目标检查

通过上下级之间的相互评价、同级部门之间的相互评价、各层级的自我评价,检查员工的目标实现程度和责任履行状况,考察目标完成情况。主要方法是将工作完成的结果和目标相对比,做出成果评价,做为实行奖惩的依据。目标检查创造了组织中上下左右沟通的机会,同时还是自我控制、自我激励和自我完善的手段。

4. 实行奖惩

通过目标检查做出组织中各成员工作成果的评价,作为奖惩的依据。奖惩可以是物质的,也可以是精神的。公平合理的奖惩有利于调动员工的积极性,激发员工的责任感,对制定下一轮有挑战性的目标起到促进作用。

5. 制定新目标

从设定目标起到实行奖惩为止,就完成了一个完整的目标管理过程。下一轮的目标管理循环又将开始,所不同的是,上一轮的目标管理结果将成为下一轮目标管理的基础,在更高的起点上,从设定目标开始,完成下一轮的目标管理循环。

二、滚动计划法

滚动计划法是一种根据计划的执行情况和环境变化情况定期修订未来计划,并逐期向前推移,使长期、中期、短期计划有机结合起来制定计划的方法。其编制原则是"远粗近细、逐段编制"。滚动计划是一种连续流动的动态计划,具有阶段性、连续性、活动性的特点。活动计划分前后二阶段,前段计划宜细,便于指导实践;后段计划宜粗,便于前后衔接。后段计划为前段计划指明方向,前段计划为后段计划打下良好基础。随时间的推移,不断去掉前段计划,补上后段计划,如表5-3所示的五年计划。

表5-3 滚动计划法

编制时间	滚动计划次序	长期计划一					长期计划二		
		2001年	2002年	2003年	2004年	2005年	2006年	2007年	2008年
2000年末	第一次	前	后						
2001年末	第二次		前	后					
2002年末	第三次			前	后				
2003年末	第四次				前	后			
2004年末	第五次					前	后		
2005年末	第一次						前	后	

三、网络计划技术

(一)网络计划技术基本原理

网络计划技术又称网络分析技术,它是运筹学的一个分支,是系统工程的一项重要技术,是项目计划技术的一种。由于项目是在固定的预算以及固定的时间内,为了达到某一明确的最终目标,临时组合在一起的一组资源,所以时间和资金的约束性产生了对计划的需求。网络计划技术的基本原理是将拟定与开发项目的计划作为一个系统来看待,将组成该系统的各项具体工作分解先后顺序,通过网络图的形式对整个系统全面规划,控制工作进度、安排利用资源。

(二)网络计划技术的步骤

网络计划技术的步骤分为四大步:任务分析和分解工序、画网络图、网络时间的计算、网络计划的优化。

1. 任务分析和分解工序

一项任务(工程项目)由许多作业组成,首先须将之分解成作业,编制作业明细表。在网络图中,作业指工序或活动。

紧前作业:紧接在某项作业之前的作业。

紧后作业:紧接在某项作业之后的作业。

平行作业:指可与某项作业同时进行的作业。

如:水库施工为一项任务,它的作业可分解为如表 5-4 所示。

表 5-4　水库施工作业清单

名　　称	紧前作业	时间(月)
A. 清理便道		1
B. 清理坝址	A	2
C. 清理水库地址	A	4
D. 其他道路施工	B	7
E. 港口横道施工	B	4
F. 土坝施工	C	9
G. 水处理	D、E	3
H. 水处理设备安装	G	3
I. 发电机安装	F	4

2. 画网络图

根据作业明细表列出的作业先后顺序和相互关系,按其逻辑顺序连接,画出网络图。

例:按上述水坝施工作业清单编制网络图。如图 5-1 所示。

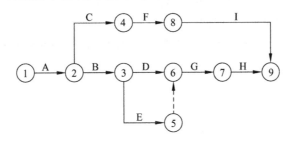

图 5-1　水库施工作业网络图

网络图中的事项编号原则有两个,(1)一根箭线(作业)的箭头事项的编号"j"要大于箭尾事项的编号"i",即 $i<j$。(2)在一个网络图中,所有事项不能出现重复编号。为此,当有几项作业同时发生时,可用"虚作业"代表其中的逻辑关系,画成虚箭线。

网络图是由事项、作业和线路组成的网络,描述一个系统或生产过程的许多相互联系、相互制约的活动所需的资源及时间先后安排顺序。

作业:指工序或活动,即需要一定的资源如(人力、设备、资金等),要经过一定时间才能完成的生产过程或活动过程。用箭线表示;

事项:是两项作业之间的衔接点,用"○"表示;

线路:从始点起顺着箭头所指方向,连续不断地到达终点的一条通道。

3. 计算网络时间

网络时间的计算是对计划作出定量分析,从而调整计划,是使计划达到优化的基础工作。

具体计算内容：

确定各项作业的作业时间；计算各事项的最早开始时间和最迟结束时间；计算时差；找出关键路线。以下分述几项内容。

(1) 确定各项作业的作业时间

作业时间是指完成一道工序所需的时间，用 t_{ij} 表示。作业时间是网络图的重要参数，直接关系到整个生产周期的长短，同时又是确定其他时间的依据。

对作业时间的估计，一般分为确定性问题的作业时间估计、不确定性问题的作业时间估计两种情况：

① 确定性问题的作业时间估计：采用"一时法"，即以完成该项作业可能性最大的作业时间为准。因为不可知因素较少，有同类作业所需时间资料可借鉴。

② 不确定性问题的作业时间估计：采用"三时法"（无可靠同类作业资料可借鉴，可知因素较少），需要估计三个时间。

乐观时间：非常顺利的情况下完成一项作业所需时间，即最短时间，以 a 表示；悲观时间：极不顺利情况下完成一项作业所需的时间，即最长时间，以 b 表示；最可能时间：正常情况下完成一项作业所需的时间，用 m 表示。

"三时法"是三个时间的加权平均数：

$$t_{ij} = \frac{a + 4m + b}{6}$$

(2) 计算各事项的最早开始时间和最迟结束时间

① 事项的最早（可能）开始时间

一事项的最早开始时间是指从始点到该事项的最长线路的时间和。用 t_{E_i} 表示。计算方法：

$$t_{E_{(j)}} = t_{E_{(i)}} + t_{E_{(i,j)}}$$
$$t_{E_{(j)}} = \max\{t_{E_{(i)}} + t_{E_{(i,j)}}\} \quad (j = 2,3,\cdots,n)$$

式中，$t_{E_{(j)}}$——箭头事项的最早开始时间；

$t_{E_{(i)}}$——箭尾事项的最早开始时间；

$t_{E_{(i,j)}}$——工作时间。

② 事项的最迟结束时间

用 t_{L_j} 表示，指在这时期内该事项如果不完成，就要影响紧后的各项工作的按时开工。它的计算是从终点事项开始，自右向左逐个事项后退计算，直至始点事项为止。因为网络图事项无后续作业，所以终点事项的最迟结束时间等于其最早开始时间，也就是等于总完工期。

(3) 计算事项的时差

计算和利用时差，是网络图是一个重要问题，它为计划进度的安排提供了可供选择和协调的可能性，又是确定关键路线的科学依据。

事项的时差：一个事项的结束时间可以推迟多久而不影响整个任务完工，或不影响下一个事项的最早可能开始时间，这样的时间称为事项的时差。时差表明工作有多大的机动时间可以利用。

事项的时差用 $S_{(i)}$ 或 $S_{(j)}$ 表示,计算方法:
$$S_{(i)} = t_{L_{(i)}} - t_{E_{(i)}} \qquad S_{(j)} = t_{L_{(j)}} - t_{E_{(j)}}$$

(4) 确定关键路线

关键路线是网络图中最长的路线,或者说是机动时间为0的路线。关键路线上的工序(作业)称为关键作业。

将事项时差为零并满足条件:
$$t_{E_{(j)}} - t_{E_{(i)}} = t_{L_{(j)}} - t_{E_{(i,j)}}$$
的事项称为关键事项,将它们按编号从始点串联起来,就是所要找的关键路线。

4. 网络计划的优化

利用网络图,按照既定目标,寻求一定约束条件下的最优方案,即为网络图的优化。由于优化的目标不同,优化的方法与途径也不同,据此网络计划优化可分为:时间优化、时间—资源优化、时间—成本优化。以下以时间优化为例,说明网络计划的优化。

时间优化,指在人力、原材料、机械设备、资金等资源基本有保证的前提下,去寻求较短的工期。时间优化的方法是:在关键路线上找出重点压缩对象,以目标工期为标准,重新计算时间参数。

以网络图的时间优化为例,说明网络计划技术。

例:某工程网络图如图 5-2 所示,计算全部有关时间参数,找出关键路线;若要该工程在 10 天内完工,应如何缩短工序时间?

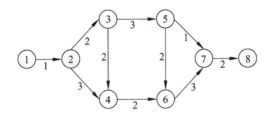

图 5-2 某工程的网络图

1. 事项的最早可能开始时间(向前计算)

起点事项的最早可能开始时间等于零。

$t_{E_{(1)}} = 0$

$t_{E_{(2)}} = t_{E_{(1)}} + t_{E_{(1,2)}} = 0 + 1 = 1$

$t_{E_{(3)}} = t_{E_{(2)}} + t_{E_{(2,3)}} = 1 + 2 = 3$

$t_{E_{(4)}} = \max\{t_{E_{(3)}} + t_{E_{(2,3)}}, t_{E_{(2)}} + t_{E_{(2,4)}}\} = \max\{3+2, 1+3\} = 5$

……

以此类推得到图中所有最早可能开始时间,即该计划的完工日期为 13 天。

2. 事项的最迟结束时间(向后计算)

终点事项的最迟结束时间等于它的最早开始时间等于完工日期。

$t_{L_{(8)}} = 13$

$t_{L_{(7)}} = t_{L_{(8)}} - t_{L_{(7,8)}} = 13 - 2 = 11$

$t_{L_{(6)}} = t_{L_{(7)}} - t_{L_{(6,7)}} = 11 - 3 = 8$

$$t_{L_{(5)}} = \min\{t_{L_{(6)}} - t_{(5,6)}, t_{L_{(7)}} - t_{(5,7)}\} = \min\{8-2, 11-1\} = 6$$

……

以此类推得到所有的最迟结束时间，如图 5-3 所示。

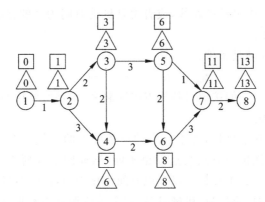

图 5-3　某工程最早时间和最迟时间计算后得到的网络图

3．事项的时差

用公式：

$$S_{(i)} = t_{L_{(i)}} - t_{E_{(i)}} \qquad S_{(j)} = t_{L_{(j)}} - t_{E_{(j)}}$$

由图 5-3 中可见，有机动时间的事项为：

事项 4：$S_{(4)} = 6 - 5 = 1$

其余事项的时差均为零，即，没有机动时间。

4．找出关键路线

关键路线要求同时满足两个条件：

（1）事项的时差为零；

（2）关键作业：

$$t_{E_{(j)}} - t_{E_{(i)}} = t_{L_{(j)}} - t_{L_{(i)}} = t_{(i,j)}$$

在图中找出满足此二条件的所有事项和作业（过程略），并在图中用虚线标出关键路线。

图中的关键路线有一条：

①→②→③→④→⑤→⑥→⑦→⑧

某工程确定了关键路线的网络图如图 5-4 所示。

5．时间优化

（1）为保证工期 10 天，可将"10"作为网络图的终点事项 8 的最迟结束时间，然后重新计算各事项的最迟结束时间、总时差，得出如图 5-5 所示的结果：

总时差 $TF(i,j)$ 的计算方法：

$$TF_{(i,j)} = t_{L_{(j)}} - t_{E_{(i)}} - t_{(i,j)}$$

（注：事项的时差计算方法为：

$$S_{(i)} = t_{L_{(i)}} - t_{E_{(i)}} \qquad S_{(j)} = t_{L_{(j)}} - t_{E_{(j)}}）$$

总时差表明该项工作的完工期在不影响整个工程总工期的条件下，可以推迟的机动

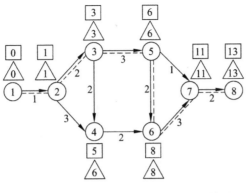

图 5-4　某工程确定了关键路线后的网络图

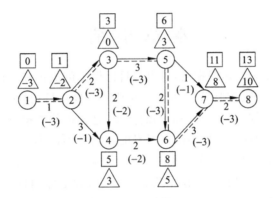

图 5-5　压缩工期重新计算最迟时间及总时差后的网络图

时间。

例中：

$$T_{(7,8)} = t_{L_{(8)}} - t_{E_{(7)}} - t_{(7,8)} = 10 - 11 - 2 = -3$$
$$T_{(5,7)} = t_{L_{(7)}} - t_{E_{(5)}} - t_{(5,7)} = 8 - 6 - 1 = 1$$
$$T_{(6,7)} = t_{L_{(7)}} - t_{E_{(6)}} - t_{(6,7)} = 8 - 8 - 3 = -3$$

……

以此类推，标在图上。可见，在网络图中，一些工序出现了负时差，这表明，在现有的工序关系和工序时间的条件下，把工期定为 10 天，这些工序不但没有机动时间，反而需要缩短时间。即，产生负时差的线路都必须缩短时间。

(2) 压缩时间。在原来关键路线上的总时差无法为 -3，表明在该路线上必须缩短工期 3 天，即使其路线度减少 3 天。

方法：从具有负时差的线路中，选择容易缩短的工作来压缩时间，以消除负时差。如选作业：

②→③，　③→⑤，　⑥→⑦

各压缩一天，结果如图 5-6，达到了 10 天完工的目的。图中均为关键路线，没有机动时间。

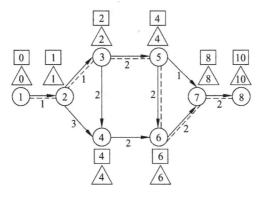

图 5-6 某工程调整后的网络图

本 章 小 结

计划是指组织在未来一定时期内,对组织目标做出的决策和对执行决策的途径做出的具体安排,是组织、领导、控制等管理活动的基础。具有目的性、首要性、普遍性、秩序性和效率性的特征。计划是一切管理活动的前提,是指挥的依据、控制的标准、提高效率和效益的有效方法,计划还可以把不确定因素的影响降到最小。计划与决策是两个相互区别又相互联系的概念。根据时间、功能、对象、明确程度和影响程度等特征,可将计划分成不同的种类。计划的编制程序依次为估量机会,确定计划目标,明确计划的前提条件,拟定、评价和选择计划方案,制定主要计划,制定派生计划,以及制定预算使计划数字化。目标管理、滚动计划和网络计划技术是计划实施的重要方法。

思考与理解

1. 计划的概念与特点。
2. 计划与决策的关系。
3. 计划的类型及作用。
4. 计划的编制包括哪几个阶段的工作?
5. 计划的实施有哪些方法?滚动计划有何特点?
6. 何为目标管理?其核心内容是什么?如何利用目标管理组织计划的实施?
7. 网络计划技术的概念。怎样用网络计划技术编制计划?

课外阅读

1. 周三多.管理学——原理与方法[M].第 4 版.上海:复旦大学出版社,2007:273-383.
2. 张玉利.管理学原理[M].第 2 版.天津:南开大学出版社,2004:85-113、182-198.

【案例分析】

宏大集团的目标管理

宏大集团公司是一家拥有20家子公司和分公司的大型企业集团,集团公司对分公司的管理方式是独立经营,集中核算。

有一位分公司的张经理最近听了关于目标管理的讲座,很受启发和鼓舞,计划在分公司内推行目标管理。在一次部门经理会议上,他详细叙述了这种管理方法的实际应用与发展情况,指出了在公司推行这种方法的好处,提出计划在公司实施目标管理,并要求下属人员考虑他的建议。一段时间后,在又一次部门经理会议上,大家对实施目标管理进行了讨论。财务经理提出,集团总公司对分公司下一年的目标没有明确指示,生产经理也提出,总公司对分公司的目标也无明确要求,分公司要做什么也不清楚。听到这些后,张经理说:"这些都无关紧要,不会影响我们实施目标管理。其实,目标没什么神秘的,我们分公司计划明年的销售额达到500万元,税后利润达到8%,投资收益率达到15%,正在进行的新产品项目很快就能投产,我们以后还会有进一步的明确目标,如今年年底前完成我们的新市场开发工作,保持员工流动率在15%以下……"张经理越说越兴奋,"下个月,你们每个人要把这些目标转换成自己部门可考核目标,并能用数字表达,这些数字加起来就构成我们分公司的总目标了。"部门经理听到这里,对自己的领导提出这些可考核的目标及如此明确和自信的陈述感到惊讶,一时无语。

讨论题:
1. 什么是目标管理,其实施的关键点是什么?
2. 张经理设置目标的方法是否妥当?你认为应该怎么做?

【知识点链接】 目标管理作为一种行之有效的管理方法,在很多组织推广使用。目标管理的核心内容包括:形成有层次的目标体系;目标的制定要符合SMART原则;通过参与式管理完成组织成员各自的职责。其中任何一个环节出现问题,均可能影响目标管理方法的实施效果,甚至是影响到组织最终目标的实现。

第六章 组 织

第一节 组织概述

组织是人类社会最普遍、最常见的社会现象,政府机关、工厂、公司、学校、医院等都是各类组织的表现形式。当今社会,人们正是通过各种组织把人力、财力、物力等一切可利用的社会资源利用起来,从事各种社会实践活动。组织的机理产生于:当个人无法实现预期目标时,就要寻求与他人的合作,于是就形成了各种各样的组织。个人组成组织的目的就是要借助于组织的这种配合力,以完成个人力量简单相加的总和所不能完成的各种任务。

一、组织的含义

在管理学的文献中,我们可以找到关于组织的各种定义,被称为现代管理理论"鼻祖"的巴纳德(C. L. Barnard)将组织定义为"有意识地加强协调的两个或两个以上的人的活动或力量的协作系统"。管理学大师哈罗德·孔茨和海因茨·韦里克则把组织定义为"正式的有意形成的职务结构和职位结构"。斯蒂芬·P.罗宾斯认为,组织是对人员的一种精心的安排,以实现特定的目的。纵观组织的各种定义,共同的含义有三点:组织不仅是人的结合,而且是一种特定的体系,这个特定的体系是按照特定的目的所形成的。由此可以得出组织的定义:组织是按照一定的职务和职位结构配置成员,为实现特定的目标而形成的有序的结构体系。

根据以上对组织的定义,我们可以从静态和动态两个角度加以理解。从静态的角度来看,组织是一种人与人、人与事关系的系统或模式,体现为一种特定的结构体系,即组织结构。作为静态的组织有三个基本的特征:首先,组织是为了实现一定的目标而产生的,每个组织都要有一个明确的目的,这个目的通常是以一个目标或一组目标来表达的,它反映了组织所希望达到的状态;其次,组织是人群的集合体,组织的目标需要依靠这些成员进行有效地分工合作、协调配合、共同劳动才能得以实现;最后,所有的组织都发展出一些经过深思熟虑的精细的结构,以便组织中的成员能够很好的从事他们的工作。从动态的角度看,组织体现为创设、维持和变革组织结构,以完成组织目标的过程,即组织工作。

二、组织工作

组织工作是管理工作的重要组成部分,是指为了实现组织的共同目标而确定组织内部各要素及其相互关系的活动过程,即设计一种组织结构,并使之运转的过程。它的目的就是要通过建立一个适于组织成员相互合作、发挥各自才能的良好环境,为各项活动的有序开展提供组织保证,从而消除由于工作或职责方面所引起的各种冲突,使人尽其才、物尽其用,整个组织系统能够高效运转。

(一) 组织工作的特点

(1) 组织工作是一个过程。设计、建立并维持一种科学的、合理的组织结构,是为成功地实现组织目标而采取行动的一个连续的过程,这个过程由一系列的逻辑步骤所组成:

① 确定组织目标;
② 对目标进行分解,拟定派生目标;
③ 明确为了实现目标所必需的各项业务工作或活动,并加以分类;
④ 根据可利用的人力、物力以及利用它们的最佳途径来划分各类业务工作或活动;
⑤ 授予执行有关各项业务工作或活动的各类人员以职权和职责;
⑥ 通过职权关系和信息系统,把各层次、各部门联结成为一个有机的整体。

实际上,这个过程的前两步是组织工作的依据,有了这个依据,组织工作才有必要和可能进行,其后几步才真正是组织工作的实质内容。一般地,组织工作实务同这个过程是相吻合的。主管人员通过这一过程来消除混乱,解除人们在工作或职责方面的矛盾和冲突,建立起一种适合组织成员互相默契配合的组织结构。

组织工作过程的结束,其最终表现或最终成果就是一系列的组织系统图和职务说明书。组织系统图描述的是一个组织内部的各种机构(包括层次和部门),以及其中相应的职位和相互关系。而职务说明书则是详细规定了各个职务的职权和职责以及与其相关的上下左右的关系。

(2) 组织工作是动态的。通过组织工作建立起来的组织结构不是一成不变的,而是随着组织的内外部要素的变化而变化的,这是组织工作的一个明显特点。由于任何组织都不是孤立存在的,它们都是社会系统中的一个子系统,不断的与外界发生着能量、信息、物质的交换,而这种交换影响着组织的目标。随着时间的推移,原来的目标由于环境的变化,可能就不适宜了,那么,就必须对目标进行修订。目标的变化必然促使组织结构发生变化。例如:在计划经济时代,生产部门只要按照计划组织生产就行了,生产任务有人下达,产品有人收购或包销,信息对于一个生产系统来说就不那么重要,因此,也没有必要设置专门机构去研究信息。而现在是市场经济,信息对于一个组织来说非常重要,"信息就是金钱"。因此,就必须根据外界环境的变化,增设专门机构研究信息。此外,即使组织的内外要素的变化对组织目标的影响不大,但随着科学技术的发展,当原有的组织结构已不能高效的适应实现目标的要求时,也需要对组织结构进行调整和变革,所以,我们说组织工作具有动态的特点。

（3）组织工作要充分考虑非正式组织的影响。从人际关系学说奠基人梅奥和现代管理理论之父巴纳德的研究中，我们知道一个正式组织的建立必然伴随着一个或几个非正式组织的诞生。非正式组织是指正式组织成员之间在感情相投的基础上，由于观点、兴趣、爱好、习惯、志向等一致而自发形成的一种伙伴关系，它对正式组织产生着影响。因此，了解一些非正式组织的特点，对于主管人员来说是非常重要的。非正式组织的两个特点必须着重考虑：①非正式组织在满足组织成员个人的心理和感情需要上，比正式组织更有优越性。所以应发挥非正式组织比正式组织具有更强的凝聚力的作用。②非正式组织形式灵活，稳定性弱，覆盖面广，几乎所有的正式组织的成员都介入某种类型的非正式组织。据此，主管人员应该有意识、有计划地促进某些具有积极意义的非正式组织的形成与发展，使其成为正式组织的一部分。但非正式组织也有消极的一面，有时会产生对正式组织的排斥与抗衡作用，对组织的目标实现造成负面影响。因此，需要对非正式组织正确引导，扬长避短，把非正式组织引入正确的发展轨道上。

（二）组织工作的基本内容

组织工作的任务总的来说，就是使组织结构合理，组织运转高效，资源配置优化，各种关系处理恰当，人的积极性得到充分发挥。根据组织工作的这一任务，组织工作的内容主要包括以下几个方面。

1. 根据组织目标的要求设计一套与之相应的组织结构

任何一个组织，都有其特定的任务和目标，组织的每一项工作都应以是否对实现组织目标有利为衡量标准。组织结构设计的根本目的是为了保证组织的任务和目标的实现，在进行组织结构设计时，一定要认真分析组织的任务和目标，面对为了实现组织目标而需要做的工作进行内容的划分和归类，将那些性质相近或联系密切的工作合并为一类，成立相应的管理职能部门进行专业化管理，并根据适度的管理幅度来确定组织的管理层次。建立的机构、设立的职务、选择的人员，都要与组织的目标相适应。

2. 明确规定各部门的职权关系

在确定了组织机构的形成之后，就应该进行适度的分权和正确的授权，也就是明确规定各单位和部门及其负责人对管理业务工作应负的责任以及评价工作成绩的标准，同时，还要根据搞好业务工作的实际需要，授予各单位和部门及其负责人适当的权力。

3. 明确规定各部门之间的沟通渠道与协作关系

通过明确规定各单位、各部门之间的相互关系，以及它们之间的信息沟通和相互协调方面的原则和方法，把各组织实体上下左右联结起来，形成一个能够协调运作、有效地实现组织目标的管理组织系统。

4. 人员配备

根据各单位和部门所分管的业务工作的性质和对人员素质的要求，挑选和配备称职的人员及其行政负责人，并明确其职务和职称。对高层主管来说是为各个部门委派管理人员来负责其事，对部门主管来说则是为非管理性职位配备人员。

5. 团队精神的培育和组织文化的建设

团队精神的培育和组织文化的建设是提高组织竞争力的重要方面，没有优良的团队精神及向上的组织文化、组织内的团结协作,良好的组织氛围便不会形成。因此,作为组织工作的一项重要内容,就是根据组织目标实现的需要,通过制度规范和有效地管理,在组织中建设富有特色的、为全体成员积极参与并认同的团队精神和组织文化。

6. 组织变革与创新

任何组织都不会是一成不变的,任何组织也都不会是完美无缺的,随着组织内部条件和外部环境的变化,一个富有生命力的组织为了适应这种变化,必然会及时的对组织结构及相应的人员等进行调整,也就是进行组织的变革与创新,以达到组织的自我发展和自我完善,适应环境的变化和组织战略的发展对组织的要求。

在后面的内容中,我们将重点介绍组织工作的前三个方面的内容,人员配备工作在第七章进行介绍。由于篇幅的限制,有关组织文化和组织变革的内容不再详细叙述。

第二节 组织结构设计

所谓组织结构就是组织中正式确立的使工作任务得以分解、组合和协调的框架体系。组织结构设计就是把为实现组织目标而需要完成的工作,不断划分为若干个性质不同的业务工作,然后再把这些工作"组合"成若干部门,并确定各部门的职责和职权的过程。组织结构设计一般常涉及以下三种情况:一是新建的组织需要设计管理组织系统;二是原有组织结构出现较大问题或整个组织目标发生变化时,需要对组织系统重新评估与设计;三是对管理组织系统的局部进行增减或完善。

一、组织结构设计的原则

要把许多人组合起来,形成一个有机的分工协作体系,完成共同的组织目标,并不是一件十分容易的事。从确保组织正常运转这一要求来看,组织结构设计需要遵循以下基本原则。

(一) 任务目标原则

任何一个组织,都有其特定的任务和目标,组织结构设计的根本目的是保证组织的任务和目标的实现。因此在进行组织结构设计时,首先要明确组织确立的任务和目标是什么,然后确定完成组织的任务和目标需要的结构类型。组织的增加、合并或取消都应该以是否对其实现目标有利为衡量标准。

(二) 分工协作原则

现代组织分工细密,协作关系复杂,要实现组织目标,在进行组织结构设计时,应贯彻分工与协作的原则,既要在管理组织之间进行合理的分工,划清责任范围,提高工作效率,又应注意各项专业管理工作之间存在的内在联系,在分工的基础上加强协作,妥善处理好专业管理和综合管理之间的关系。

(三) 统一指挥原则

统一指挥是指按照管理层次建立统一指挥、统一命令系统。要求任何下级只接受直属上级的命令和指挥并对其直接负责,下级不能越级向上级请示报告,任何上级也不得向下越级指挥,避免由于"多头领导"和"政出多门"所造成的下级无所适从和相互推卸责任的局面。

(四)管理幅度原则

管理幅度也叫管理跨度,是指一个领导者直接而有效地领导与指挥下属的人数。这一原则要求在进行组织结构设计时要确定好每一个管理者的管理幅度。一个领导者的管理幅度究竟以多大为宜,至今还是一个没有完全解决的问题。它的确定,受很多因素的影响,不能一概而论。

(五)集权与分权相结合的原则

这一原则要求组织结构设计应该根据组织的实际需要来决定集权和分权的程度。所谓集权就是指决策权相对集中于较高的管理层次,统管所属单位和人员的活动;分权则意味着职权分散到整个组织中。集权与分权是相对的,两者是辩证统一的关系,没有绝对的集权,也没有绝对的分权,只是程度不同。良好的管理是建立在集权与分权和谐一致的基础上。组织结构设计也应该根据不同情况和需要对集权与分权的程度加以调整,使得组织在两者的相对平衡中得到发展。

(六)职、权、责、利相对应的原则

职、权、责、利相对应的原则告诉我们,进行组织结构设计时,要明确职务,并明确应该承担的责任,还要有与职务和责任相对等的权力,并享有相应的利益。这就要求进行组织结构设计时,职务要实在、责任要明确、权力要恰当、利益要合理,要避免有权无责或职责大于职权以及有责无利的现象发生。

(七)精干高效原则

科学的设计组织结构是为了提高组织工作的效率和效果,因此组织设计应遵循精干高效原则。这也是组织联系和运转的要求。精干,不是说越少越好,而应是能够保证需要的最少。队伍精干,而不是机构臃肿、人浮于事,才能提高效率,才能以较少的层次、较少的人员、较少的时间达到工作的最佳效果。效能既包括工作效率又包括工作质量。精干高效的原则要求人人有事干,事事有人管,保质保量,负荷都饱满。

(八)稳定性与适应性相结合的原则

为了保证组织的高效和各方面工作的正常进行,就应当保证组织结构的相对稳定性。因为组织结构的变动,涉及人员、分工、职责、协调等各方面的调整,给人员的心理、工作方法、工作习惯等带来各种影响,这些影响短时期内很难消除。但稳定性是相对的,保持稳定并不是要保持组织结构的一成不变,而是应该随着组织所处的环境的变化、组织目标以及战略的调整而变革,以适应环境、目标和战略的需要。但是,强调组织结构的适应性,并不是说组织结构可以随意变化,一个经常变化的组织,是不容易创造佳

绩的。

稳定性与适应性相结合的原则,就是在保证稳定性的基础上,进一步加强和提高组织结构的适应性。

(九) 执行和监督分设的原则

这一原则要求组织中的执行机构和监督机构不能合二为一,而应该分开设置,这样才能充分发挥监督机构的监督作用。当然,监督机构在分开设置后,必须在加强监督的同时,增强对被监督部门的服务意识,做到既监督又服务。

二、组织结构设计的影响因素

客观地讲,设计一种适合各种组织的理想的组织结构形式是非常困难的,因为每个组织所处的环境、经营策略、技术要求和管理体制等都有各自的特点。在组织结构设计的过程中要充分考虑许多种因素,其中比较重要的有以下几个方面:

(一) 环境

环境对组织的影响巨大,组织也会对环境产生影响。组织作为一个开放系统,需要从环境中接受各种外来因素,也需要将本身的产出输送到环境中去,环境与组织的关系是互动的关系,组织结构设计必然要考虑到环境的因素。

(二) 战略

20世纪60年代中期开始,对战略的研究受到重视,随之也开始了对战略与组织结构设计之间关系的研究。组织结构只是实现组织目标的手段,而组织目标又是源于组织的总体战略,因此,组织结构与组织战略是紧密联系在一起的,组织结构的设计和调整必须服从于战略。比如,当一个企业决定将原本为地方性的组织发展为跨区域的组织时,该企业便要考虑如何建立起自己的跨区域结构,以适应这种战略的要求。

(三) 技术

组织的活动需要利用一定的技术和反映一定技术水平的物质手段来进行。技术及技术设备的水平不仅影响组织活动的效果和效率,而且会作用于组织活动的内容划分、职务的设置和工作人员素质的要求。技术对组织结构的影响最明显的可能是企业组织。技术的进步、设备的更新则对生产的组织方式产生影响,组织方式的变化决定于技术或设备的水平。为此,为适应新的生产组织方式,就必须对组织结构的设计进行调整,以适应新的形势。手工作坊与具有大型生产流水线的组织相比,反应技术水平差别的主要是自动化程度的高低,相应就要求截然不同的组织结构来保证组织活动的有序和高效。

(四) 组织规模

组织结构与组织规模的大小有着密切的关系,因而在组织结构设计中应考虑组织的规模。如对小企业像家庭式企业、零售店、小型制造企业等组织,可进行简单化设计,即组织只建立一两个垂直专门化的职能部门。又如,对规模比较大的组织,其结构设计则体现出更多的"官僚化"的特征,即组织结构设计体现组织的规范化、程序化,具有多层次、分工明确、讲究协调等现代行政管理机构的特点。

三、组织结构设计的主要内容

组织结构设计主要包括横向设计和纵向设计。组织横向设计主要解决管理与业务部门的划分问题,反映了组织中的分工合作关系;组织纵向结构设计主要解决管理层次的划分与职权分配的问题,反映了组织中的领导隶属关系。

(一) 部门化

部门化就是按照一定的方法把组织中的人与事划分成可管理的单位的过程,其目的在于确定组织中各项任务的分配与责任的归属,以求分工合理、责任明确,从而有效地达到组织的目标。部门化的方法就是确定划分部门的标准,不同的组织划分的标准有所不同,但主要有职能、产品、地区、顾客等。

1. 职能部门化

职能部门化就是按职能的不同进行部门的划分,即根据生产专业化的原则,以工作或任务的性质为基础来划分部门。例如,把企业划分为生产、营销、财务、人事等部门,并在此基础上还可以细分,如图6-1所示。

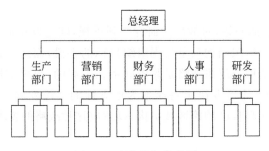

图 6-1 职能部门化简图

职能部门化的优点是:有利于专业化,能够减少稀缺资源的重复浪费;有利于专家们职业生涯的发展,使部门内部的交流变得容易。其缺点是:过于强调日常的任务,使得管理人员的监督观念变得越来越狭隘;既减少了部门间的交流,又增加了部门间的依赖;对涉及全局性的问题难以发现。例如,一个新产品的滞销是因为生产上的问题还是设计问题、市场营销的问题,很难确定。

2. 产品部门化

产品部门化就是按产品的不同划分部门。这种设计部门的方法通常被大的组织所提倡,即产品型部门。在这种情况下,工作的单位是以产品而非职能来建立的。图6-2提供的是一张简化的公司图表。该公司有两条生产线:一条生产消费品,另一条生产工业品,在每个产品小组里各自执行大多数的(甚至是全部)职能。

产品部门化的优点是:可以提高决策的效率;有利于本部门内更好的协作;易于检查

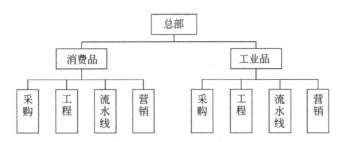

图 6-2 产品部门化简图

产品质量和监督职工,因此,有利于提高产品质量,有利于进行核算。其缺点是:各个部门的管理人员都把注意力集中在本部门的生产上面,因而对整个组织集体的关心就有所忽视;由于每个部门都有自己的市场调查和财务分析等方面的人员,因而形成行政管理人员庞大,费用增加。

3. 地区部门化

地区部门化就是按区域的不同进行部门划分。如果组织要在有不同需求和价值观的地区或国家处理业务时,就可以考虑将工作按地区分组,设置不同的地区部门,将区域的业务集中起来,委派一个部门负责人全权负责。许多全国性或国际性的大公司常采用这种部门划分的方法,如图 6-3 所示。

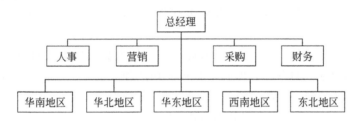

图 6-3 地区部门化简图

地区部门化的优点是:有利于对本地顾客和环境的变化作出迅速的反映并采取相应的措施;有利于培养独当一面的管理人才。其缺点是:由于地区和人员分散,增加了总部对各个分部控制的难度,而且区域之间的协调也不容易进行;存在机构重复设置,集中进行的经济活动也得不到很好的开展等问题。

4. 过程部门化

过程部门化是指将企业的产品生产或制造过程分成几个工艺阶段,按阶段来设置部门和机构,要求每个部门只负责整个过程中的某一阶段的工作。例如在机械制造企业中,生产常被分成铸造、锻压、机加工和装配等阶段,进而按阶段来设立车间和部门,如图 6-4 所示。

过程部门化的优点是:符合专业化原则,可充分利用专业技术和特殊技能,简化培训,提高工作效率。其缺点是:各部门之间的沟通协作困难,同时不利于全面管理人才的培养。

5. 顾客部门化

顾客部门化就是以被服务的顾客为基础来划分部门。如果组织有不同类型的顾客,

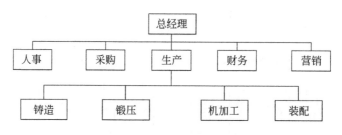

图 6-4 过程部门化简图

而且各类顾客的需求与组织提供服务的方式有着显著区别时,可以采取这种部门化的方式,把同类需求的顾客服务的所有工作组合在一个部门内,由一个部门来管理。如商业零售部门通常会包括男装部、女装部、童装部等,图 6-5 所示的是顾客部门化的简图。

图 6-5 顾客部门化简图

顾客部门化的优点是:能够更好的做到以顾客为中心,能够快速的掌握顾客需求的变化并提供优质服务。其缺点是:顾客分类有些难度,且容易造成忽视或放弃某一部分客户。

以上是几种常见的部门划分的方法,此外还有按人数、时间、项目、序列等部门划分的方法。这些部门划分的方法和形式不是彼此截然独立的,在实际组织结构设计中,组织往往根据自己的情况,采取一些特殊的变化,将多种形式混合起来进行组织部门的划分。例如,一个基本上属于职能划分的组织,也有按产品、过程、顾客或地区划分部门的内容。

在组织部门化过程中要注意以下几点:第一,避免无目的的设置部门。使每个部门都有其他部门无法代替的工作,同时,又要避免任务的交叉和重复;第二,部门的设置应确保组织目标的实现,并具有弹性。各个部门的工作应涵盖组织的所有工作任务,以保证组织目标的实现,同时,应根据组织业务活动的需要适当增减部门;第三,各部门之间应达到协调平衡。一个组织的部门应上下左右很好的统一协调起来,避免忙闲不均、工作量分摊不均的现象。

(二)管理幅度与管理层次

1. 管理幅度与管理层次的含义及其相互关系

(1)管理幅度

管理幅度也叫管理跨度,是组织的上级领导能直接有效地领导或指挥下属人员的数量。从形式上看,管理幅度仅仅表现为上级直接管理下级人员的多少,但由于这些下属人员都承担着某个部门或某方面的管理业务,因此管理幅度的大小实质上反映着管理者直接控制和协调的业务活动量的多少。一般情况下,上级直接有效的管理下级的人数多,我们称之为管理幅度大或管理跨度宽;反之,称之为管理幅度小或管理跨度窄。在组织内,管理幅度不宜过大,如果管理幅度过大就无法实现有效管理,因为管理幅度过大时管理者与其直接管理的下属之间的关系会变得更加复杂。

(2) 管理层次

管理层次也称组织层次,是指组织内部从最高一级管理者到最低一级被管理者之间的各个组织等级。从形式上看,管理层次只是组织结构的层次数量,但其实质上反映了组织内部的纵向分工情况。因为每个管理层次担负着不同的管理职能,随着管理层次的出现必然产生层次之间的联系与协调。在一个组织中,管理层次过多是不利的,层次越多管理上增加的人力、物力和财力也就越多;同时,层次越多,上下级之间的关系越复杂,相互沟通就越困难;再次,层次越多,还会使计划和控制工作复杂化,决策意见更加难以集中。因此,在组织内部设置的管理层次应尽量少一些。

(3) 管理幅度与管理层次的关系

管理幅度与管理层次相互制约,它们之间存在着反比例的数量关系,其中起主导作用的是管理幅度。所谓起主导作用,就是管理幅度决定管理层次,即管理层次的多少取决于管理幅度的大小。这是由管理幅度的有限性所决定的,即管理者的知识、经验和精力是有限的,下级人员受其自身素质条件和岗位工作的负担的局限影响。同时,管理层次对管理幅度亦存在一定的制约作用。当组织不做大的调整时,管理层次具有较高的稳定性,这就要求管理幅度在一定程度上应服从既定的管理层次。

2. 管理幅度的影响因素

在组织发展过程中,管理层次和管理幅度相比,管理层次有相对较高的稳定性,同时在管理幅度与管理层次的变化过程中,管理幅度起着主导作用。因此,在研究组织结构的发展与运行过程中,首要的问题是了解管理幅度有哪些影响因素。实践证明,影响管理幅度的主要因素有以下几个。

(1) 主管人员与其下属双方的素质和能力。凡受过良好训练的下属,不但所需的监督比较少,而且不必时时事事都向上级请示汇报,这样就可以减少与其主管接触的次数,从而增大管理幅度。同样道理,素质和能力均较强的主管人员能够在不降低效率的前提下,比在相同层次、担负类似工作的其他主管人员管辖较多的人员而不会感到过分紧张。

(2) 面对问题的种类。主管人员若经常面临的是较复杂、困难的问题或涉及方向性、战略性的问题,则直接管辖的人数不宜过多。反之,若主管人员大量面临的是日常事务,已有规定的程序和解决方法,则管辖的人数可以较多一些。

(3) 工作任务的协调。工作任务相似及工作中需协调的频次较少,则幅度可加大,组织层次也可减少。

(4) 授权的明确性。适当的和充分的授权可以减少主管人员与下属之间接触的次数和密度、节约主管人员的时间和精力,以及锻炼下属的工作能力和提高其积极性。所以,在这种情况下,管辖的人数可适当增加。不授权、授权不足、授权不当或授权不明确,都需主管人员进行大量的指导和监督,效率不会高,因而幅度也不会大。

(5) 计划的完善程度。事前有良好的计划,使工作人员都能明了各自的目标和任务,可减少主管人员指导及纠正偏差的时间,那么管辖的人数就可以多一些,反之则不然。

(6) 组织沟通渠道的状况。组织沟通渠道畅通,信息传递迅速、准确,所运用的控制技术比较有效,对下属的考核制度比较健全,在这种情况下,管理幅度可考虑加大一些。

此外,工作对象的复杂性、下属人员的空间分布,以及组织的稳定程度等因素也影响着管理幅度。

3. 垂直结构和扁平结构

根据管理幅度和管理层次的关系,我们可以设计出两种类型的组织结构。一种是管理幅度小、管理层次多的垂直结构,另一种是管理幅度大、管理层次少的扁平结构。

相对来说,垂直结构属于集权型组织。它具有高度的权威性和统一性,责任分明,命令统一。其缺点和不足是不便于纵向的联络沟通,缺乏灵活性和适应性,所需管理人员较多,管理费用大。

扁平结构属于分权型组织。它层次少,便于上下信息交流,有利于发挥下级人员的才干,灵活而有弹性,所需管理人员少,管理费用开支低。其缺点和不足是不便于进行有效监督和控制,加重了交叉联络的负担,容易突出下属的特权和部门的利益。

显然,组织结构设计要根据实际情况和需要,尽可能综合两种组织结构形式的优势,克服它们的局限性。

(三) 集权与分权

集权与分权是指职权在不同的管理层之间的分配与授予。集权意味着职权集中到较高的管理层次;分权则表示职权分散到整个组织中。集权与分权是相对的概念,不存在绝对的集权和分权。绝对的集权,意味着没有下层管理者,职权的绝对分散意味着没有上层的主管人员。实际上这两种组织结构都是不存在的。有层次的组织的建立,就已经存在着某种程度的分权,为使组织结构有效地运转,还必须确定分权的程度应该是怎样的。

1. 集权与分权的程度

一般说来,集权或分权的程度,常常根据各管理层次拥有的决策权的情况来衡量。

(1) 决策的数目。基层决策数目越多,分权程度就越高;反之,上层决策数目越多,集权的程度就越高。

(2) 决策的重要性及其影响面。若较低一级管理层次作出的决策事关重大,涉及面较广,就可认为分权程度较高;相反,若下级作出的决策无关紧要,则集权程度较高。例如,只允许分厂作出有关经营管理方面决策的公司,其分权程度就低于还允许分厂作出有关财务与人事方面决策的公司。

(3) 决策审批手续的简繁。在根本不需要审批决策的情况下,分权的程度就较高;在作出决策以后,还必须呈报上级领导审批的情况下,职权分散程度就低一些;如果在作出决策前,必须请示上级,那么分权的程度就更低一些。此外,较低一级管理层次在决策时,需要请示的人越少,分权的程度就越高。

按照集权与分权的程度不同,可形成两种领导方式:集权制与分权制。

集权制指管理权限较多地集中在组织最高管理层。它的特点是:①经营决策权大多数集中于上层主管,中下层只有日常的业务决策权限;②对下级的控制较多,例如下级的决策前后都要经过上级的审核;③统一经营;④统一核算。

分权制就是把管理权限适当分散在组织的中下层。它的特点是:①中下层有较多的决策权;②上级的控制较少,往往以完成规定的目标为限;③在统一规划下可独立经营;④实行独立核算,有一定的财务支配权。

2. 影响集权与分权的主要因素

集权和分权的程度,是依据条件的变化而变化的。影响集权和分权程度的因素如下:

(1) 组织因素。组织因素包括:①组织规模,组织规模的不断扩大导致分权化;②产品结构和生产技术特点,单一产品结构更强调集权,而多品种,特别是产品差异大的产品结构则要求分权;③职责与决策的重要性,重大问题的决策权更有可能集中在上层;④管理控制技术发展程度,有了更为科学有效的控制手段可以把更多的权力下放。

(2) 环境因素。环境因素包括:①外部环境,如企业面临市场的复杂与变动程度。当企业面临复杂多变的市场时,必须实行分权,以便及时、准确的适应市场需要。再如,当出现极为复杂的政治形式时,组织可能要保留相当的集中政策的权力,以便整体协调;②内部环境,内部环境如一个组织的历史传统、组织文化等,都会影响到集权与分权的程度。

(3) 管理者与下级因素。管理者与下级因素包括:①管理者的管理哲学、性格、喜好、能力等,不同的领导者的领导观念、领导方式不同,集权或分权的程度就会不同;②被管理者的素质与对分权的兴趣,对具备较高素质的被管理者应授予更多的权力。

第三节 典型的组织结构

长期以来,随着管理实践的繁荣以及管理理论研究的深入,人们创造并规范出许多组织结构形式,下面介绍几种比较典型的组织结构。

一、直线制组织结构

直线制组织结构又称简单结构,在一个组织中,从最高层领导到基层一线人员,通过一条纵向的直接的指挥链连接起来,上下级之间的关系是直线关系,即命令与服从的关系,在组织内部不设参谋部门。直线结构的组织方式使得管理人员任务比较繁重,重大决策权都集中于高层管理人员,如图6-6所示。

直线制组织结构的优点:组织关系简明,便于统一指挥;组织中成员的目标明确,责权明晰;易于评价员工的业绩;组织灵活,易于适应环境的变化;管理成本低。

直线制组织结构的局限性:随着组织规模扩大,高层管理人员管理幅度过宽,易出现决策错误;权力过分集中,易造成滥用职权;另一方面,掌权者突然离去将会给组织造成重大打击。

这种组织结构适用于雇员人数少、刚刚设立不久、规模较小且分布集中、面临的环境简单的组织。

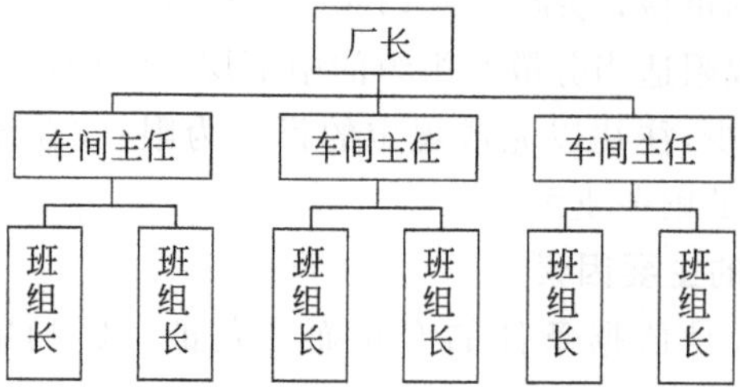

图 6-6　直线制组织结构

二、职能制组织结构

职能制组织结构的特点是采用专业分工的管理者代替直线制的全能的管理者。在组织内部设立职能部门,各职能机构在自己的业务范围内,有权向下级下达命令和指示,直接指挥企业的生产经营活动;各级负责人除了服从上级行政领导的指挥外,还要服从上级职能部门在其专业领域的指挥。

职能制组织结构的优点:充分发挥专家的作用,由于这一结构对中低管理层的管理人员的要求较低,因此可以节约成本。职能机构的作用若发挥充分,可以弥补各级行政领导人管理能力的不足。

职能制组织结构的明显缺陷在于:各职能部门各自强调自己的重要性,导致各部门之间的冲突会不断发生;组织中会因为追求职能目标而忽视全局利益;容易造成多头领导,削弱统一指挥原则。

职能制组织结构适合单一类型产品或少数几类产品,且面临相对稳定的市场环境的组织采用,如图 6-7 所示。这一结构最早由泰罗提出并加以试行,但由于职能工长制妨碍了统一指挥的原则,以后未能推广。

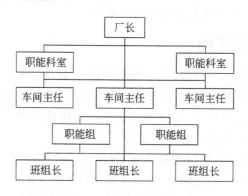

图 6-7　职能制组织结构

三、直线职能制组织结构

直线职能制是把直线制和职能制结合起来形成的。它是由法约尔在 20 世纪初总结设计出来的,并在许多国家得到应用。直线职能制是目前采用较为广泛的一种组织结构形式,如图 6-8 所示。

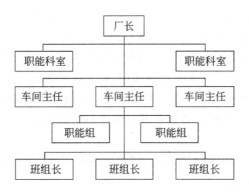

图 6-8　直线职能制组织结构

直线职能制严格的说应该称做"直线参谋制"。这种组织结构的最大特点是在各级直线指挥机构之下设置了相应的职能机构或人员从事专业管理,作为该级的领导者的参谋,实行主管统一指挥与职能部门参谋、指导相结合的组织结构形式。它既保持了直线制的集中统一指挥的优点,又吸取了职能制发挥专业管理的长处,从而提高了管理的工作效率。

直线职能制在管理实践中也存在着不足之处:各职能部门自成体系,不重视信息的横向沟通,造成工作重复,加大了管理成本;职能部门缺乏弹性,对环境变化的反应迟钝等。

四、事业部制组织结构

事业部制简称"M 型"组织,是为满足企业规模扩大和多样化经营对组织机构的要求而提出来的一种组织设计。这种组织结构最初由美国通用汽车公司副总裁斯隆创立,故也被称为"斯隆模型",有时也称"联邦分权制",因为它是一种企业分权制的企业内部组织形式。

事业部制的主要特点是"集中决策,分散经营",即实行企业统一政策,事业部独立经营的一种体制。这种组织结构形式,就是在总公司的领导下,按产品或地区分别设立若干事业部,每个事业部都是独立核算单位,在经营管理上拥有很大的自主权。总公司只保留预算、人事任免和重大问题决策等权力,并运用利润等指标对事业部进行控制。总的来说,事业部必须具备三个基本要素:即相对独立的市场;相对独立的利益;相对独立的自主权。图 6-9 所示为事业部制组织结构。

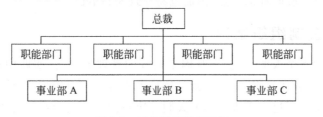

图 6-9　事业部制组织结构

事业部制组织结构的优点：总公司领导可以摆脱日常事务，集中精力考虑全局问题；事业部实行独立核算，更能发挥经营管理的积极性，更便于组织专业化生产和实现企业的内部协作；各事业部之间有比较、有竞争，这种比较竞争有利于企业的发展；通过权力下放，使各事业部接近市场和顾客，按市场需要组织生产经营活动，有助于经济效益的提高；事业部经理要从事业部整体来考虑问题，有利于培养和训练管理人员。

事业部制组织结构的缺点：公司与事业部的职能机构重叠，构成管理人员浪费，管理费用增加；事业部进行独立核算，各事业部只考虑自身的利益，影响事业部之间的沟通与协作，甚至激发矛盾。

事业部组织适用于采用多样化战略、国际化战略的大型组织，该组织的产品或服务分散在各个市场，且规模较大。

五、矩阵制组织结构

矩阵型组织结构是把按职能划分的部门和按产品（或项目，或服务等）划分的部门结合起来组成一个矩阵，使同一名员工既同原职能部门保持组织与业务上的联系，又参加产品或项目小组的工作。为了保证完成一定的管理目标，每个项目小组都设负责人，在组织的最高主管直接领导下进行工作。如图 6-10 所示。

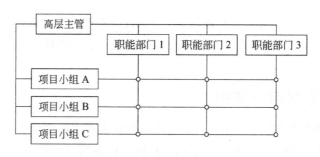

图 6-10 矩阵制组织结构

这种组织结构形式的特点是打破了传统的"一个员工只有一个头儿"的命令统一原则，使一个员工属于两个甚至两个以上的部门。它的优点是加强了各职能部门的横向联系，具有较大的机动性和适应性；实行了集权与分权较优的结合；有利于发挥专业人员的潜力；有利于各种人才的培养。

其缺点是，由于这种组织形式是实行纵向、横向的双重领导，处理不当，会由于意见分歧而造成工作中的扯皮现象和矛盾；组织关系较复杂，对项目负责人的要求较高；由于这种形式一般还具有临时性的特点，因而也易导致人心不稳。

六、委员会制组织结构

为了避免领导者个人的主观、客观因素造成的管理失误，在实践中产生一种集体决策、集体领导的管理群体组织，委员会则是这种管理者群体组织形式之一。一般情况下，委员会制组织结构是通过举手表决的方式制定决策的。委员会组织可以是临时的，为了某一特定目的而组建，特定任务完成之后即行解散；也可以是常设的，以促进沟通、协调与合作,实施制定和执行重大决策职能。现实中的董事会、监事会、职工委员会等都是委员会制的组织形式。这种集体领导与决策的组织结构,能有效避免个人水平能力有限所造成的各种不利决策与指挥的领导失误,但是这种体制决策速度较慢,有时难以统一思想、统一决策,出现失误时责任不清。

七、网络结构

网络结构是一种目前流行的组织设计形式,它可使管理人员面对新技术、新环境显示出极大的灵活应对性。所谓网络结构,是指这样一个小的核心组织,它通过合作关系(以合同形式)依靠其他组织执行制造、营销等经营功能。如图 6-11 所示,网络组织的核心只是一个小型管理机构,许多重要职能不是由本组织完成的,组织管理者的主要任务之一就是在各地寻求广泛合作和控制。

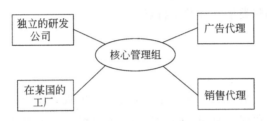

图 6-11　网络组织结构

网络结构的最大优点是获得了高度的灵活性,便于适应动态变化的环境。但是它与传统的组织相比,缺乏对一些职能部门的有力控制(特别是制造部门)。但是随着信息技术在企业的广泛运用,网络结构会逐渐显示出它的生命力。

本 章 小 结

组织是管理的基本职能之一,是按照一定的职务和职位结构配置成员,为实现特定的目标而形成的有序的结构体系。组织工作是一个动态的过程,并且在组织工作中要注意到非正式组织的影响。组织工作的主要内容包括:1.根据组织目标的要求设计一套与之相应的组织结构;2.明确规定各部门的职权关系;3.明确规定各部门之间的沟通渠道与协作关系;4.人员配备;5.团队精神的培育和组织文化的建设;6.组织变革与创新。

组织结构设计就是把为实现组织目标而需要完成的工作,不断划分为若干个性质不同的业务工作,然后再把这些工作"组合"成若干部门,并确定各部门的职责和职权的过程。在组织结构设计的过程中要遵循任务目标、分工协作、统一指挥、管理幅度、集权与分权相结合、职权责利相对应、精干高效、稳定性与适应性相结合、执行和监督分设的设计原则,并要注意到环境、战略、技术和组织规模对组织结构设计的影响。组织结构设计主要包括横向设计和纵向设计。组织横向设计主要解决管理与业务部门的划分问题,反映了组织中的分工合作关系;组织纵向结构设计主要解决管理层次的划分与职权分配的问题,反映了组织中的领导隶属关系。通过组织结构设计要解决部门化、管理层次和管理幅度、集权与分权等问题。

典型的组织结构类型有直线制、职能制、直线职能制、事业部制、矩阵制、委员会制和网络型组织结构等。

思考与理解

1. 试述组织的概念。
2. 组织工作有哪些基本内容?
3. 组织结构设计应遵循哪些原则?
4. 简述主要的部门化方式及其优缺点。
5. 试述管理层次与管理幅度的关系。
6. 简述影响集权与分权的主要因素。
7. 组织结构有哪些类型?各类型特点如何?

课外阅读

1. 张玉利.管理学[M].第2版.天津:南开大学出版社,2004:215-257.
2. 宋晶,郭凤侠.管理学原理[M].大连:东北财经大学出版社,2007:204-271.
3. 单凤儒.管理学基础[M].第2版.北京:高等教育出版社,2004:88-105.

【案例分析】

CMP出版公司的组织结构

制定良好的计划,常常因为管理人员没有适当的组织结构予以支持而落空。而在某一时期是合适的组织结构,可能过了一两年后就不再合适。格里·利兹(Gerry Leeds)和莉洛·利兹(Lilo Leeds)是经营CMP出版公司的一对夫妇,他们对此有着清楚的认识。

利兹夫妇在1971年建立了CMP出版公司。到1987年,他们公司出版的10种商业报纸和杂志都在各自的市场上占据了领先地位。更令人兴奋的是:它们所服务的市场(计算机、通信技术、商务旅行和健康保健)提供了公司成长的充足机会。但是,假如利兹夫妇继续使用他们所采用的组织机构。这种成长的潜力就不会得到充分的利用。

他们最初为CMP设立的组织,将所有重大的决策都集中在他们手中。这样的安排在早些年运作得相当好,但到1987年它已经不再生效。利兹夫妇越来越难照看好公司。比如想要约见格里的人得早上8点就在他办公室外排队等候;员工们越来越难得到对日常问题的答复;而要求快速反应的重要决策经常被耽误。对于当初设计的组织结构来说,CMP已经成长得太大了。

利兹夫妇认识到了这个问题,着手重组组织。首先,他们将公司分解为可管理的单位(实质上是在公司内建立半自主的公司),并分别配备一名独立的经理掌管各个单位。这些经理都被授予足够的权力去经营和扩展他们各自的分部。其次,利兹夫妇设立了一个出版委员会负责监督这些分部,利兹夫妇和每个分部的经理都是该委员会的成员。分部经理向出版委员会汇报工作,出版委员会负责确保所有的分部都能按 CMP 的总战略运作。

这些结构上的变革带来了明显的效果。CMP 现在总共出版 14 种刊物,年销售额达到近 2 亿美元。公司的收益持续地按管理当局设定的 30% 的年增长率目标不断地增加。

CMP 出版公司的例子说明,选择合适的结构在组织演进过程中起着至关重要的作用。

讨论题:
1. 对公司组织结构进行重组的基本思路是什么?
2. 结合该案例分析应如何处理好集权和分权的关系。

【知识点链接】 随着企业规模的发展和壮大,管理的问题不可避免地随之而来,如管理者的管理幅度问题、权力的下放问题、组织结构的适应性问题等,如果不能处理好这些问题,将会直接地影响到企业的发展,严重时还会影响到组织的生存。

第七章

人员配备

第一节 人员配备概述

一、人员配备与人事管理、人力资源管理

(一) 人员配备的含义

人员配备(staffing)作为管理的一项职能,是指通过招聘、选拔、安置、考评、训练和发展组织成员,以充实组织结构中的各种职位。简单地说,人员配备就是为组织结构的各职位配备称职的人员。为了获取称职的人员,可以从外部招聘、挑选,也可以内部选择,然后通过培训和发展,再安置到组织中的各个岗位。因此,人员配备不仅是获取组织所需要的人员,更重要的是对所获取的人员的使用,对组织中的人力资源进行合理配置,并在使用过程中通过考评,确定人员的工作业绩和职业前途,为人员的升级、降级、遣散、培养等提供依据,使组织成员得到最佳使用。

(二) 人事管理和人力资源管理

人员配备是管理的职能之一,是管理人员的一项重要工作,也是人事管理的内容之一,故有许多译著及教材把"staffing"一词译成人事工作或人事管理。

人事管理是企业的经营活动之一,它与生产管理、技术管理、财务管理、营销管理等管理活动都属于企业的经营活动。人事管理是指:组织为实现其目标,对人事工作的计划、组织、领导和控制。传统的人事管理工作主要是新员工的招聘、职前教育、员工的录用和安排、工资管理工作以及人事档案管理等等,这些工作由人事部门来执行。但是20世纪80年代以来,企业的竞争加剧,企业的竞争主要体现在人才的竞争上。人作为组织的一项重要资源,开始得到管理人员的重视,人事管理发展为人力资源管理。

人力资源管理(human resource management)是把组织成员看成是一种重要的组织资源,其工作除了传统的人事管理外,更主要的是人员的招聘、挑选、培训和发展,工作的考评及建立合理的奖励制度,工作设计及人员的合理安排,参与管理和组织文化建设,人员激励及有效的领导等等。

人力资源管理与传统的人事管理相比,具有以下特点:(1)管理阶层重视,人力资源

管理成为各阶层管理者的一项重要工作；(2)注重人力资源的开发和利用；(3)强调参与管理及组织文化建设；(4)协调组织成员的关系；(5)在组织发展的同时使组织成员个人得到发展。

二、人员配备的重要性

人是组织中最重要的资源，是构成组织五要素中最重要的要素，组织活动的进行，组织目标的实现，无一不是由人所决定的。因此，人员配备作为一项管理职能，主要涉及的是对人的管理，其重要性是显而易见的。

(一) 人员配备是组织有效活动的保证

对于一个组织来说，组织目标的确定为组织活动明确了方向，组织结构的建立，又为组织活动提供了实现目标的条件。但是，再好的组织结构，如果人员的安排不合理，那么这个组织结构也是不能发挥正常功能的。人员配备不适当会导致组织结构不仅不能成为实现组织目标的保证，而且还会干扰组织的有效活动，阻碍和破坏目标的实现。因此，人员配备工作的好坏，直接影响到组织活动的成效。在人员配备中，管理人员的配备无疑具有更大的重要性。管理人员是组织中对他人及其工作负责的人员，他们的基本任务是设计和维持一种环境，使身处其间的其他成员能在组织内一起工作，以完成预期的任务和目标。由此可见，管理人员在组织活动中居于主导地位，是实现组织目标的关键人物。因而组织的有效活动往往在很大程度上取决于管理人员的配备情况，取决于管理人员的质量如何。

(二) 人员配备是组织发展的准备

组织发展是相应于组织内外环境的变化而作出的反应。一个组织只有不断地发展，不断地获得新的生命力，才能适应内外环境的变化而立于不败之地。组织发展的能动因素是人，其中管理人员又是起决定作用的。因此，人员配备作为专门从事充实组织结构中的各种职位，同组织发展的关系极为密切，它是一项动态的职能，不仅要进行目前所需的各种人员的配备，而且还要着眼于组织未来发展的需要，为将来在复杂多变的环境中从事组织活动所需的各类人员作好准备。所以说，人员配备是组织发展的准备。

三、人员配备的任务和原则

(一) 人员配备的任务

人员配备既要考虑满足组织需要，同时也考虑满足组织成员个人的需要。因此，人员配备应完成如下几项任务。

1. 通过人员配备使组织系统运转

要为每个岗位安排好适当的人员，使实现组织目标所必须进行的每项活动都有合格的人去开展。

2. 为组织发展准备干部力量

组织是处于不断发展变化之中的。因此，不仅要为目前的组织机构配备人员，而且还要为将来的组织准备工作人员,特别是管理人员。

3. 维持成员对组织的忠诚

人员流动对组织来说,虽有可能带来"输入新鲜血液"的好处,但其破坏性更甚,组织要通过人员配备工作,稳住人心,留住人才,维持成员对组织的忠诚。

4. 要使每个成员的知识和能力得到公正地评价、承认和运用

工作的要求与自身的能力是否相符合,是否"大材小用",工作目标是否具有挑战性,这些因素对于人们在工作中的积极性、主动性、热情程度有着极大影响。

5. 要使每个成员的素质和能力不断提高

知识的丰富与技能的提高,不仅可以满足人们较高层次心理需要,而且往往是通向职业生涯中职务晋升的阶梯。要通过人员配备工作,使每个人都能看到这种机会和希望。

(二) 人员配备的原则

为谋求人与事的最佳组合,人员配备过程必须遵循一定的原则。

1. 因事择人的原则

要使工作任务卓有成效地完成,首先要求工作者具备该岗位所要求具备的知识和能力。因此,要因事择人。

2. 因材施用原则

一方面要因工作需要选用人,另一方面又要考虑根据人的不同特点来安排工作,使每个人的潜能得以充分发挥。

3. 人事动态平衡原则

组织是在不断发展的,工作中的人的能力和知识也在不断提高和丰富。因此,人与事的配合需要不断调整,让能力得到发展的人去从事更高层次或更合适岗位的工作,使各部门各个岗位得到更合适的人员。

四、人员配备的基本要求

人员配备是一项复杂的工作。现代组织内部分工严密,各个环节、职务和岗位的工作性质各不相同,因此对人员素质的要求具有多样性。为使各类人员适应组织发展的需要,得到合理配置,必须满足以下基本要求。

(一) 适才适能

一方面,要根据组织中各个职务岗位的性质配备有关人员,即人员的数量和结构要与职位的多寡和类型相适应,人员的素质和能力要与所担负的需要吻合;另一方面,要按照人员的能力水平及特长分配工作,使每个人既能胜任现有职务,又能充分发挥内在潜力。只有坚持适才适能,才能促进组织人—事系统的协调匹配,避免出现能力不足或能力过剩、人才浪费现象。在实践中贯彻这一要求,首先要对组织结构确定的各级各类职位进行分析,明确担负这些工作所需要的素质、知识和技能,同时要全面分析了解每个员工的素质状况和个性特点,然后根据二者之间的相适程度逐一配置,以求得人员与工作的最大相容。

（二）选贤任能

在根据组织结构所确立的职务岗位安排相应人员时，应坚持选贤任能、任人唯贤的原则。特别是担负管理职能的各级管理人员的选拔，应当务求唯贤不唯亲，用客观的、科学的标准和方法准确地考察与选择。要综合评判备选人员的思想品德与工作能力，既不能过分注重品行而选用庸才，也不能片面强调才干而忽视思想修养，要把具备较强管理才能的德才兼备型人才安排到各类岗位上。同时要根据工作岗位的不同要求选聘各类人员，为组织建立一支具有良好素质的员工队伍。

（三）扬长避短

组织中每一个员工的素质不仅相异，而且各有长短。例如，有的人长于理论分析，但实际操作能力较差；有的人独立工作能力很强，但不善于与他人和谐相处。这就要求在选拔和使用人员时，坚持扬长避短的原则，着眼于人的长处，用其所长。组织领导者必须全面了解每一个员工的能力构成，善于识别人的长处，不以人之所短否定其所长。同时要敢于大胆启用有缺点但具备某方面突出才能的人，不拘一格，放手使用，为最大限度地发挥他们的能力优势创造条件。

（四）群体相容

现代组织内部分工细密，协作关系复杂。为使各个环节和岗位做到合理分工、密切协作，要求各工作群体内部保持较高的相容度。为此，在人员配置中，不仅要强调人员与工作的相互配合，而且要注重群体成员之间的结构合理和心理相容。群体的相容度对群体的士气、人际关系、群体行为的一致性和工作效率都有直接影响，彼此间高度相容，会使成员对群体目标一致认同，相互感情融洽，行为协调有序，有助于充分发挥全体成员的积极性，收到群体绩效之和的效果。为提高群体的相容度，在组合群体成员时，首先要求各个成员在观念、理想、信念上保持较高的一致性；其次要注意成员之间性格的协调与相容；最后要合理配置群体成员的年龄结构、性别结构、知识结构和能力结构。在合理组合的基础上，可以形成群体成员之间心理素质差异的互补关系，促进群体优势的发挥。

（五）协调发展

现代社会经济条件下，一方面，随着收入水平和受教育程度的提高，越来越多的组织员工不再把职业仅仅视为谋生手段，而是力求通过所从事的工作实现自身的价值，求得智能与人格的不断完善；另一方面，作为在市场经济中居于主体地位并最富于活力和创造性的经济组织，组织的功能和职责也不仅仅局限于提供产品和取得盈利，而是负有为员工的全面发展提供机会、创造条件的社会责任。基于这一认识，组织在配置人员时，必须坚持以协调发展为其指导思想和基本原则，首先立足于员工个人在智力、体力、能力、生理、心理、人格等诸方面的全面发展，力求通过合理使用和培养，使员工个人发展与组织发展的协调统一，即通过人员合理配置将员工的个人发展目标纳入组织的发展目标之中,在促进个人发展的同时推动组织目标实现。

五、人员配备的系统方法

因为合格的管理人员对一个组织的成败至关重要,因此应按照一套系统的方法进行选聘。图7-1概述了选聘管理人员的系统方法。管理人员必须具备的条件是基于组织的目标、预测、计划和战略而制定的。根据这些要求,要对各个岗位进行职务分析和工作设计,这项工作指出了岗位所要求的任务、职责、知识、才能及经验等各方面的条件,并结合应聘者的特点进行综合考察来确定对管理人员的招聘、选拔、安置和提升。当然,还必须适当考察组织的内部环境(如公司政策、管理人员的供需情况以及组织文化等),以及外部环境(如法律、法令、可聘用的管理人员等)。人员被选定并安置职位以后,必须使他们认识新的工作岗位,应对新聘人员进行上岗教育,包括了解公司、了解其业务及地位等。

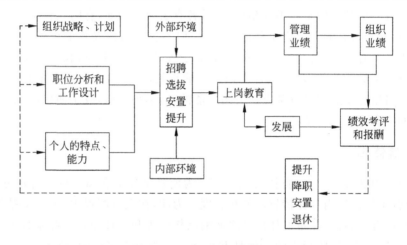

图 7-1 人员配备的系统方法

新上任的管理人员将担负起管理的职能,他们的管理工作将最终决定组织的效益。组织要对管理人员的工作业绩进行考评,在此基础上决定管理人员的报酬。管理人员和组织就是在这种评估的基础上得到发展。最后绩效考评也成为做出提升、降职、重新安排工作以及退休决定的根据。这就是组织人员配备的系统方法的简单描述。

第二节 职务分析和工作设计

有效地选聘一个管理人员,需要对需补充的职务的性质和目的有一个清晰了解。必须对职务所要求的条件进行客观分析,并为适应组织和个人的需要而对工作岗位做出合理的设计。

一、职务分析

职务分析(job analysis)也叫工作分析,是组织中一切人事管理工作的基础,从组织决策、人员选聘、绩效考评到管理人员的报酬和发展,都要以职务分析所提供的信息为依据。职务分析所要回答的是这样两个大问题:第一,某个职务上的任职者应该做些什么?怎样去做?为什么要做?第二,这个职务需要什么背景知识、观念以及才能?由什么样的人来承担这个职务的工作才是最适合的?第一类信息被称为职位描述,第二类信息被称为职务规范,即任职资格条件。

1. 职务分析的用途

职务分析所提供的信息,可用于组织中各项重要的人事管理决策。

(1) 组织结构的设计。职务分析对职务的性质、要求以及职务间关系的确定,有助于将组织中的每项工作合理地分配到组织结构中的各个层次,并提出具体的职责范围,从而避免职责的重叠与缺漏。

(2) 人事计划的制定。职务分析中对职务的说明,以及对人员素质要求的界定,有助于确定组织所需人员的数量及素质,为人事计划的制定提供依据。

(3) 人员的招聘、选拔及安置。通过职务分析,招聘人员或管理人员可以充分了解与各项职务的内容与要求有关的信息,以便对应聘者或下属进行充分细致的考察,做到合理地选拔和使用,使人尽其才,才尽其用。

(4) 训练和培养计划的制定。明确的职务说明与职务范围可以帮助新人尽快地了解所承担的工作、应尽的职责及其发展方向;同时有助于管理人员帮助下属安排培训内容,加强职务规范中所规定的能力、知识、技能的训练,以便更好地完成本职工作。

(5) 绩效考评。职务分析中所确定的具体工作任务的职责,有助于管理人员对下属的工作成绩加以评价,职务分析为客观、公正地绩效考评提出了标准。

(6) 职务再设计。通过职务分析,可以重新界定职务,改进工作方法,减少错误和重复,提高员工的积极性和责任感。

(7) 职务评价。充分详实的分析,有助于管理人员对每一职务在组织中的相对价值、贡献和地位做出客观、公平的评价和排序,据此合理地分发奖酬。

2. 职务分析所需资料

(1) 与工作有关的内容。职务的名称及其所属的部门,工作中需完成的具体任务,需采用的具体方法和步骤,以及工作中用到的材料、设备、工具等。

(2) 职务对员工资格的要求。任职人员应具备的能力、个性、学历与工作经历等。

(3) 工作绩效指标。制定工作中衡量工作数量、质量与效率等诸方面的标准,据此来测评员工的工作行为与表现,并分析工作中的错误。

(4) 职务背景。工作计划、工作条件、组织及社会的环境背景以及奖励标准等。

3. 职务分析的方法

根据对职务分析的用途和内容的分析,我们可知职务分析的首要任务是收集某一职务有关的各种信息。在收集信息的过程中,主要采用的方法有观察法、问卷法、谈话法和日记法。

(1) 观察法

观察法是指分析者亲自对一个或多个员工的工作过程进行观察,并记录下来所看到的一切。这种方法简便易行,无须事先准备提纲和材料,也无人为限制,对各项工作均可进行深入观察,取得丰富的数据。但此法只适用于收集操作性较强的职务的信息。

(2) 问卷法

问卷法是指由工作人员或管理人员填写预先设计好的问卷,以便收集所需的信息,在职务分析中应用极为广泛,其优点是可以在较短的时间内收集到大量的信息。运用此法的关键是问卷的设计,要根据组织的具体情况和职务分析的目的来设计。

(3) 谈话法

谈话法是指职务分析人员以个别谈话或小组集体座谈的方式与任职人员及其管理者进行面对面的交谈,由任职者自己对其所从事的工作的内容、目的、方法和条件加以描述。谈话法可以弥补观察法及问卷法的不足,补充上述两种方法可能遗漏的信息,因此,它与观察法联合使用,是组织职务分析中最常用的工具。但当涉及大量任职人员时,还需与问卷法结合起来使用。

(4) 日记法

日记法是指由任职人员自己记录下每天的活动内容。这种方法如运用的好,可获取更为准确且大量的信息。但此法得到的信息较零乱且存在夸大主观的倾向问题,在实际中较少运用。

4. 职务说明书的编写

通过以上的几种方法收集到职务信息后,职务分析者还要对信息加以分析、分类,编写出职务说明书。职务说明书是职务分析活动所得到的一个自然结果,在职务说明书的编写过程中并无固定模式,但是一般应该有以下内容:

(1) 职务概要:概括本职务的特征及主要工作范围。

(2) 责任范围及工作要求:列出任职人员需完成的任务、所使用的材料及最终产品,需承担的责任,与其他人的联系,所接受的监督及所施予的监督等。

(3) 机器、设备及工具:列出工作中用到的所有机器、设备及辅助性工具等。

(4) 工作条件与环境:列出有关的工作条件,以及可能遇到的危险、工作场所布局等。

(5) 任职资格:职务规范,指出担任此职务的人员应该具备的基本资格和条件。

二、工作设计

工作设计与职务分析紧密相连,职务分析对各项工作的任务、责任、性质及工作人员的条件做出了分析研究,而工作设计则是要说明工作如何做,以及如何使工作者在工作中得到满足。其内容包括工作内容和方法,工作职能和工作之间的关系。

1. 工作设计应遵循的指导原则

(1) 适当的工作范围。把工作范围限定得太窄,就不会有挑战,不会有发展机会,也不会有成就感。结果,好的管理者将会感到厌倦和不满。另一方面,工作范围不能定得太宽,太宽了就不能有效地执行,其结果将是有压力、受挫折和失去控制。

(2) 使工作具有挑战性。工作不具有挑战性,管理者就不需要用全部时间和精力去完成交给他们的工作。他们没有遇到挑战,就会觉得其力量没有得到充分的发挥。结果,他们会经常干涉下级的工作,而下级也会感到没有充分的工作自主权。工作不饱满,还会使工作人员之间对工作岗位、职责、任务等争论不休、互相影响,这样他们把精力都消耗在对付别人身上,不是去实现公司的目标。因此,应该设计带有挑战性的目标、任务以及职责的工作岗位。

（3）与管理才能相结合。一般地说，工作设计应从待完成的任务出发，工作岗位的设计应带有普适性，足以适应人们的需要和愿望。但有时，特别是在为才能突出的人物做工作设计时，最好能设计出适合该人风格和特点的工作岗位，以便发挥其潜力。这就是说，通常，工作岗位的说明必须对某职位的人员应该做出什么成绩提出一个清楚的概念，但也必须容许一定的灵活性，以便组织更好地利用个人的特点和能力。

（4）与所处环境相适应。任何一个工作设计都是根据特定的工作岗位和组织而定的，就必须与组织所处的环境相适应。例如，在一个相对稳定的组织环境中，工作岗位的设计可以相当具体。相反，对于一个处于不稳定而多变的环境中的组织，工作设计就必须更一般化而且可能需要经常加以修订。

2. 工作设计的方法

工作设计很重要的一点是设计出的工作岗位能使人们对工作感到愉快，这就需要一个从工作内容、职能和关系方面很适合的工作结构。

个人的工作岗位设计应是工作丰富而充实，要做到这一点可有以下几种方法：(1)可将任务集中在一个自然工作组中对个人的工作岗位加以充实，这就是将一类有关联的任务集中起来，分配给一个人去完成；(2)亦可将几种任务合并成一个岗位，从而使工作得以充实；(3)可使工作岗位与客户建立直接联系，增加责任感；(4)要求工作岗位适时、迅速地反馈具体工作情况；(5)还可以通过纵向工作来使工作丰富和充实，纵向工作会增加个人在计划、实际工作和检验工作方面的职责。

可以用同样的道理来改进班组工作岗位的设计。应使班组有一个完整的任务去执行。另外，应使班组有决定工作如何完成的权力和自由，给班组以较大的自主权。在班组中，个人应能经常得到培训，从而能使他们胜任各个不同岗位的工作。最后，报酬可以根据整个小组的工作成绩来确定，这样就会促进班组成员之间的合作，而不是竞争。

3. 影响工作设计的因素

在设计工作岗位时，应考虑组织的要求。但为了实现最大限度的利益，还应考虑其他一些因素，诸如个人的不同需求、岗位重组的技术和费用、组织结构以及内部环境等。

人们有着不同的需求。希望得到发展的人，通常总是要求他们的工作十分充实而且承担更大的责任；有些人喜欢独立工作，而另一些人则经常愿意在班组中表现自己。工作性质和有关的技术在一定程度上影响组织设计，大批量生产和单件小批量生产对班组工作设计的要求就有所不同。还应考虑到，为转向设计的新工作岗位要付出代价，一个新工厂的工作设计，或是一个老工厂的重新设计，或是为适应新情况而进行新设计之间，对于工作岗位的设计要求有很大区别。

组织结构也必须加以考虑，个人工作必须适合整个结构。例如，独立自主的班组可在一个权力分散的组织中工作得很好，但在一个集权管理的组织中可能不合适。同样，组织内部环境会影响工作岗位的设计。一个班组在主张参与、实行民主领导的气氛下能工作得很出色，但在一个实行独裁领导、控制严密的组织中就不然。

第三节 人员的招聘、考评与培训

一、人员的招聘

(一) 人员的来源

组织可从外部招聘或通过内部提升来招聘组织所需的人员。

1. 外部招聘

外部招聘是根据工作岗位的要求和一定的程序，从组织外部选拔符合空缺职位要求的人员。外部招聘的渠道很多，可以通过广告、就业服务机构、一些管理协会或学校、组织内成员推荐等途径来进行。要使外部招聘得以有效的实施，就必须将组织空缺职位的有关情况，事先真实地告诉应聘者，例如职位的性质和要求、工作环境的现状和前景、报酬以及福利待遇等等。

外部招聘方式好处和优点是：(1)有较广泛的人才来源满足组织的需求，并有可能招聘到第一流的管理人才。(2)被聘人员具有"外来优势"。"外来优势"是指被聘者没有"历史包袱"。因组织成员只知其工作能力和实绩，而不知其失败记录，所以他可以大胆放手工作。(3)有利于平息和缓和内部竞争者之间的紧张关系。(4)可避免近亲繁殖，给组织带来新的思想、新的方法，防止组织的僵化和停滞。(5)大多数应聘者都具有一定的理论知识和实践经验，因而可节省在培训方面所耗费的大量时间和费用。

当然，外部招聘也有其局限性：(1)外聘人员不熟悉内部情况，缺乏人事基础，需要有一个适应过程。(2)组织对应聘者不能深入了解，可能会有错误的选聘。(3)外聘最大的局限莫过于对内部员工的打击。如果外聘形成制度和习惯，会堵死员工晋升之路，挫伤其工作积极性，同时也影响外部人士的应聘。

2. 内部提升

内部提升是指组织成员的能力增强并得到充分证实后，被委以需要承担更大责任的更高职务。它意味着组织中的一些人将从较低的职位被选拔到较高的职位，担负更重要的工作。实行内部提升一般要求在组织中，建立起详尽的人员工作表现的调查登记材料，以此为基础绘制出人才储备图，以便在一些职位出现空缺时，能够据此进行分析研究，从而选出合适的接替人员。

许多组织都赞成从内部选拔提升人员，因为他们认为，从内部提升有许多优点，有利于组织目标的实现，这些优点主要是：(1)有利于提升士气，提高工作热情，调动组织成员的积极性。(2)有利于吸引外部人才。内部晋升表面上排斥外部人才，但实际上，由于能凭借实力得到提升，因而外部人才乐意应聘到这样的组织中来。(3)有利于保证选聘工作的正确性，使选聘的人员更适合职务要求。(4)有利于被聘者迅速开展工作。这是因为内部提升的管理人员对组织情况熟悉，能迅速打开工作局面。

但内部提升制度也有其弊端：(1)引起落选同事的不满。(2)可能造成"近亲繁殖"现象，不利于管理创新，不利于管理水平的提高。(3)当组织所需人才在组织内部找不到合适人选时，仍坚持内部提升和培养，则会影响组织绩效。

（二）人员的招聘程序

不论是外聘还是内部提升,为了保证招聘的人员符合工作的要求,都应该引入竞争机制。通过竞争来招聘人员程序和方法如下。

1. 公开招聘信息

当组织出现需要填补的职位时,根据职位所在的层次,建立相应的选聘工作委员会或小组,再以适当的方式,通过适当的媒介,公布有关招聘的信息。

2. 对应聘者进行初选

应聘者数量众多时,需要进行初步筛选。内部候选人的初选可根据以往的人事考评进行,外部应聘者则需通过简短的初步面谈,尽可能的了解申请者的情况,观察他们的兴趣、观点、见解、独创性等,淘汰那些不符合要求的人。

3. 对初选合格者进行知识与能力的考核

对初选合格者进行考核的方式和内容主要包括:(1)智力和知识测验;(2)竞聘演讲与答辩;(3)案例分析与实际能力考核等。

4. 选定录用人员

在上述各项工作的基础上,综合考虑每个候选人的知识、智力和能力情况,结合待聘职务的类型和具体要求决定取舍。对于决定录用的人员,应考虑由主管再进行一次面试,最后决定其选用与否。

5. 评价和反馈招聘效果

最后要对整个招聘过程进行全面检查和评价,并且要对录用的人员进行追踪分析,通过对他们的评价,检查原有招聘工作的成效。

（三）人员的招聘方法

人员招聘的方法指通过多种手段收集应聘者的各方面信息,对应聘者进行评估,以挑选最适合职务要求的人员的过程。常用的方法有如下几种。

1. 面试

面试法是通过供需双方正式交谈,相互交流信息的有目的的双向沟通,它使供需双方都能得到充分的信息,以在招聘中做出正确的决定。从面试问题的结构化程度来划分,可以分成结构化面试和非结构化面试。

（1）结构化面试。这类面试要事先制定好所提的全部问题,然后一一提问。这样有准备的系统的提问有利于提高面试的效率,了解情况较为全面,但谈话的方式程式化,不太灵活。

（2）非结构化面试。在这种面试方式中,面试者可以随时发问,无固定的提问程式,针对每位应聘者所提的问题不同。可以了解到特殊的情况,但缺乏全面性,效率较低。

2. 测评中心

测评中心是为测评应聘者的操作能力和管理素质所进行的一系列标准化活动。是一种综合全面的测评方式和技术,核心是使用情景模拟的方法对应聘者的特定行为进行观察和评价。这里主要介绍两种方法:处理公文测验和无领导小组讨论。

(1) 处理公文测验。处理公文是管理人员、特别是较高层次的管理人员的一项重要工作内容。处理公文的能力反映了一个人接受有用信息和利用信息进行决策的能力。运用这种方法的主要步骤是:

① 向候选人提供"一揽子"公文,包括电话记录、下级请示报告、上级批件、公司内部报告、外部函件等,其中有主要事项,也有琐碎小事。

② 要求候选人在规定时间把这些公文处理完毕。

③ 观察候选人在一大堆公文压力下的心理与行为,是分别轻重缓急、有条不紊的授权下属呢？还是杂乱无章,"眉毛胡子一把抓"？

④ 询问候选人处理某些公文的依据是什么？有什么设想？为什么这样做而不那样做？

⑤ 根据观测结果,选聘工作小组对候选人的管理能力作出评价。

(2) 无领导小组讨论

"无领导小组讨论"的方法主要用于评价候选人的领导能力、合作能力、应变能力。具体步骤是:

① 将候选对象编成若干小组;

② 规定身份,明确任务。向候选人提供相同的"公司"或"市场"材料,要求制定公司在未来时期内增加盈利或提高市场份额的对策。讨论时不存在领导与被领导的关系。

③ 每个候选人根据提供的材料,开动脑筋,提出自己的看法和设想,进行讨论。

④ 考核应变能力。讨论中每隔一定时间通报一次市场行情和企业生产情况的变化。有时,某个问题刚刚讨论完毕,解决问题的方案刚刚制定,便立即告诉候选人情况发生了变化。这时,要注意候选人的表现,在突然变化面前是焦躁不安,不知所措,还是沉着冷静,应付自如。

⑤ 最后对参加讨论的每个人的领导能力、合作能力和应变能力进行评价。

二、人员的考评

人员的考评是组织根据一定的考察标准和程序,运用科学的考评方法对员工的行为、业绩进行考察、评估和测度的一种正式制度,是人员配备的核心职能。

(一) 考评的必要性和要求

1. 考评的必要性

考评人员的工作绩效,对一个组织来说是非常必要的。其必要性主要表现在以下几个方面:

(1) 通过考评可以了解工作人员的工作质量。

(2) 考评是完善组织工作和协调管理职位人员的需要。

(3) 考评为选拔和培训人员提供依据。

(4) 考评为奖惩提供合理依据。

(5) 考评为员工薪酬的确定提供依据。

2. 考评的基本要求

做好考评工作,明白对考评工作本身的要求很重要,因为它直接关系到考评结果的质量。基本的要求有:

(1)考评指标要客观。指标的含义要准确、具体,不能含糊不清,更不能使用抽象概念。指标还应尽可能量化。

(2)考评方法要可靠。要选用合适的考核方法,方法不当,难以得出客观的考评结果。

(3)考评时间要适当。考评时间应预先规定。时间不宜太短或太长。

(4)考评结果要反馈。考评结果只有反馈到被考评的人员那里,相关人员才能知道自己的工作绩效如何,哪些方面需提高或改进。

(二)考评的内容

1. 业绩考评。是对组织成员担当工作的结果或履行职务工作结果的考核和评价。它是对组织成员贡献程度的衡量,是所有工作关系中最本质的考评,直接体现员工在组织中的价值大小。

2. 行为考评。是对员工在工作中表现出的相关行为进行考核和评价,衡量其行为是否符合组织的规范和要求,是否有效。

3. 能力考评。是对员工在职务工作中发挥出来的能力进行的考核和评价。这里的能力主要体现在常识、专业知识和其他相关知识的掌握情况,专业技能和技巧,工作经验和体力状况。

4. 态度考评。是对员工为某项工作付出的努力程度做出的考核和评价,比如是否有干劲、有热情,是否忠于职守、服从命令等。态度是工作能力向业绩转化的中介,很大程度上决定了能力向业绩的转化程度。

(三)考评的程序与方法

1. 考评的程序

(1)确定考评内容。要根据不同岗位的工作性质,选择恰当的指标,设计合理的考评表。

(2)选择考评者。人事部门只是考评的组织者,具体的考评、考评表的填写应由被考评对象在业务上发生联系的有关部门的工作人员进行。这些人员主要是三类:上级、关系部门、下属。上级人员主要考核和评价下属的理解和组织执行能力,关系部门则评价其协作精神,下属则评价其领导能力和影响能力。

(3)分析考评结果,辨别误差。首先是分析考核表的可靠性,剔除不符合要求的表格。在此基础上,综合考评表的打分和意见,得出考评结果,并进行对照分析。

(4)反馈考评结果。要及时将考评结果反馈给有关当事人。反馈形式可以是上级管理与被考评者单独面谈,也可以是书面通知,有效的方法应该把这两种结合起来使用。

(5)根据考评结果,建立人事档案。

2. 考评的方法

对人员的考评方法多种多样,下面介绍几种常用的考评方法。

(1) 强制分布法。这是一种相对考评的方法,这种方法是根据事物"两头小、中间大"的正态分布规律,事先确定好各个评价等级在总数中所占的比例。例如,可以将员工的绩效考评成绩划分为优、良、中、差、劣五个等级,每个等级分别占10%、20%、40%、20%和10%,然后按照每人绩效的相对优劣程度,强制分配列入其中一个等级。

(2) 两两对比法。这也是一种相对考评的方法,其基本步骤是:①事先规定好考评的具体项目;②将同一级管理人员编成一组;③按事先规定的考评项目,人与人一项一项地进行对比。方法是,两人比较,优者得1分,劣者得零分;④计算每个人的得分数;⑤按优劣顺序排出名次。

表7-1描述了这种对比法。表中有五个被考评者,他们在分别与另外四人相比较时的得分如表7-1所示。由此我们可得出,在这个项目的对比中,按照每个人的总得分数其优劣顺序为:C——4,D——3,A——2,B——1,E——0。如果要比较的项目不是一个而是若干个,那就要分别通过这种对比,得出相应的分数,然后再把每个管理人员的若干项得分加在一起,得出他们的总分数,最后再排出其优劣的顺序来。

表 7-1 两两对比法得分表

	A	B	C	D	E	得分
A		1	0	0	1	2
B	0		0	0	1	1
C	1	1		1	1	4
D	1	1	0		1	3
E	0	0	0	0		0

(3) 关键事件法。这种方法要求考评者对员工所做的对部门或组织效益特别有效果或无效果的重大事件作出书面记录。在绩效考评期间,记录的事件成为考评绩效和向员工提供反馈的基础。缺点在于要求考评者定期记录关键事件,这种记录工作负担重,耗时长。

(4) 行为锚定评分法。这是一种将传统评分法和关键事件法结合起来的一种考评方法。它为每一职务的各考评维度都设计出一个评分量表,用典型的关键事件描述性说明和量表上每一个等级的评分标准相对应和联系(即所谓锚定),对被考评者进行考评时,可将被考评者的实际行为和评分标准中的关键事件进行对照打分,得出被考评者的绩效等级。

(5) 目标管理法。目标管理法是目标管理思想在绩效考评中的应用。首先,员工与上级一同订立第二年期望达到的具体目标;其次,再订立完成这些目标所需时间、资源及最低的标准;在预定的时间过后,员工和上级聚在一起,比较实际工作结果和预期工作目标,探讨为何不能达到(或为何能超越)某些目标的预期标准;再订立下一个阶段的新目标和策略。

三、人员的培训

培训是组织向新员工或现有员工传授其完成本职工作所必需的相关知识、技能、价值理念以及行为规范的过程,是有组织安排的对本组织员工所进行的有计划、有步骤的培养与训练。

(一)人员培训的意义与目标

人员的培训,不仅可以为组织发展准备干部,而且通过培训,由于丰富了员工的知识,提高了其素质和技能,因此,可增强员工的职业安全感,获得更多的发展晋升机会,从而减少人员的离职。同时,人员的稳定,又能促进组织放心进行人力投资,舍得花钱培训,而不需担心为他人作嫁衣。

培训旨在提高管理队伍素质,促进个人发展。培训工作必须实现以下四个方面的具体目标。

1. 传递信息。通过培训,使组织成员更了解组织的生产特点、产品性质、工艺流程、营销政策、市场状况等方面的情况,熟悉公司生产经营业务。

2. 改变态度。每个组织都有文化、价值观念、行动准则。通过培训,特别是对新聘人员的培训,使组织成员了解组织文化,接受价值观念,按组织的行动准则来从事管理工作,与组织同化。

3. 更新知识。由于科技进步速度加快,人们原有的知识和技能在不断老化。为了避免组织中各层级人员工作技能的衰退,组织必须对员工进行不断的培训,通过培训及时补充和更新他们的科学、文化、技术等方面的知识。

4. 发展能力。根据工作的要求,努力提高他们在决策、用人、激励、沟通、创新等方面的综合能力。

(二)培训方法

知识更新与补充可以通过集中脱产或业余学习等方式来进行,而态度的改变与技能的培养则需在参与管理工作的实践中长期不懈地努力。这里着重介绍旨在培养能力改变态度的方法。

1. 工作轮换。工作轮换是指员工在不同部门的各种职位上轮流工作。工作轮换有助于受训人全面了解整个组织的不同工作情况,积累和掌握各种不同的工作经验。从而提高他们的组织和管理协调能力,为其今后的发展和升迁打好基础。

2. 设置助理职务。在一些较高的管理层次设立助理职务,不仅可以减轻主要负责人的负担,使之从繁忙的日常管理中脱出身来,专心致力于重要问题的考虑和处理,而且具有培训一些后备管理人员的作用。比如,可以使助理接触较高层次的管理事物,并通过处理这些事物,积累高层管理经验,熟悉高层管理工作的内容与要求。还可以使培训组织者更好地了解受训者(助理)的管理能力。

3. 临时职务与彼得原理。当组织中某个管理者由于出差、生病或度假等原因而使某个职务在一定时间内空缺时,组织可以指定某个下级管理人员代理这一职务。安排临时性代理职务,具有设立助理职务相类似的好处,而且可以帮助组织进行正确的提升,防止"彼得"现象的产生。英国的幽默大师劳伦斯·J.彼得首先发现"在实行等级制度的组织里,每个人都崇尚爬到能力所不逮的层次"。他把这个发现写成《彼得原理》。它所描述的实际上是这样一种事实:某个人被提拔担任管理职务之后,起初缺乏经验,表现平平,但随着工作时间的延长,管理经验不断丰富,能力不断提高,政绩不断改善,其能力超越了现任职务的要求。这时组织可能考虑将其提升。提升后又经历一个"表现平平"到"超越职务要求"的过程,再度晋升。这样一直延续下去,直到晋升到某个较高职位后,能力不再提高,甚至不符合该职务要求。这就是彼得的所谓"爬到了能力所不逮的阶层"。对个人来说,已不再有晋升的机会,对组织来说,会带来一定的损失。如何防止彼得现象的产生呢?从理论上讲,组织总是有可能及时撤换不称职的管理干部。但实际工作中,"表现平平"的管理者被降职的可能性极小。为对他们本人负责,组织往往需要给他们提供一个改善的机会。而当证明他们的能力确实不符合职务要求,组织下决心撤换时,他们可能已经在组织中产生了一些不利的影响。因此,消极地在提升后撤换不称职管理人员的方法需要付出极高的代价。积极的方法应通过分析彼得现象产生的原因去寻找。这种现象产生的重要原因是:提拔管理人员往往是根据他们过去的工作成绩和能力。在较低层次表现优异、能力突出的管理者并不一定能胜任较高层次的管理工作。只有当这些人担任高层次管理工作的能力得到证实后,组织才能考虑将其晋升。证实其能否胜任高层次职务的一种可行方法,是安排他担任临时性的代理职务。如果在代理期间,所表现出来的能力不符合该职务要求,显然不能由"代理"转为"正式"。这样就可避免错误提拔。

本 章 小 结

人员配备作为管理的一项职能,是指通过招聘、选拔、安置、考评、训练和发展组织成员,以充实组织结构中的各职位。人员配备在管理职能中占有重要地位,既要考虑满足组织需要,又要考虑满足组织成员个人需要。同时,人员配备是为了谋求组织中人与事的最佳组合。因此,人员配备过程必须遵循以下原则:① 因事择人原则;② 因材施用原则;③ 人事动态平衡原则。人员配备是一项复杂的工作,在配备的过程中,必须满足以下基本要求:① 适才适能;② 选贤任能;③ 扬长避短;④ 群体相容;⑤ 协调发展。招聘合格的人员,对一个组织的成败至关重要。因此,应按照一套系统的方法进行招聘。同时,在有效地招聘人员时,需要进行职务分析和工作设计。

人员的招聘来源有:① 公开招聘;② 内部提升。招聘程序包括:① 公开招聘;② 初选;③ 对初选合格者进行知识与能力的考核;④ 选定录用人员;⑤ 评价和反馈招聘效果。招聘的方法有面试和测评中心。人员的考评的内容有业绩考评、行为考评、能力考评和态度考评。考评程序是:① 确定考核内容;② 选择考核者;③ 分析考核结果;④ 反馈考核结果;⑤ 根据考核结果,建立人事档案。考评的方法主要有强制分布法、两两对比法、关键事件法、行为锚定评分法和目标管理法等。人员培训方法有:① 工作轮换;② 设置助理职务;③ 临时职务。

思考与理解

1. 人事管理与人力资源管理有何不同？
2. 人员配备的重要性有哪些？
3. 人员配备必须满足哪些要求？
4. 什么是职务分析？职务说明书应该包括哪些内容？
5. 组织实行外部招聘或内部提升各有什么利与弊？
6. 人员招聘的程序与方法是什么？
7. 人员考评的基本内容有哪些？
8. 人员考评的方法有哪些？
9. 人员的培训方法有哪些？
10. 管理中的"彼得原理"指的是什么？它的意思是否是说高级管理人员都不称职？

课外阅读

1. 周三多. 管理学——原理与方法[M]. 第4版. 上海：复旦大学出版社，2007：429-457.
2. 宋晶，郭凤侠. 管理学原理[M]. 大连：东北财经大学出版社，2007：301-309.
3. 陈维政，余凯成，程文文. 人力资源管理[M]. 第3版. 北京：高等教育出版社，2011：69-89.

【案例分析】

TS集团公司的招聘

TS集团公司在刚刚起步时，曾在报纸上公开刊登向社会招聘高级技术管理人才的广告，在一周内就有200余名专业技术人员前来报名，自荐担任TS集团的经理、部门主管、总工程师等。公司专门从某大学聘请了人力资源管理方面的专家组成招聘团，并由总裁亲自参加。随后，招聘团对应聘者进行了笔试、面试等选拔测试，挑选出一批优秀的人才。这次向社会公开招聘人才的尝试，给TS集团带来了新的生机和活力，使其迅速发展成为当地知名的公司。

随着知名度的迅速提高，该公司开始从组织内部寻找人才。公司决策层认为：寻找人才是非常困难的，但是组织内部机构健全，管理上了轨道，大家懂得做事，单位主管有了知人之明，有了伯乐人才自然会被挖掘出来。基于这个思想，每当人员缺少的时候，该公司并不是立即对外招聘，而是先看本公司内部的其他部门有没有合适的人员可以调任。如果有，先在内部解决，各个部门之间可以互通有无进行人才交流，只要是本部门需要的人才，双方部门领导同意就可以向人力资源部提出调动申请。

讨论题：

1. 在起步阶段，TS集团公司为什么采用外部招募的方式？
2. 随着企业的知名度越来越高，TS集团为什么优先从组织内部寻找人才？

【知识点链接】 外部招聘和内部提升是组织选聘员工的两大渠道。外部招聘是根据工作岗位的要求和一定的程序，从组织外部选拔符合空缺职位要求的人员；内部提升是指组织成员的能力增强并得到充分证实后，被委以需要承担更大责任的更高职务。两种渠道各有利弊，组织需要从实际情况分析入手作出决策。

第八章 领导

第一节 领导概述

管理中的领导职能是关于组织中人的问题的基本职能。组织是由人组成的,组织目标的实现要依靠组织全体成员的努力。而配备在组织机构各种岗位上的人员,由于各自的个人目标、需求、偏好、性格、素质、价值观及工作职责和掌握信息方面存在着很大差异,在相互合作中必然会产生各种矛盾和冲突。因此就需要有权威的领导者进行领导,指导人们的行为,沟通人们之间的信息,增强相互的理解,统一人们的思想和行动,激励每个成员自觉地为实现组织目标共同努力。管理中的领导职能是一门非常奥妙的艺术,所谓管理的艺术性主要体现在该职能中,它贯穿在整个管理活动中。

一、领导的含义

关于领导的含义,不同著作有不同的解释。我们则把领导定义为是一种影响力,是指挥或带领、引导或鼓励追随者为实现目标而努力的过程。这个定义包括下面几个要素:

(1) 领导者必须有追随者,没有追随者的领导谈不上领导。

(2) 领导者有影响追随者的能力,这些能力包括由组织赋予领导者的职位和权力,也包括领导者个人所具有的影响力。

(3) 领导的目的是通过影响力来影响人们心甘情愿地努力达到组织目标。

二、领导的权力

领导的权力是领导者有目的地影响下属的心理和行为的能力或力量。权力是领导的基础和基本标志,也是领导者发挥基本效能的条件和手段。领导权力一般可分为五类:

(1) 强制性权力:是指通过精神或物质上的威胁,强迫下属服从的一种权力。这种权力是建立在惧怕的基础之上,也就是说,作为下属如果不服从领导,领导就可以惩罚、处分、批评下属。

(2) 奖赏性权力:是指提供资金、增加工资、表扬、升职和其他令人愉悦的东西的权力。与强制性权力正好相反,奖赏性的权力通过奖励的方式来吸引下属,让下属来重视自己,愿意服从领导者的指挥。

(3) 法定性权力:是组织内各个管理职位所赋予的法定的、正式的权力。这种权力来源于领导者在组织中的职务和地位。一旦领导者有了正式的组织任命,他就具有了法定性权力。

(4) 专家性权力:也称专长权。是由个人的特殊技能和专业知识而产生的权力。一个人由于具有某种专业知识、特殊技能或经验,因此赢得他人的尊敬、追随和服从。

(5) 参照性权力:是与个人的品质、魅力、经历、背景等相关的权力,也称个人的影响力。一个拥有独特个人特质、超凡魅力和思想的人,会得到他人的崇拜、敬佩和模仿。

强制性权力、奖赏性权力和法定性权力被称为职位权力或职权,是与组织中的管理职位赋予的发布命令和希望命令得到执行的权力。专家性权力和参照性权力被称为个人权力,与组织职位无关,是非职位权力。

三、领导与管理的区别

人们往往把领导和管理看作是一回事,看起来似乎的确如此,即最有效的管理者几乎肯定是一位有效的领导者,同时领导工作也是管理者的根本任务,但实质上两者是有区别的。从本质上说,管理是建立在合法的、有报酬的和强制性权力基础上对下属命令的行为,下属必须遵循管理者的命令。在这个过程中,下属可能尽自己最大的努力去完成任务,但也可以只尽一部分努力完成工作。在组织实践中,后者是客观存在的。领导则不同,领导作为一种影响别人的能力,既是来自于职位赋予领导者的合法权利,但更多的是来自于个人的专家性权力和参照性权力,这两种权力是与个人的品质和专长有关而与职位无关的。因此,一个人可能既是管理者,也是领导者,但有的管理者并非能成为领导者,也有的人是一个领导者,但并不是管理者,非正式组织中的核心人物就是典型的例子。组织并没有赋予他们职务和权力,但他们却能引导和激励甚至命令自己的成员。领导的本质就是被领导者的追随和服从,它不是由组织赋予的职位和权力所决定的,而是取决于追随者的意愿。因此,那些没有部下追随的管理者,也就不是真正意义上的领导者。从这点出发,我们应该选择好的领导者从事组织的管理工作,而对不具备领导才能的人,则应从管理队伍中剔除出去。

四、领导的作用

在带领、引导和鼓舞部下为实现组织目标而努力的过程中,领导者要发挥如下的作用。

(一) 指挥作用

在人们的集体活动中,需要有头脑清晰、胸怀全局,能高瞻远瞩、运筹帷幄的领导者帮助人们认清所处的环境形势,指明活动的目标和达到目标的途径。领导者只有站在群众的前面,用自己的行动带领人们为实现组织的目标而努力,才能真正起到指挥作用。

（二）协调作用

有许多人协同工作的集体活动中，即使有了明确的目标，但因各人的才能、理解能力、工作态度、进取精神、性格、作用、地位等不同，以及外部各种因素的干扰，人们之间在思想上发生分歧、行动上偏离目标的情况是不可避免的。因此，就需要领导者来协调人们之间的关系和活动，把大家团结起来，朝着共同的目标前进。

（三）激励作用

在现阶段，劳动仍是人们谋生的手段，人们需求的满足还受到种种限制。当人们在学习、工作和生活中遇到困难、挫折或不幸时，或某种物质的、精神的需要得不到满足时，就必然会影响工作的热情。怎样才能使每一个职工都保持旺盛的工作热情，以最大限度地调动他们的工作积极性呢？这就需要有通情达理、关心群众的领导者为他们排忧解难，激发和鼓舞他们的斗志，发掘、充实和加强他们积极进取的动力。

总之，引导不同职工努力朝向同一个目标，协调他们的矛盾，激发职工的工作热情，使他们在组织的生产经营活动中保持高昂的斗志和积极性，这便是领导者在组织和率领职工为实现组织目标而努力工作的过程中必须发挥的具体作用。

第二节 领导理论

众多管理学家和心理学家对领导问题进行了广泛的研究，提出了许多有关理论，以期解决怎样进行有效领导的问题。这些理论大致可分为四类，第一类是领导特征理论，集中研究有效管理者应有的个人特征，目的是要找出领导者与非领导者的区别；第二类是领导行为理论，集中研究领导者的工作作风和领导行为对领导者有效性的影响，并将不同的领导行为分类；第三类是情境理论（或权变理论），研究各种影响领导行为成效的因素，并尝试找出各种环境因素与各种领导行为的最佳搭配；第四类是人性假设理论，研究人性及人的行为模式，揭示人的活动规律，从而探索相关的管理方式。

一、领导特征理论

早期对领导的研究主要是以探讨领导者的特征为主，力图分析领导人所具备的个人特性，称为特性理论或伟人理论。该理论最初希望找出历史上各个伟人的特征，并假设这些特征会影响到他们的成就。如能找出这些特征，就能以此来挑选领导者。

不少学者已经做过各种特征问题研究，斯托基尔（Ralph M. Stogdill）发现，各类研究人员明确了与领导才能有关的 5 种体质特征（诸如精力、外表和身高），4 种智力与才干特征，16 种个性特征（诸如适应性、进取性、热情和自信心），6 种与任务有关特征（诸如追求成就的干劲、坚持不懈的首创精神），以及 9 种社会特征（诸如合作精神、人际交往能力和行政管理能力）。

包莫尔（W. F. Bavmol）从满足实际工作需要和胜任领导工作的要求出发，提出了一个企业家应具备的 10 个条件：合作精神、决策能力、组织能力、精于授权、善于应变、敢于求新、敢于负责、敢冒风险、尊重他人、品德高尚。

吉塞利(Edwin Ghiselli)研究发现,领导工作的效果与领导者的个性特征有着明显的相应关系。同时认为,领导者的智力极高或极低都会削弱领导效果,领导者的智力水平同下属不应过分悬殊。

类似的研究还有很多,但总的来说,用领导者特征的研究成果来解释领导行为,不是一种非常有效的方法。因为,第一,已完成的多项研究对哪些特征是领导者特征并不一致,有些甚至是矛盾的;第二,这些研究大多数是描述性的,并没有说明领导者应在多大程度上具有某种特征;第三,实际上并非一切领导者都具备这些特征,而许多非领导者则可能具备大部分或全部这些特征。

虽然特征理论没能很好地说明领导的个性特征对成为成功的领导者的关系,但其研究成果和研究方法对我们选拔和培训干部起到了积极的借鉴作用。

二、领导行为理论

由于特征理论不能成功地找出有效领导者的特征,管理学者便转而研究领导者的各种行为,希望找出成功领导者的行为特征。从20世纪50年代初开始,不少学者在这方面进行了大量的研究工作。

(一)利克特的"四体制"理论

密歇根大学的利克特(R. Likert)教授和他的同事们对领导人员和经理人员的领导类型和作风做了长达30年的研究,利克特提出了四种管理方式。

管理方式1被称为"专制—权威式"。采用这种方式的主管人员非常专制,很少信任下属;采取使人恐惧与惩罚的方法,偶尔用奖励来激励下属;采取自上而下的沟通方式;决策权只限于最高层。

管理方式2被称为"开明—权威式"。采用这种方式的主管人员对下属怀有屈尊俯就的信任和信心;采取奖赏和惩罚并用的激励方法;允许一定程度的自下而上的沟通;向下属征求想法和意见;授予下级一定的决策权,但牢牢掌握政策性控制。

管理方式3称之为"协商式"。采用这种方式的主管人员对下属抱有相当大的但又不是充分的信任和信心;通常设法采纳下属的方法和意见;采用奖赏,偶尔用惩罚和允许一定程度的参与的激励方法;进行上下双向沟通信息;在最高层制定主要政策和总体决策时,允许低层部门做出具体决策,并在某些情况下进行协商。

管理方式4被称为"群体参与式",利克特认为这是最有参与性的方式。采用这种方式的主管人员对下属在一切事情上都抱有充分的信任和信心;总是从下属获取设想和意见,并且积极地加以采纳;组织群体参与确定目标和评价实现目标的决策,在此基础上给予物质奖赏;更多地进行上下之间的沟通;鼓励各级组织做出决策,或者,本人作为群体成员同下属一起工作。

利克特的研究发现,与采用其他三种管理方式的领导者相比,那些应用管理方式4从事经营的领导者都取得了最大的成就,这些组织在设置目标和实现目标方面都是最有效率的。因此,利克特认为,有效的管理者应坚决地面向下属,依靠人际沟通使各方团结一致地工作,群体全部成员都采取相互支持的态度。在这方面,他们具有共同的需要、价值观、抱负和目标的期望。所以利克特认为,这是领导一个群体的最有效方式。

(二)领导方式的连续统一体理论

美国学者坦南鲍姆(R. Tannenbaum)与施密特(W. H. Schmidt)认为,领导方式是多种多样的,按领导者授予下属自主权程序划分,从专制型到民主型之间,存在多种过渡形式。根据这种认识,他们提出了"领导方式的连续统一体理论",又称为"领导行为连续带"理论。图 8-1 概括地描述了他们这种理论的基本内容和观点。

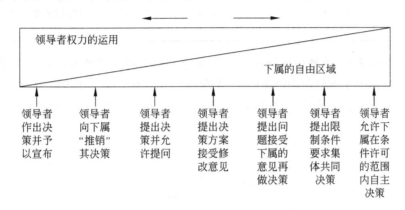

图 8-1 领导行为的连续统一体

连续统一体理论不是要在专制或民主两种领导方式中做出选择,而是提出了一系列的领导方式,未提出某种方式是正确或错误的。该理论认为,何种领导方式合适,取决于领导者、被领导者和组织所处的情境。坦南鲍姆和施密特认为,影响一名领导者最重要的因素是:① 主管的个性因素,诸如他的价值观、对下属的信赖、对某种领导方式的爱好以及在不确定情境中持有的安全感等;② 下属对主管行为的影响因素,诸如愿意承担责任的程度、下属的知识和经验、他们对不确切意见的容忍程度等;③ 情境因素,诸如组织的价值准则和传统、下属人员作为整体如何有效地工作、问题的性质和是否能把处理问题的权限稳妥地授予下级以及时间的紧迫性等。

领导方式的连续统一体理论首先提出于 1958 年。当 1973 年坦南鲍姆和施密特重新提出他们的理论时,增加了环境影响的因素,强调了领导方式具有开放系统的性质,并强调组织外部的组织环境和社会环境对于领导和行为的各种影响,诸如组织所履行的社会责任、公民权利运动、生态运动和消费者保护运动等因素。

(三)领导行为四分图

1945 年美国俄亥俄州立大学商业研究所开始对领导行为进行研究。他们首先列出了 1 800 种刻画领导行为的因素,通过逐步概括和归类,最后将这些行为归为两类:第一类是关心下属的行为,诸如细心聆听下属的问题,在重要问题上咨询下属意见,支持下属的决定和尊重下属等;第二类是建立制度的行为,诸如明确界定下属的职责,制定明确的工作目标,要求下属遵从各种工作程序,有明确的考核标准和要求下属尽力工作等。他们按照这两方面的内容，设计出领导者行为调查问卷，由下属对上司的行为进行评价。问卷中关于关心下属及建立制度方面各提出若干提问，要求被调查者对每项提问从"总是"、"经常"、"偶尔"、"很少"、"从未"五个答案中选择一个。表8-1列出了调查问卷的部分问题。

表 8-1　领导行为调查问题

关心下属问题	建立制度问题
1. 领导者找时间倾听组织成员的意见吗？	1. 领导者指定工作给组织成员吗？
2. 领导者愿意改变自己的意见吗？	2. 领导者要求组织成员遵守标准的法则和规律吗？
3. 领导者是友善的、可亲的吗？	3. 领导者让成员明白上级对他们的期望吗？
……	……

调查的结果表明，两种领导行为在一个领导者身上可以是两方面的一个整体组合。他们将两维坐标的平面分为四个象限，每个象限代表一种组合。如图8-2所示。这是用两维空间表示领导行为的首次尝试，为以后的研究开辟了一条新的途径。

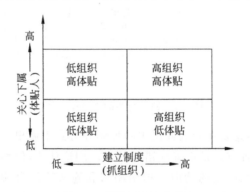

图 8-2　领导行为四分图

（四）管理方格理论

美国得克萨斯州立大学的布莱克(Robert R. Blake)和莫顿(Jame S. Mouton)在领导者行为四分图的基础上，提出了管理方格理论。他们用横坐标表示领导者对生产的关心程度，用纵坐标表示对人的关心程度，将代表两类领导行为的坐标各划分为9等分，形成了81个方格(如图8-3所示)，每个方格代表一种对"生产"和"人"关心的不同程度的组合形成的领导行为。

布莱克和莫顿的管理方格中列出了五种典型的领导方式。

(1) 1,1 型方式，称为贫乏的管理。这种方式用最少的努力来完成任务和维持人际关系，对生产和职工的关心都很差，实质上是放弃了领导职责，无疑会导致组织的失败。

(2) 1,9 型方式，称为乡村俱乐部式的管理。这种方式对员工特别关心，导致和谐的组织气氛，但很少甚至不关心生产。因为这种领导者认为只要员工精神愉快，生产自然会好。这种管理的结果可能很脆弱，一旦和谐的人际关系受到影响，生产成绩会随之下降。

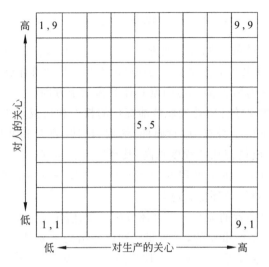

图 8-3 管理方格图

(3) 9,1 型方式,称为专制的任务型管理。这种方式只注重任务的完成,很少甚至不关心人。这种领导者希望将个人因素的干扰减少到最低程度,以求得生产的高效率。但这种专制的领导方式可能造成员工离心离德,情绪低落。

(4) 9,9 型方式,称为团队式管理。这种方式对人和生产的关心都到了最高点。在这种方式下,职工关系协调,士气旺盛,组织目标与职工利益紧密结合,上下一心地完成任务。

(5) 5,5 型方式,中间式管理。这种方式对人和生产有适度的关心,使必须完成的工作与维持令人满意的士气保持平衡,以实现充分的业绩。这种领导追求平衡,但不追求卓越,从长远看,可能使组织落伍。

管理方格在识别和区分管理作风方面是一个有用的工具,但它没有解释一名管理者为什么会采用不同的领导方式。这是因为他们只从两个侧面分析领导方式,而没有考虑环境对领导行为的影响。管理方格理论可用来培训管理者。

三、权变领导理论

领导特征理论和领导行为理论分别从不同角度探讨了有效领导的问题,但这两种理论都无法解释为什么具有同样特征或采用相同领导方式的领导者会导致不同的结果。于是人们便把注意力转向对领导所处情境的研究,提出了情境理论即权变理论。

权变理论主要是探讨各种情境因素怎样影响领导者特征及领导者行为与领导成效的关系。特征理论和行为理论都假设了成功的领导者有特别的特征和行为,但权变理论则认为在不同的情境下需要不同的特征和行为才能达到有效的管理。权变理论提出,不存在一种"普适"的领导方式,领导工作强烈地受到领导者所处的客观环境的影响,换句话说,领导和领导者是某种既定环境的产物,即

$$S = f(L, F, E)$$

领导方式 S 是领导者特征 L、追随者特征 F 和环境 E 的函数。

(一) 菲德勒(F. E. Fiedler)领导权变理论

这是比较具有代表性的一种权变理论。该理论认为，人们之所以成为有效领导者不仅在于他们的个性，而且也在于各种不同的环境因素和领导者群体成员之间的交互作用。

菲德勒将影响领导有效性的环境因素具体分为三个方面。

(1) 职位权力。即领导者所处的职位能提供的权力和权威是否明确、充分，在上级和整个组织上所得到的支持是否有力，对雇佣、解雇、纪律、晋升和奖励方面的影响程度大小。其职权越大，群体成员遵从的程度越高，其环境也就越好。

(2) 任务结构。即任务的明确程度和部下对这些任务的负责程度。任务越明确，并且部下的责任心越强，则领导环境就越好。

(3) 领导者与被领导者的关系。即群体成员爱戴、信任领导者和乐于追随领导者的程度。菲德勒认为这一点是最重要的，因为职权和任务结构主要是在一个组织的控制之下，而领导者和被领导者的关系是组织所不能控制的。上下级之间关系越融洽，领导环境越好。

菲德勒以一种问卷调查的方式来判定领导者的领导风格。该问卷是询问领导者对"你最不喜欢的同事"(LPC)的评价。如果一个领导者对其最不喜欢的同事仍给予好的评价，则被认为是对人宽容、体谅，提倡人与人之间的友好关系，其具有较高的(LPC)分值，是一种趋向关系导向的领导风格；如果领导者对这种同事的评价是充满敌意的，则被认为是惯于命令和控制，只关心生产不关心人的领导，其具有较低的(LPC)值，是一种趋向于任务导向的领导风格。

菲德勒通过对1 200个企业和团体的调查研究，得出了以下结论并用图8-4作了概括。当领导者所处的环境是"有利"或"不利"的情况下，采用任务导向领导方式，将是最有成效的。即在职务权力很高，任务结构明确，上下级关系良好，或职务权力不高，任务结构不明确，上下级关系恶劣时，关心任务的领导者将是最有成效的(如图8-4中的1,2,3,8点)；当领导环境仅是有些不利或是一般的情况下，关系导向的领导者是最有成效的(如图8-4中的4,5点)。

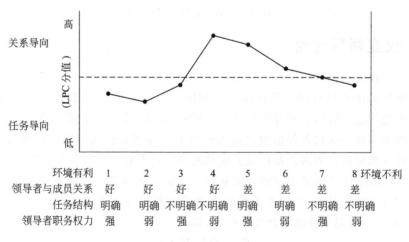

图8-4 菲德勒领导模型

（二）途径—目标理论

加拿大多伦多大学教授豪斯（R. J. House）把激发动机的期望理论和领导行为结合在一起，提出了途径—目标理论。该理论认为：领导者的效率是以能激励下级实现组织目标并在其工作中使下级得到满足的能力来衡量。其中领导者的主要职能是为下属设置和指明目标，帮助他们寻找实现目标的途径，并帮助他们清除障碍。影响领导有效性的因素很多，这些因素包括：下属的特性，诸如他们的需求、自信心和能力；工作环境，这包括任务、奖励制度以及与同事的关系等方面。

豪斯认为领导行为可分以下四种类型。

（1）支持型。这种领导行为考虑到下属的需要，对他们的幸福关心，同时努力营造愉快的组织气氛。当下属处于受挫和不满意时，这类领导行为对下属的业绩能产生最大的影响。

（2）参与型。这种领导行为允许下属对其上级的决策施加影响。并能产生增强激励作用的效果。

（3）指导型。这种领导给予下属以相当具体的明确的指导，其中包括计划、组织、协调和领导者的控制等方面。

（4）成就取向型。这种领导是指设置有挑战性目标，寻求改进业绩的方法，并深信下属愿意实现高要求的指标。

途径—目标理论认为，对于一个领导者来说，没有什么固定不变的最佳领导行为，要根据不同的环境选用适当的领导方式。指导型的领导行为适合于不清晰的工作或领导没有经验的下属。但对于有广泛的经验和清晰的工作，例如，会计工作，指导型的领导行为只会令下属反感。但当工作环境不好，下属感到灰心的时候，支持型的领导行为则最合适，可以重新建立下属信心。参与型的领导行为最适合于领导有内在控制能力的下属，由于他们认为自己具有影响力，因此特别喜欢参与决策。成就取向型的领导行为适用于复杂的工作，因为这种行为可以通过加强下属完成工作的信心来增加他们付出的努力，从而改善工作表现。

途径—目标理论的核心是：领导者的影响作用在于采用与环境相适应的领导方式，帮助下属找到实现目标的途径。领导者通过规定职位与任务角色，清除实现业绩的障碍，在设置目标方面谋取群体成员的支持，促进群体的内聚力与协作精神，增加个人创造业绩的机会，减轻压力和外界的控制，使期望目标明确化，以及采取另外一些能满足人员期望的措施。

四、人性假设理论

（一）"经济人"假设

"经济人"假设，认为组织中人的行为主要目的是追求自身利益，工作动机是为了获得经济报酬。

最早提出"经济人"假设的，是英国古典经济学家亚当·斯密。他认为，在自由经济制度中，经济活动的主体是体现人类利己主义本性的个人。每个人都在不懈地追求经济收入,同时不得不考虑别人的利益。在这样的过程上,建立起社会秩序,创造出财富。

泰罗把经济人假设作为他的科学管理体系的基石,他的一切管理制度,都着眼于如何根据工人的劳动量给予恰当的报酬。组织中成员的积极性问题,都是取决于经济上的原因。

(二)"社会人"假设

"经济人"假设不能解释组织中工人积极性波动的原因。在霍桑试验中,梅奥提出了"社会人"假设。这种假设认为,人的行为动机不只是追求金钱。工人有强烈的社交需求。如果工人在企业、家庭、社会中与他人关系不协调,其工作情绪就会受影响。因此,管理者应重视工人在社会交往方面的需要。

"社会人"比"经济人"假设更贴近劳动组织中工人的心理现状。组织管理实践表明了刺激手段的有限性。在"社会人"假设的基础上,建立了新的管理行为,其主要内容:管理者应重视工作本身对职工需求的满足程度,重视工作团体对职工的影响;改变传统的任务导向型领导方式。

(三)"自我实现人"假设

随着马斯洛需要层次论的提出,又出现了"自我实现人"假设,该假设认为,人除了有社会交往需要外,还有充分发挥自己能力的欲望。

"自我实现人"假设和"社会人"假设都强调职工心理需求,但需求内容不同。按照"社会人"假设,一个充满爱心、体贴的环境能激励工人努力工作,而按"自我实现人"假设,工人重视的是工作的挑战性,只要某项工作有利于他能力的发挥,达到他认为的自我价值的实现,哪怕是暂时的孤独、冷僻,也不会打击其积极性。在此假设基础上建立起来的管理方式本身就是目的,因为职工是出于对工作的热爱而努力工作的。在这样的理论指导下,出现了"目标管理"、"参与管理"等管理方式。

(四)"复杂人"假设

尽管"自我实现人"比"社会人"、"经济人"更切合实际,但仍不能令人满意地解释职工积极性的源泉问题。一方面,职工的价值取向多种多样,没有统一的追求;另一方面,同一个人也会变化,今天是"经济人",明天可能追求良好的人际关系。因此,20 世纪 70 年代沙因(Schein)提出了"复杂人"假设。这种假设认为:人的需要是多种多样的,同一个人在同一时间内会有多种需要,并且会随着工作生活条件的变化不断产生新的需要。因此,不存在一套适用于任何时代、任何组织和个人的普遍有效的管理方式。

第三节 领 导 决 策

一、领导决策的含义、要素与层次

(一)领导决策的含义

通俗地说,所谓决策就是作出决定或选择的意思,就是人们为了实现某种预定目标,根据对未来形势的预测与分析,对未来的行动进行设计和选择并作出决定的过程。决策有狭义和广义之分:狭义决策是指决策者对决策方案的选择过程,即所谓的"拍板定案";本节讲的是广义决策,即除此之外还包括决策方案的制定与实施等全过程。所谓领导决策,就是以领导者为主体,以本单位整体所面临的问题为内容,同领导权相联系的一种特殊类型的决策,它较之其他类型的决策,规模更大、影响更广、结构成分更复杂。

(二)领导决策的要素

领导决策由谁来进行?决策的内容是什么?为什么要进行决策?要取得什么决策成果?回答这一系列问题的答案,便形成了领导决策的要素,其具体内容主要是以下五大要素:

(1)决策主体。领导决策以领导者为主体,就是说领导者就是决策者,这是领导决策的第一要素;

(2)决策客体。有主体便有客体(决策对象),这主要是指那些关系着整体事业生存和发展的问题,这是领导决策的第二要素;

(3)决策信息。有关整体事业生存和发展的信息,正是促进领导决策的"活化剂",这是领导决策的第三要素;

(4)决策方法。包括决策体制、形式、程序、方案等,这是领导决策的第四要素;

(5)决策成果。任何领导决策的目的和归宿,都是要取得决策的最终成果,这是领导决策的第五要素。

(三)领导决策的层次特点

凡属领导工作都有一定的共性。从某种意义上说,领导科学就是研究这种共性,即共同规律的。但是,不同的领导工作还有不同的特性,不仅有不同系统或行业性质的不同特点,还有不同层次的不同特点。领导的层次一般分为高层、中层和基层三个层次。至于各层次的界限,人们的看法还不尽一致,似乎还没有绝对的界限标准。领导的系统和行业及其决策特点千差万别,这里不可能详尽介绍。现仅按不同层次领导决策的某些共同基本特点简述如下:

(1)高层领导决策的特点。高层领导决策的特点有如下几个方面:第一,政治和经济一体化是制定高层领导决策的战略方向;第二,控制全局和协调全局是制定高层领导决策的基础;第三,长远和当前利益相结合是制定领导决策的着眼点;第四,各条基本战线全面协调发展是制定高层领导决策必须遵循的原则;第五,开拓进取与稳步前进是制定高层领导决策的行动准则;第六,坚持"一个中心,两个基本点"的基本路线是制定高层领导决策的方针。

(2)中层领导决策的特点。中层领导决策的特点主要表现为以下"三性":一是中介性。中层领导决策是高层宏观决策和基层微观决策的交汇区,居于承上启下的地位,它首先必须以上级领导的宏观决策为指导,结合自身的实际条件,制定指导微观的相应决策,我们也可以把它叫作"中观决策"。二是二重性。中层领导者既是决策者又是执行者,一方面,它必须贯彻执行上级领导有关方针政策的决策;另一方面,又必须根据上级的决策制定自己的决策以指导基层决策,这就是它的二重性。三是局部性。中层领导决策相对于高层领导决策的全局性,都是局部性的。这种局部性的特点,主要是环境复杂、制约因素多和责任具体。

(3)基层领导决策的特点。同中、高层领导决策比较,基层领导决策的主要特点表现为"五性":执行性、从属性、具体性、非规范性和紧迫性。

(四)领导决策与管理决策的异同

同一层次的领导决策与管理决策很近似,但严格地说还是有区别的,这种区别主要在以下两个方面:首先,领导决策通常都具有明显的战略性,内容主要是有关国家、地区、系统或单位有关发展方向和远景的重大决定;而管理决策通常是侧重战术性的,是以领导决策为指导或基础,并为领导决策服务的。其次,领导决策大都是非常规性的,所以解决的办法一般无先例可寻,只能靠自己设法安排解决;而管理决策一般都是常规性的,解决的办法大都是在已有的经验或模式基础上加以改进、发展和提高。毫无疑义,典型的领导决策和管理决策是有区别的,但在现实中有时这种典型性不一定很明显。一般规律是这样:层次越高越具有典型性,区别越明显;层次越低越具有近似性,区别越不明显。

二、领导决策的作用与地位

领导决策的作用与地位主要体现在以下几个方面。

(1)履行各项领导职能的核心和基础。领导工作所涉及的内容范围很广,诸如制定战略、编制规划、组建机构、管理人才、思想教育等。从一定意义上说,这一切领导活动都是围绕着领导决策展开的。譬如制定战略,从本质上就是一项重大的领导决策;其他如组建机构各层次和部门的纵横网络关系等,都离不开领导决策这个核心,都必须在领导决策的基础上进行。

(2)决定事业兴衰成败的决定性因素。领导决策是为事业的发展制定战略目标,本身就是一项决定事业兴衰成败的重大决策,所以,决策的失败是最大的失误。这就是说,如果决策错了,就是从根本上错了,即使其他什么都是正确的也没有意义;同样,如果决策是正确的,那就是根本上保险了,即使其他方面出点毛病,也无关大局,比较好办。实践证明,正确的领导决策,能引导各项工作顺利开展,并不断取得新的成就,使整个事业得到蓬勃发展;而错误的领导决策,则会导致重大的挫折或损失,甚至整个事业的衰败。所以领导决策的正确与否,是事关全局方向目标的重大问题,是决定整个事业兴衰成败的决定性因素。

(3)决定领导行为方向的重要基础。领导决策和领导行为是密切相关互为依存的:决策是行为的选择,而行为是决策的执行,两者谁离开谁也不行。归根到底,一切领导行为产生于对一定领导目标的追求,不追求任何目标的领导行为是不存在的,而要达到它所追求的领导目标,一方面取决于领导行为的调节功能,另一方面也取决于领导者对领导行为的合理选择。所以领导决策是决定领导行为方向的重要基础。

(4)各级领导者最基本的职能。领导的职能很多,但其中最基本的或居首位的职能是进行领导决策。一切领导者不论其层次高低,也不论他是什么系统或行业,都是不同层次或范围的决策者,都在一定程度上参与或执行着决策。制定决策和实施决策是一切领导工作最基本的内容。从决策目标的提出到方案的制定和择优,再到贯彻实施的全过程,领导者都必须参与过问并负责到底。我们在衡量一个现代领导者的水平优劣时,不是看他的工作有多么繁重和辛苦,也不是看他管辖了多少事和人,主要是看他的决策水平和能力所取得的业绩和效能。所以领导决策是一切领导职能中最基本的职能。

三、领导决策的科学原则

领导决策是否正确和科学合理,能否顺利贯彻实施并取得较理想的效果,关键在于在决策的过程中是否遵循了各项有关的科学原则。这些原则主要有:

(1)"三面向"原则。现代社会经济与科学技术的联系日益加强,诸如从科技成果到转化为社会生产力的周期越来越短,生产设备及其产品更新换代的速度越来越快,科技信息数量按指数规律快速增长,科技知识和情报寿命老化加剧等,任何领导者进行决策时,都不能只把眼光局限在眼前,即局限在本国、本地区、本单位范围之内,而必须面向现代化、面向世界和面向未来,把视野扩展到更大更远的空间,去寻求自己发展战略的立足点。在强手如林、竞争激烈的当今社会,没有"三面向"的思维,就没有战略主动权。

(2)分层决策原则。所谓"分层决策",就是指在某一系统内部,不同层次各部门的领导者,对全系统的领导决策,都要分别承担各自相应的责任。一般地说,下级领导决策是从各自的实际条件和需要出发,在上级领导决策的精神指导下制定而又各具自身特点的。上级领导不宜过于干预下级权限范围内的决策,下级领导也不应把决策责任无故推给上级,而应该上下级之间都积极负责、主动配合,使全系统形成一个子系统各具特色的有机整体。这样既可增强各级领导的责任心,防止上下推诿,又可保证整体系统决策的顺利贯彻实施和总目标的顺利实现。

(3)可行择优原则。最优方案未必可行,而可行方案又未必最优。所以既可行而又效能或效益最好的方案,便是我们应该选择的最佳方案。在这里可行是前提和基础。因为如果不可行,任何好方案都没有实际意义。当然,所谓可行,有的是条件已经具备或基本具备,也有的是需要经过艰苦的努力去创造条件,使某些看来不可行变为可行。择优就是在可行的基础上可能达到的最高期望值。同时,在制定决策过程中,必须从实际出发,认真分析各种主客观条件,分析在实施过程中可能出现的种种不测,分析实施以后在社会的经济、政治、心理等方面的利与弊,经过科学论证、审查、评估,有的重大决策还要经过必要的试点或试行,然后才能进行正式抉择。

(4)跟踪反馈原则。首先,由于各种主客观因素的影响,决策者对客观事物的认识很难一下子就看准;其次,现代社会事物复杂多变,如果情况变了,原决策也必须改变才能适应新的形势要求。这些都必须在决策贯彻实施中跟踪验证,才能及时发现问题,通过反馈进行调整,才能保证决策的最后成功。

除了这些原则之外,还有实事求是原则、民主集中制原则、系统思考原则、科学可靠原则等。

四、建立决策责任制

在体制改革中发现一个实际早已存在的具有普遍性的难题:在全民所有制的国有企

事业单位,所有权的主体实际上都是抽象和虚化的委托代理者。因为所谓"国家"和"全民"都是一种整体概念,对企事业单位无法具体行使全民(国有)资产的所有权,只能通过各级政府及其主管部门,然后再通过各种经济组织,一直延伸到企事业单位,来行使这种职能。实际上是一种多层次的委托代理制。代理者和真正的所有者最根本的区别在于:在缺乏一定的监督约束机制的状态下,代理者一般难以像真正的所有者那样关心国家资产的保值和增值,认真地掌握和控制不使国家资产受到损失和侵犯。因为代理者(单位负责人)虽然可以依法行使职权,却不必承担相应的责任和风险。即使决策失误给事业造成损失,也只是"检讨"一下完事,或调到其他岗位继续当官,从而在领导干部中形成了一些"检讨专家"。尤其是在领导干部能上不能下的终身制影响下,这更是对领导干部的一种腐蚀剂。目前可以在建立"稽查特派员制度"的基础上,建立和健全"决策责任制"和有效的监督机制。

如前所述,领导的过程就是制定和实施决策的过程,决策是领导工作的核心,是一切事业兴衰成败的关键,"领导就是决策"其重要性可想而知。决策正确与否,是直接关系着领导者所辖的地区、行业、部门、单位等事业发展方向和前途命运的决定性因素。根据"权责相称"的原则,领导者享有什么权利,就进行什么决策,承担什么责任(和风险)的精神,每位领导者对自己所进行的每项决策的成败,都必须承担相应的责任和风险。只有建立和健全这种"决策责任制",才能增强领导干部想问题、办事情、干事业的责任感,使领导者们在拍板定案时持谨慎负责的态度,促使各级领导励精图治,使其各项决策都更加科学、合理、高明、有效。为此狠下功夫,对促进各级领导更加精心、正确地制定和决策,具有重要意义。毫无疑问,建立和健全"决策责任制",是医治委托代理制带来的只享受权利而不承担相应责任和风险,避免或减少社会主义事业损失的一剂"灵丹妙药"。

第四节　领导艺术

领导艺术是指领导者根据其自身的知识、经验和智慧来处理组织中非规范化管理活动的领导技巧和能力。领导艺术是实践性与理论性的统一,是随机性与原则性的统一,是继承性与创造性的统一,是动态多样性与相对静止性的统一。

这里着重介绍以下几种领导艺术。

一、用人艺术

在现实生活中,一些领导者总是忙忙碌碌,日理万机,但却很少成功,其原因在于不懂得"用人成事的倍数效应",不懂得用人的艺术。领导者必须用人,而且要擅于用人。在用人时务必注意以下几点:

(1) 树立正确的人才观念。正确的人才观念主要包括:人才第一的观念,人人皆有才的观念,不求完人的观念。

(2) 用人的根本是用人所长。单项比赛只需要冠军。用人总是用人的某一方面的长处去完成某一项特定的工作。用人所长时,应以德为本,才长为主,扬长避短,不因其短废其人,不因其长忘其短。

(3) 用人的关键在于授权。领导者应根据被用者的特征及其工作对象的性质、工作内容等方面的情况，授予恰当的权力。

(4) 用人之忌：疑人、嫉才、唯亲。疑人不用，用人不疑，这是用人的一条法则。疑人现象有两种：一是怀疑被用者的能力不足，二是怀疑被用者与自己不一条心。嫉才是害怕被用者的才能超过自己，而使自己的地位、利益、威望受到影响和损害，从而不择手段地对人才加以摧残。唯亲是指只用亲属、亲信，非亲非故非嫡系就弃而不用。

(5) 用人应为实现人的成长与发展提供机会。具体的措施包括：一是授予权力；二是树立威望；三是及时正强化，即及时表扬鼓励；四是及时负强化，即及时纠正错误；五是创造各种实现目标的有利条件；六是富于挑战性的任务。

二、表扬的艺术

表扬的目的是扶持正气，鼓励先进，鞭策落后。领导者在进行表扬时必须注意以下几点：

(1) 表扬必须是实事求是，不能凭主观印象。

(2) 表扬要有目的性，要分析被表扬者的行为动机，只有在能起激励作用时才表扬。

(3) 表扬应点面结合。由于每个人在某一方面都有成绩，所以表扬的面不能过窄。工作做得特别好的应予以重点表扬，树立典型。

(4) 掌握好表扬的时间与力度，轻描淡写的表扬不起作用，过度的表扬也会起到不好的作用。对于反复出现的积极行为不能反复表扬。

三、批评的艺术

批评是领导者常用的管理手段，要使批评能收到预期效果，必须注意以下几点：

(1) 明确批评的目的。具体到不同情况，其批评目的会有所差异。

(2) 了解错误的事实，弄清问题的缘由。主要要弄清：何事出了错(what)，谁出的错(who)，错在何处(where)，何时出的错(when)，为何出的错(why)，怎样可免于出错(how)。

(3) 批评要对事不对人。美国女企业家玛丽·凯·阿什在《用人之道》一书中指出："批评的目的是指出错在哪里，而不是指出错者是谁。"

(4) 选择恰当的批评场所。一般情况下，不提倡在公开场合"杀鸡儆猴"。特别是当被批评者也是管理者时，决不可当着其下属对其进行严厉批评。"工厂里的经理决不可当着装配线的工人训斥工头。"

(5) 选择恰当的批评时机。表扬要及时，批评则不一定立刻进行。批评最好在错误发生，没有造成更严重后果之前，双方能心平气和时进行。

(6) 选择恰当的批评方式。批评可以开门见山，一针见血，也可以"先表扬、后批评、再表扬"。要根据不同的人不同的错误事实，选用不同的批评方式。

(7) 注意批评的力度。轻描淡写的批评不起作用，过分的批评也会产生不良影响。

(8) 注意批评的效果，做好善后工作。在批评之后要进行追踪检查，没有改正或改正不彻底，要继续批评；改正得好的及时进行鼓励和表扬；产生了抵触情绪的，要及时采取措施,避免形成隔阂和对抗。

四、会议管理艺术

会议是领导者实施领导的主要方式之一。一般来说,领导者的时间与精力,有相当一部分花在会议上。尽管对会议的褒贬不一,但是,要召开会议、领导需要会议的事实是客观的,关键是如何开好会,怎样提高会议效率。因此,领导者必须掌握好会议管理技巧。

（1）认真做好会议准备工作。分析会议的必要性,明确会议的议题,确定好会议的出席人员、场所、时间、主持人等,准备好必要的材料。

（2）会议开始时首先规定会议程序。一般来说,会议程序是:介绍会议的议题、明确会议目标或会议议程——引导大家发言讨论——得出结论——总结。

（3）有效掌握会议动向,使会议紧扣议题进行,防止讨论时出现离题现象。

（4）有效引导会议的进行。有多项议题的会议应安排好会议的次序。要掌握好会议时间,特别是讨论时,要注意控制发言者的时间。要采用有效的提问方式,引导会议不偏离主题,当与会者发言不踊跃时,要及时进行启发与引导。当会议出现辩论时,要视辩论的内容与进程,掌握好火候,适时终止。

（5）明确会议成本,提高会议效率。日本太阳公司开会时,会议室黑板上总是写着:

$$会议成本 = 2A \times B \times T$$

式中,A 为平均工资的 3 倍,因为会议成本是以劳动生产率计算的,而劳动生产率总是要高于工资,乘 2 是为了补偿由于开会造成的经常性停工的损失;B 为参加会议的人数;T 为会议时间。

第五节　领导的有效性和领导方式

一、领导者的素质

所谓素质,是指领导者的品格、性格、学识、能力、体质等方面特性的总和。早期的领导理论研究中,许多学者将注意力集中于领导者的品质、性格等特性分析,试图找出某些领导者共同的或必备的基本素质,并以此作为提高领导效能的基础和前提条件,其中有些研究成果不乏参考价值。

关于领导者素质的研究未能取得明显成果,原因在于无法证实某些特性与领导效能之间存在必然的联系,人们对领导者必须具备的基本特性缺乏一致意见,且所列各种特性对领导效能的重要程度未作相应区分。事实上,试图单纯从素质特性角度来考察领导有效性是有失全面的。大量实践证实,具备同一素质的领导者在某些组织环境中可以取得成功,在其他组织环境中却可能遭到失败;反之亦然。因此,不应把素质特性视为决定领导效能的唯一因素。但是,毋庸置疑,在现代市场经济条件下,组织面临的内外环境日益复杂,对领导者的要求也不断提高。在一定意义上,是否有卓越的领导者或领导集团,直接决定着组织的经营成败。显然,才智平庸、软弱无能者是无法担负起有效领导重任的。所以,现代组织领导职能客观上要求领导者具备相应的良好素质。换言之,良好的领导素质是提高领导有效性的不可缺少的重要条件。

一般而言,一个卓有成效的组织领导者应具备如下素质:

(1) 品德高尚。领导者要公正无私,襟怀坦荡,富于牺牲精神,严于律己,宽以待人。

(2) 个性完善。领导者应性格开朗,豁达大度,意志坚强,自信,有自知之明,对事物具有广泛的兴趣和热情。

(3) 富于进取心和创新意识。领导者通常有较强的事业心和成就需要,希望通过事业的成功体现自身的价值,有魄力和独创精神,勇于积极开拓新的活动领域。

(4) 博学多识。领导者应具有较完备的知识结构,不仅通晓与组织领导工作有关的现代管理科学知识,同时精通与本部门业务活动有关的专业知识。

(5) 多谋善断。决策是领导的主要职能之一,组织领导者应善于发现问题,提出多种解决方案,从中选优决策;能够根据情况的变化,随机应变地进行跟踪决策和适时处理。

(6) 知人善任。领导的核心是用人,有效的领导者应当善于观察人,了解人,用人之长,唯才是举,充分发挥每个成员的潜力和积极性。

(7) 沟通协调能力强。现代组织领导者应具有较强的人际交往能力,善于与下属及外部公众建立良好的沟通关系;能够调节各种复杂矛盾,促进组织内外关系的协调发展。

除上述基本素质外,组织领导者还应具备一定的领导风格。领导风格是领导者个性气质、性格、能力、思想方法、价值观念及行为习惯的综合体现。鲜明、独特的领导风格可以增强领导者的魅力和感召力,因而也是领导者获取成功的重要条件之一。

二、领导的有效性

领导是一种特殊的社会活动,如同组织的生产经营和各项管理活动一样,领导活动也必须讲求效益,即要以较小的投入取得较大的产出。这种投入与产出之比,就表现为领导的有效性。在领导过程中,职权、知识、能力等因素为实施领导提供了必要的资源投入。这些投入能否形成较大的产出,主要取决于领导者能否合理配置、利用各项资源,提高领导效能。有效行使领导活动的主要衡量标志,是领导水平的总体反映。

在组织管理中,领导有效性是一个综合的概念,它指通过领导活动实现组织预定目标的程度。由于不同组织或同一组织不同职位的领导活动内容复杂、形式多样,因而难以用固定、机械的同一标准衡量有效性的高低。就一般意义而言,一个组织或群体的领导是否有效,可从以下几方面反映出来。

(1) 下级的支持。下级员工主动而非被迫地支持领导者,不论这种支持是出自感情还是利益上的考虑。

(2) 相互关系。领导与下级员工之间保持密切、和谐的交往关系,并鼓励群体成员之间发展密切的、相互满意的关系,组织内部关系处于协调状态。

(3) 员工的评价。绝大多数员工都能高度评价所在组织或群体,并以成为该组织或群体的一员而感到自豪。

(4) 激励程度。员工因自身需要获得满足而焕发出较高的工作热情和积极性,个人的潜能得到充分利用。

(5) 沟通的效果。领导者与下级员工之间能够及时、顺畅的沟通信息,并以此作为调整领导方式、协调相互关系的依据。

(6) 工作效率。在领导者的引导、指挥和率领下,组织的各项资源得到合理的配置,生产经营活动得以高效率的进行。

(7) 目标的实现。领导活动的效能或效果最终要通过是否实现组织的预定目标以及实现的程度反映出来,其中既包括经济效益目标,也包括社会效益目标。

如上所述,领导活动是领导者、被领导者和环境三方面因素互相影响、共同作用的过程,这一过程能否有效进行,直接取决于三方面因素的契合或适应程度。因此,提高领导有效性的关键,在于最大限度地促成领导者与被领导者之间的互相适应和协调。具体来说,可以采取以下两种途径:一是根据领导者的素质特性,选择和配置与之相适应的被领导者及组织环境;二是根据现有员工状况和组织条件,采取适合特点与要求的领导作风和领导方式。

三、领导方式

领导方式指领导者在运用权力实施影响的过程中采取的行为方式,它是领导者在特定的环境中根据作用对象的特点所实施的对策性行为,集中体现领导者在提高领导效能中的主观能动作用。

关于领导方式的类型有很多种划分,根据权力定位和工作定位的不同,可以分为集权型、民主型、任务型、关系型和兼备型五种。

(1) 集权型。这是一种以专制、独裁为特征的领导方式。采用这种方式的领导者被认为权力来自他们所处的地位和担负的职务,认为职工的本性是懒惰消极的,不愿接受约束,并害怕承担责任,因此不能予以信任,必须严加管制。基于以上认识,领导者将权力定位于个人手中,集各种权力于一身,大权独揽,独断专行,仅依靠个人经验、能力和意志领导组织活动,同时采取强制的方式下达各种指令,强调下级的绝对服从,缺乏对职工的关心与尊重。

(2) 民主型。这种方式强调领导的权利由组织职工群体赋予,认为被领导者是勤奋的、勇于负责的,在受到激励后,能够主动协调个人行为与工作的关系,具有自我控制能力。主张将权力定位于职工群体手中,使之享有充分的民主权力,鼓励职工自行决策,实现自主管理。领导者仅以劝告说服的形式,提出各项意见和建议。

(3) 任务型。这种类型的领导把完成工作任务作为一切活动的中心,注重建立严密的劳动组织和严格的劳动纪律,强调指标和效率,欣赏紧张有序、快节奏的工作气氛,并将全部精力和注意力集中于工作任务本身,一定程度上忽视对职工利益、要求及工作情绪等方面的关心。

(4) 关系型。这一领导方式强调人是组织各项工作的中心,高度重视对职工的关心、体谅和支持,注重满足职工的各种物质和精神需要,强调维持良好群体关系的重要性;建立多方位的沟通渠道,利用各种机会与下级保持密切接触;同时在经营管理中主张宽松,以造成融洽友善的群体气氛。

(5) 兼备型。这种领导方式兼有以上各种类型的特点,既强调权力的适当集中,以保证指挥的统一和组织的整体性,又注重必要的分权,使职工的主动性、创造性得以发挥。同时,把完成工作任务与满足职工需要放在同等重要的地位,既注重工作效率,又重视对人的关心;既有严格的管理,又维持良好的人际关系。

值得指出的是,以上所列仅是几种类型化的领导方式,现实的领导活动中组织领导者往往并不单纯是某种典型方式。由于个人风格不同,性格不同,部分由于先天的原因,部分由于选择的结果,具体的领导方式通常是几种方式配比组合形成的个性化方式、混合方式。由此,在集权与民主、关心任务与关心人等极端方式之间,形成一系列中间化、混合型的领导方式。

领导方式的系列化、多样化带来一个不容回避的问题,即如何评价各种方式的优劣,什么样的领导者更有利于提高领导效能。根据权变理论的观点,包括上述类型在内的各种领导方式都有各自不同的适用范围,某种方式在一定组织环境中具有明显效果,而在另一环境中则未必成功。例如,对刚刚进入组织、缺乏基本技能和纪律训练的新职工,采用集权、命令的领导方式较为有效,而以同样方式对待具有较高技术水平和工作经验的专业人员或老职工,则有可能挫伤他们的自尊心和积极性。又如民主型领导在常规性程序化工作中可能取得良好效果,但对于性质复杂、职责分工不清的工作环境则不一定适用。因此,各种领导方式的优劣具有相对性,并不存在一种适用于一切情境的最佳领导方式。什么样的领导方式更适宜,要视被领导者和组织的具体情况而定。

本 章 小 结

管理中的领导职能是很重要的一种管理职能,它贯穿于整个管理活动中。所谓领导,指的是一种影响力,是指挥或带领、引导或鼓励追随者为实现目标而努力的过程。领导的权力来源于强制性权力、奖赏性权力、法定性权力、专家性权力和参照性权力。领导具有指挥、协调、激励等作用。

领导理论大致可分为四类:领导特征理论、领导行为理论、情境理论、人性假设理论。

领导决策指的是以领导者为主体,以本单位整体所面临的问题为内容,同领导权相联系的一种特殊类型的决策。领导决策同管理决策是有区别的。领导决策过程应遵循以下原则:(1)"三面向"原则;(2)分层决策原则;(3)可行择优原则;(4)跟踪反馈原则等。

领导艺术主要有:用人艺术、表扬的艺术、批评的艺术、会议管理艺术等。

一个组织或群体的领导是否有效,主要从以下几个方面表现出来:(1)下级的支持;(2)相互关系;(3)员工的评价;(4)激励程度;(5)沟通的效果;(6)工作效率;(7)目标的实现。

领导方式根据权力定位和工作定位的不同,可以分为:集权型、民主型、任务型、关系型和兼备型五种。

思考与理解

1. 领导的概念及含义是什么?

2. 领导特征理论的内容是什么？其意义何在？
3. 领导行为四分图的含义及其贡献是什么？
4. 管理方格理论的作用是什么？
5. 领导权变理论提出的主要论点是什么？菲德勒的领导权变理论的主要内容和方法是什么？
6. 领导权变理论对管理实践有何指导意义？
7. 领导决策的含义及要素的具体内容是什么？
8. 领导决策与管理决策有何异同？
9. 领导决策的科学原则有哪些？
10. 领导艺术的含义是什么？
11. 领导在用人时应注意哪些问题？
12. 一个有效的领导者应具备哪些素质？
13. 一个组织或群体的领导是否有效应从哪些方面反映出来？
14. 根据权力定位和工作定位的不同可将领导方式分为哪些类？

课外阅读

1. 余凯成,陈维政,张丽华.组织行为学——人力资源管理(案例与练习)[M].大连：大连理工大学出版社,1998:161-192.
2. 罗锐韧,曾繁正.人力资源管理[M].北京：红旗出版社,1997:204.
3. 江建坤.世界著名商学院.工商经济学[M].北京：中国对外翻译出版公司,2000:51.
4. 肖洪钧,汪克夷.管理学[M].大连：大连理工大学出版社,1998:276.

【案例分析】

两种不同的领导方式

某市建筑工程公司是个大型施工企业,下设一个工程设计研究所,三个建筑施工队,研究所由50名高中级职称的专业人员组成。施工队有400名正式职工,除少数领导骨干外,多数职工文化程度不高,没受过专业训练。在施工旺季还要从各地招收400名左右农民工补充劳动力的不足。

张总经理把研究所的工作交给唐副总经理直接领导、全权负责。唐副总经理是位高级工程师,知识渊博,作风民主,在工作中,总是认真听取不同意见,从不自作主张,硬性规定。公司下达的施工设计任务和研究所的科研课题,都是在全所人员共同讨论、出谋献策取得共识的基础上,做出具体安排的。他注意发挥每个人的专长,尊重个人兴趣、爱好,鼓励大家取长补短、相互协作、克服困难。在他领导下,科技人员积极性很高,聪明才智得到了充分发挥,年年超额完成创收计划,科研方面也取得显著成绩。

公司的施工任务,由张总经理亲自负责。张总是工程兵出身的复员转业军人,作风强硬,对工作要求严格认真,工作计划严密、有部署、有检查,要求下级必须绝对服从,不允许自作主张、走样变形。不符合工程质量要求的,要坚决返工、罚款;不按期完成任务的扣发奖金;在工作中相互打闹、损坏工具、浪费工料、出工不出力、偷懒耍滑等破坏劳动纪律的都要受到严厉的批评、处罚。一些人对张总的这种不讲情面、近似独裁的领导方式很不满意,背地骂他"张军阀"。张总深深地懂得,若不迅速改变职工素质低、自由散漫的习气,企业将难以长期发展下去,于是他亲自抓职工文化水平和专业技能的提高。在张总的严格管教下,这支自由散漫的施工队逐步走上了正轨,劳动效率和工程质量迅速提高,第三年还创造了全市优质样板工程,受到市政府的嘉奖。

讨论题:
1. 分析张总经理和唐副总经理分别采用的是哪种类型的领导方式。
2. 你认为这两种领导方式谁优谁劣?为什么两种方式都能在工作中取得好成绩?

【知识点链接】 布莱克和莫顿的管理方格中列出了五种典型的领导方式:(1) 1,1型方式,称为贫乏的管理;(2) 1,9型方式,称为乡村俱乐部式的管理;(3) 9,1型方式,称为专制的任务型管理;(4) 9,9型方式,称为团队式管理;(5) 5,5型方式,中间式管理。

权变领导理论提出,不存在一种"普适"的领导方式,领导工作强烈地受到领导者所处的客观环境的影响,换句话说,领导和领导者是某种既定环境的产物。

第九章 激励

第一节 激励概述

一、激励的概念

激励作为一种管理行为，简言之，就是调动人的积极性。从管理心理学的角度看，激励是指利用各种主客观因素激发人的动机，诱导和强化人的行为，使之向期望目标趋近的作用过程。激励可表述为如图9-1所示的过程。

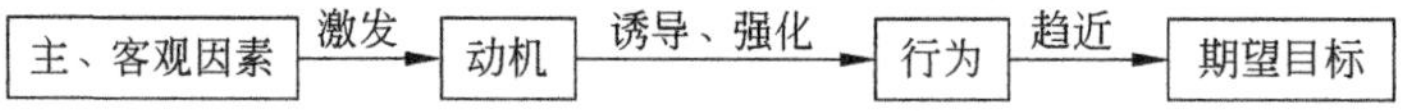

主、客观因素 —激发→ 动机 —诱导、强化→ 行为 —趋近→ 期望目标

图 9-1 激励过程

这一过程中，动机是激励产生的核心因素。人的动机是人的某种需要未被满足的心理状态，是引起人的行为、维持该行为、并将此行为导向某一目标的动力源泉。

人的行为是人的有意识的活动，具有自主性的特征。这就是说人的行为是受思想意识支配的，做某种事是处于自觉行为或不自觉的屈从行为，不做某件事是处于自制行为。总之都是自主行为。此外，人的行为尚具有起因性，是由一定动机所激发。任何人的任何行为都是指向一定目标的，该目标直接产生自人的动机。

期望目标来自于人的动机，是人的某种需要的期望满足程度。行为科学认为，人的需要是无止境的，不断激发人的动机，不断树立期望目标，因此，期望目标是不断更新的。

二、需要—动机—行为循环模式

上述激励作用过程的因素及彼此间的关系，可概括为需要—动机—行为循环模式（如图9-2所示）。

该模式表明，人的行为受某种动机所驱使，动机被激发是由于人的需要，最强烈的需要决定人的行为。人的行为达到预期目标，他的需求就得到满足，从而产生新需要，激发新动机，采取新行为，达到新目标，循环往复，永无止境。

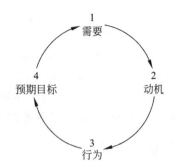

图 9-2　需要—动机—行为循环模式

三、激励机理与实质

管理中的激励利用了上述循环模式及模式中各因素间的彼此关系。所谓激励,就是组织的管理者运用有针对性的激励措施,激发人的动机,诱导人的行为,使之朝组织目标前进的过程,简言之,是组织的管理者通过相宜的激励措施,激发人们按一定方式行动的过程。

在需要—动机—行为循环模式中,一个人可能同时存在着多种需要,要使与实现组织目标相一致的潜在需要变得最强烈,从而促使员工为满足这种需要产生的动机与行为有利于实现组织目标,组织的管理者就有意识地在员工的行为循环中注入有针对性的激励措施,刺激这种需要,强化人的动机,改进人的行为,使之向达成组织目标的方向发展,最终在实现组织目标的同时,实现员工的个人目标,这就是激励的机理与实质。

四、激励目标设置的要求

激励是否有效,关键在于激励目标设置是否合理。为达到激励的目的,设置激励目标应符合以下要求:

(1) 不仅要考虑组织成员的个人需要,最终还是为了完成组织目标。因此设置激励目标时,必须将组织目标纳入其中。

(2) 所设置的目标必须是被激励者迫切需要的,否则不可能激发其动机或激发出来的动机强度不够,以至于不能实现组织所期望的结果。

(3) 激励目标设置要适当,既不能高不可攀,又不能俯首即拾,应是通过努力可以实现的。

五、激励的作用

组织目标实现过程中,人是最活跃、最关键的因素。管理工作要创造和保持一种使组织中的个人能共同为组织而努力工作的氛围,调动人的积极性,发挥人的潜力,取得最大工作成效,对人的激励显然十分重要。

(一) 通过激励可以提高被激励者的工作绩效,使他们最充分地发挥技术和才能,变消极为积极

美国哈佛大学的心理学家威廉·詹姆士在《行为管理学》一书中阐述了员工激励的

研究结果,他发现,按时计酬的员工仅能发挥其能力的20%～30%,而受到正确而充分激励的员工,就能发挥到80%～90%,甚至更高。由此他得出一个公式:

$$工作绩效 = 能力 \times 动机激发$$

该式表明,在能力一定的情形下,工作绩效的大小,取决于激励程度的高低。如果每个人都能被安排在其能胜任的工作位置上,则决定其工作效率的关键因素就是工作的积极性。因此,通过激励保持人的工作积极性,是人尽其才的关键所在。

(二) 通过激励可以吸引优秀人才

激励不仅可以发现组织内部人才,使之发挥自己的潜能,积极、热情地工作,还可以吸引组织外部的优秀人才到组织中来。因为每个人都有充分发挥自己潜能的愿望,具备同样能力的情况下,那些能够提供更有效激励的组织吸引力更强,更有利于吸引人才。

从世界范围看,美国对此十分重视,从世界各地吸引了大量优秀人才。据联合国教科文组织公布,自1949—1969年,有14.3万名高级专门人才从发展中国家流往美国。本国对他们的培养费用估计需花50亿美元,而他们在20年时间里却至少已为美国创造了630亿美元的收入。联合国前秘书长在1968年关于"智力外流"的报告中也指出,第二次世界大战后从发展中国家移民到美国的科学家、工程师和医生近10万人,这些发展中国家培养这些人才的投资达40亿美元。

(三) 通过激励可以进一步激发职工的创造性和革新精神

例如日本丰田汽车公司采取合理化建议奖(包括物质和荣誉奖)的办法鼓励职工提建议。不管这些建议是否被采纳,均会受到奖励和尊重。如果建议被采纳,并取得经济效益,予以重奖。结果该公司员工仅1983年就提出165万条建议,平均每人提31条,它所带来的利润为900亿日元,相当该公司全年利润的18%。

第二节 激励理论

激励理论是行为科学的重要理论,是在研究激励的机理与实质的基础上产生的。不同理论各有侧重面,有的侧重于研究人的需要,因为需要是产生动机、引起行为的根本所在。只有清楚地知道组织中的人各有哪些需要,才能制定有效的激励目标。还有的理论研究激励目标设置合理性、关于动机形成和行为强化的有效激励机制与方案等。以下介绍几种有代表性的理论。

一、马斯洛(A. H. Maslow)需要层次理论

这是一种广泛流行的理论。马斯洛于1954年在其代表作《动机与个性》中,阐述了这种著名的理论。其要点可概括成以下两点。

(一) 人的多种需要

人的多种需要可分为五个层次。这五个层次的需要如图9-3所示,由低向高依次为:

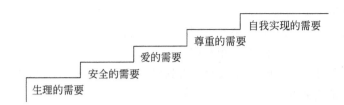

图 9-3　马斯洛需要层次理论图

(1) 生理的需要。是维持生命的根本需要，包括衣、食、住、行等方面的基本生存需要，这些需要长期得不到满足，人的行为目标就长期集中于此，其他需求就谈不到。

(2) 安全的需要。人的生理需要得到一定的满足后，就会产生安全需要，即免除危险和威胁的需要，希望已获得的基本生存需要不会丧失或被剥夺。如希望安全生产，有充分的社会保障，无失业之忧，老有所养，病有所医，私人财产不受侵犯，免除灾害侵扰等。

(3) 爱的需要（社交的需要、感情和归属的需要）。当生理及安全的需要得到相当的满足后，爱的需要上升到主导位置。希望得到友谊、爱情，希望归属于某一团体或组织，有良好的人际关系。如得不到满足，就会产生一种孤独感，精神不免受到压抑。

(4) 尊重的需要。爱的需要得到满足，就会产生尊重的需要。所有的人都希望得到别人的认可、赏识和尊重。因而产生两方面的追求：一是渴望有实力、有成就、能胜任工作；一是希望得到名誉和声望。尊重的需要得到满足，可增强人的自信心；反之，就会使人产生自卑感。

(5) 自我实现的需要。当尊重的需要得到满足后，自我实现的需要就成为第一需要。所谓自我实现的需要，是指促使自己的潜能得以发挥的趋势。如事业成就的欲望、个人抱负得到实现的渴求等。自我实现的需要是人的需要层次中最高级的需要，是永远不会被满足的。

(二) 几种需要兼容并存，主次有别

马斯洛认为，人们一般按上述五个阶梯由低到高寻求满足。但不同级别的需要可在同一时间起作用，然而同一时间里，总有一种主要的需要起主导作用。多数人的需要发展是与经济状态、教育程度相联系的，不同的人在同时存在几种需要时，起主导作用的需要差异很大，不一定按层次顺序排列。有的人会舍弃已满足的高层次需要去追求低层次需要；有的人会放弃低层次需要去实现高层次的需要。

需求层次理论的应用价值在于，管理者可根据五种基本需要，对组织内部员工的需要加以归纳和确认，针对员工未被满足的需要及更高层次的需要，激发实现这些需要的动机，在通过目标导向行为达到组织目标的同时，实现员工个人目标，满足他们最迫切的需要。

二、奥尔德弗(Alderfer)的 ERG 理论

该理论又称奥尔德弗的三核心需要论。他认为人有三个核心需要。

(1) 生存的需要(existence)。指提供基本的物质生存条件。这里包括马斯洛需要层

次理论的生理的需要和安全的需要。

(2) 相互关系需要(relatedness)。维持人与人之间关系的愿望。与马斯洛需要层次理论中爱的需要和某些尊重的需要相对应。

(3) 成长的需要(growth)。即人们要得到发展的内在愿望。与马斯洛理论中尊重的需要和自我实现的需要相当。

除在需求层次上与马斯洛理论相对应之外,ERG 理论与马斯洛理论相同与相似之处还有:(1) 认为需要被满足的程度越低,对它的追求越强烈。(2) 当低层次的需要被满足时,较高层次需要上升到首位。

ERG 理论与马斯洛理论有两点显著差别:

第一,ERG 理论提出的"挫折—退回"模式,是与马斯洛需要层次理论的最大区别所在。马斯洛理论只包括"满足—发展"模式,而在 ERG 理论中,二种模式并存。所谓"挫折—退回"模式,是指较高层次的需要满足受挫折时,个体将倾向于寻找较低层次的需要满足。它说明当发展变得不可能时,事情将会怎样演变(参见图 9-4)。

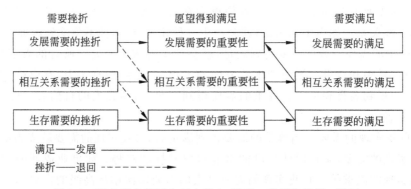

图 9-4　ERG 理论的两个基本概念:满足—发展和挫折—退回

第二,ERG 理论的另一个重要论点是,在同一时刻,个体存在着不同程度的各种需求,但不像马斯洛所说的那样,必有一种需求起主导作用,而是可能在同一程度上共存。

ERG 理论的实践意义在于,它提示管理者注意激励目标设置的合理性,有效的激励目标应在实现组织目标的同时使个人得到发展。

三、麦克利兰(D. Meclelland)的三分法需要

美国哈佛大学心理学教授麦克利兰提出有三类动机或需要,在组织管理中是最重要的。

(1) 成就需要。有成就需要的人有一种不可压抑的取得成就的欲望,也很担心失败。他们期望把某种事做得更好和更有效果,超过前人或同辈。喜欢独当一面,自主地独立负责解决问题。他们愿意为自己设置有一定难度的目标,乐于接受挑战性的工作,但避免接受特别困难的工作,以免除失败的可能;不屑接受容易成功的任务,那会妨碍他们施展才能。

(2) 权力需要。指影响别人和控制别人的愿望。权力需要强烈的人喜欢揽权,追求得到领导职位,希望别人奉承,强调部属顺从。他们往往是健谈者,敢于发表意见,喜欢

教训别人和公开讲话。

(3) 归属需要。指追求人与人之间的友谊和密切关系的愿望。归属需要高的人,喜欢合作环境胜于竞争环境,乐于与人融洽相处,被别人喜欢。在处理冲突时,往往倾向于折中调和。他们的归属需要可能压倒成就需要和权力需要。

麦克利兰认为,对主管人员来说,成就的需要比较强烈,这一理论也主要应用于对主管人员的激励。同时还认为成就需要是可以通过教育和培训形成的,不论对企业或国家,高成就需要的人越多,越有利于事业的成功。作为一个组织的领导者,三分法需要理论的启示在于,三类动机或需要都是重要的,有较高的成就的需要是关键所在,组织中有成就需要的成员多时,就能营造一种积极进取的氛围,乐于接受挑战,所接受的任务致力做到最好,必求成功。组织的领导者应注重培训,发现这类人才,并通过合理使用激发他们的成就需要,使他们在完成组织目标的过程中不断地实现自身的成就需要。

四、赫茨伯格(F. Herzberg)的双因素理论

20世纪50年代后期,美国心理学家赫茨伯格和他在匹兹堡大学心理学研究中心的同事一起,以宾夕法尼亚州一些企业的200余名会计师和工程师为调查对象,征询他们在工作中的满意和不满意因素,在此基础上,提出了双因素理论,又称"保健—激励"说。要点如下。

(1) "双因素"观点。赫茨伯格认为,满足人们需要的因素有两类:保健因素和激励因素。他把能够防止员工不满的因素称为保健因素,把能够带来满意的因素称为激励因素。他列举了一些激励因素与保健因素,保健因素一般都是与工作环境有关的,激励因素通常是由工作产生的(见表9-1)。

表 9-1 激励因素与保健因素

保健因素(环境)	激 励 因 素
金钱	工作本身具有挑战性
地位	认可
工作环境	进步
公司政策	晋升
人际关系	责任
监督方式	成就感

(2) "满意"的新界定。赫茨伯格对双因素作用的说明,建立在他对"满意"传统观点修正并重新界定的基础之上。他认为"满意"的反面不是"不满意",而是"没有满意";"不满意"的反面则应是"没有不满意"。因此,能使员工从没有满意变得满意的因素是激励因素;消除员工不满意,使之没有不满意的因素是保健因素(见图9-5)。

(3) 双因素的划分。激励因素和保健因素没有绝对的界限,是因时、因地、因人而异的。有些保健因素应用得当,也会成为激励因素;反之,激励因素利用不当,就会成为保健因素。

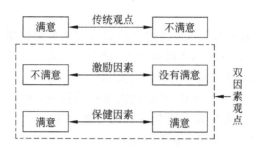

图 9-5　满意和不满意观点的比较

此外,双因素理论与马斯洛需要层次兼容并蓄。激励因素对应于马斯洛理论中的自尊和自我实现的需要两个较高层次的需要;保健因素则对应于生理需要、安全需要、社交需要三个较低层次的需要。

双因素理论的贡献在于,把保健因素与激励因素区别开来。更加突出激励因素的作用,对管理者正确应用相宜的激励因素设置激励目标,充分发挥激励因素的作用,最大限度地调动人的积极性具有指导意义。同时也启迪管理者,将保健因素视作激励因素应用,自然达不到预期的激励效果。

五、弗鲁姆(V. H. Vroom)的期望理论

期望理论又称期望效价论,是美国心理学家弗鲁姆 1964 年在《工作与激励》一书中首次提出的。他认为,激励是评价、选择的过程,人们采取某项行动的动力或激励力,取决于他对行动结果的价值评价——他对行动所要达到目标的意义的评价,以及该预期目标实现可能性的估计。因此,激励力的大小取决于效价和期望值的乘积:

$$激励力 = 效价 \times 期望值$$

式中效价指被激励者对某一行动结果的价值评价,它反映个体对某一成果或奖酬的重视与渴望程度;期望值是对预期行动结果实现可能性或实现概率的估计,即通过某一行动获得预期成果或奖酬的可能性;激励力是指促使个体采取某一行动的内驱力。

期望理论的主要贡献在于,运用效价和期望值的概念揭示了个体选择目标影响行为的过程。管理者可通过调整行动结果的效价和提高其实现的可能性,来激发员工的动机,增强激励程度。首先,作为效价的激励目标不能订得过高或过低,应是经过努力可以实现的。过高的目标固然有诱惑力,但一般难以实现,其期望值较低;过低的目标效价低,没有吸引力。这两种目标产生激励力均较低。其次,为行动要求达到的目标设置有吸引力的酬报,包括丰厚的物质报酬和具有成就感的晋职、获得成果的机会,并确定达到目标,必会得到酬报。因此既可提高目标的效价,同时也提高其实现的可能性。

六、斯金纳(B. F. Skinner)的强化理论

美国哈佛大学心理学家斯金纳提出了激励的强化理论,认为人的行为和环境间有着密切的联系,因此可以通过不断地改变环境因素,起到刺激行为的作用,即所谓强化作用,通过其达到增强或抑制某种行为的目的。

强化有正负之分,正强化是奖励那些对组织有利的行为。通过各种奖励措施包括奖

金、表扬、改善工作条件、给予学习和提高的机会等,强化那些组织期望的行为;负强化是惩罚那些组织不希望的行为,通过批评、处分、降级等惩罚措施,削弱这些行为。有时也通过不给予奖励或少给予奖励来抑制不良行为。

在实施方式上,正强化和负强化有所区别。正强化采取不定期、不定量的随机方式效果更好,固定的正强化容易使强化作用减弱,甚至被看做是理所当然的固定程式而起不到激励作用。负强化则应采取连续强化方式,对每次出现的不良行为及时采取负强化措施,消除人们的侥幸心理,自动抑制不良行为。

强化理论主张通过环境控制,突出行为结果对个体行为的反作用。即利用给某种行为以肯定或否定等强化刺激的方式,来加强积极行为、减弱消极行为,修正固有行为。这启示管理者,管理措施是一种重要的环境因素,它以鼓励或抑制的方式作用于人的行为结果,促进有利于组织目标的行为重复出现,对组织目标的顺利实现具有重要意义。管理措施可贯穿于各种职能过程中,利用强化理论的观点,有意识地将具有不同强化作用的管理措施融合于其中。

七、亚当斯(J. S. Adams)的公平理论

公平理论又称平衡理论、社会比较理论,是美国行为学家亚当斯 1976 年提出的激励理论。该理论认为,当一个人付出努力并取得报酬后,他们更为关注的不是报酬的绝对值大小,而是将所取得的报酬与所付出的投入相比较,并且将自己的情况同所处环境中的他人相比较,用以衡量报酬是否公平合理及自己是否受到公平待遇。个人所付出的投入包括技能、经验、资力、教育水平、努力程度等;所得报酬表现为工资、奖金、提升、组织的赏识与尊重等。

比较的结果是否公平,决定个体行为方向、方式和强度。当员工发现自己的报酬与投入之比与他人比较相等时,就感到受到公平合理的待遇;反之,会产生不公平感。在缺乏公平感的情况下,他们会产生不满情绪,采取减少付出,要求增加报酬、放弃工作等消极行为。

公平理论的实质可用下式表示:

$$\frac{个人所得的报酬}{个人的投入} = \frac{他人所得的报酬}{他人的投入}$$

公平理论所描述的公平感受是组织存在的一种普遍心理现象,由不公平感产生的消极行为直接影响员工的工作积极性。管理者应采取认同与疏导的方式,主动深入到员工中去,了解他们对报酬结构的认可程度,解释某些组织行为,消除少数员工的价值判断偏差,调整奖酬形式,合理分配奖酬,适当减少比较机会等,力求营造一种公平的组织环境,使组织中大多数成员具有公平感。

第三节 激励的原则和方法

一、激励的原则

不同的激励理论从需要动机和行为各个环节研究激励方法,对设置激励目标以及引

导修正人的行为提出不同的内在要求;作为激励对象的组织成员个人经历、受教育程度、性格特点、心理状态、对周围环境的反应都不相同。一种激励理论不能适用于所有的人,激励方法也因人而异。但无论采取何种激励理论或激励方法,都应遵循激励的一般原则。

1. 内在激励与外在激励相结合

内在激励是指因某些激励因素作用,使被激励者自身产生的发自内心的一种精神激励力量。这种激励力量起源于个体产生的认同感、义务感、责任感、成就感等。认同感是指对组织目标的认同,从而积蓄一种为实现组织目标而奋斗的内驱力;义务感可使个体自觉自愿地形成一种精神动力,向自己认同的组织目标顽强前进,义无反顾;责任感驱使个体不渝、不懈地达成目标,自勉、自强、自觉地修正自身行为;成就感产生自信、自我认可,激发个体为新的更高目标实现倾其全力。内在激励一经产生,会形成一种价值观、人生观,可持久提高激励效果。

外在激励指管理者运用某些激励因素,引起激励对象的外在行为反应,他们可能一时会受到精神激励,但不形成经久的精神力量。例如赞许、奖赏、福利、晋升、参与等因素的作用,一时效果明显,但不易持久,运用不当时甚至会影响个体积极性。

内在激励与外在激励相结合,注重内在激励的作用,有助于构建持续有效的组织激励系统,形成良好的组织氛围,消除外在激励措施重复性使用低效或失效的缺陷。

2. 精神激励与物质激励相结合

精神激励是一种不可缺少的激励因素,是人更高层次的需求,运用得当,有利于产生内在激励力量。然而,高层次需求产生于人的基本需求满足的基础之上,在较低层次的基本需求存在时,单纯的精神激励只具有短时作用,人们最终还要返回到以满足物质需要为当前需求的状态。物质利益是人们行为的基本动力,但不是唯一的动力,任何人都不能只依靠物质动力活着。一般而言,在许多场合,物质激励是起作用的,而有时却是有条件的,也是短期与不能持久的。著名管理学家彼得·德鲁克阐明:"金钱并不能买来责任感。金钱奖励与刺激当然重要,但是这些东西起的作用主要是消极的。对酬金的不满是一种强有力的障碍,它败坏和腐蚀对工作的责任感。但是有证据表明,对于酬金的满足并不是充分的积极动力。它只有在其他的各种条件使工人愿意去承担责任的情况下才能起推动作用……只有具备了更好的工作意愿,奖金才能提高产量;否则它是无效的,甚至会被工人置之不理。"[①]

物质激励与精神激励相结合,才能产生激励效果,片面强调二者之一,都容易落入激励无效的陷阱。

3. 竞争与和谐并重

组织中的每个员工工作态度与效率有差别,而激励作为鼓励和表彰先进的手段,最基本的特点是体现差别,弘扬积极协作、努力工作的行为,旨在鼓励竞争。这种做法容易产生的问题在于,在激励一部分人的同时,打击了另一部分人。

所谓竞争与和谐并重,就是在强调个人激励、鼓励竞争的同时,维护合作精神,兼顾

---

① [美]彼得·德鲁克.管理实践[M].帅鹏等译.北京:工人出版社,1989:360.

整体利益,保持和谐的组织环境。这就要求把握适度差异,以免过分重视个人激励,破坏整体和谐;或者唯恐出现差异,一味强调调和,导致平均主义,抑制进取精神。

4. 共性与个性兼顾

每个人的个人经历、受教育程度、性格特点、心理状态、生活环境均不相同,其需要和价值观也不相同。人的需要、动机形成是一个复杂的过程,有效的激励措施应因人而异,没有普遍通用的模式。作为组织管理者,深入实际调查研究、认真研究每个员工的特点,就成为设计激励系统,采取相宜激励方法的基础工作。这样做的工作量是很大的。

与此同时,激励应注重组织成员的共性所在。每个组织都是一个整体,处在一定的社会环境大背景中,受相应的制度、政策等因素制约,受传统文化、道德规范影响,都会形成某些共同的价值观与行为准则。管理者应借助这些共性,引导员工树立共同的目标,精心设计激励措施,激发他们的归属感、主人翁的责任感和对组织的认同感。使他们产生自愿将个人目标与组织目标相结合,与组织这个整体共命运的协同意识。

由此可见,在激励系统设计与激励措施运用上,共性与个性应兼而有之,不可偏废,才可获得理想激励效果,并可降低激励的运作成本。

5. 时机与力度相宜

激励时机直接影响激励效果。一般而言,正强化措施,如表扬、奖励等,应及时,不拖延,这时行为者处于情绪高涨、反应敏感时期,及时激励恰好迎合其心理状态,有效刺激其保持和增强这种行为重新出现的频率。否则一待时过境迁,行为者就淡化了对激励的反应,甚至会因未得到及时鼓励和支持而气馁,丧失积极性。他们那些曾出现过的组织希望的行为,则由于没有得到及时的强化而自行消退,不再重复出现。负强化措施,如批评、惩罚一定要相机实施,分不同情况处理,不一定当时进行,以防止矛盾激化,使行为者产生对立情绪,结果适得其反。但是绝不能一拖无期,不了了之,使不利于组织目标的行为得不到及时纠正,放纵其泛滥,造成积重难返之势,最终影响到组织氛围。

激励力度要依据组织中成员的具体情况和组织自身情况确定,激励因素的使用必须考虑到诱因与贡献之间的平衡,运用有限的资源达到理想的激励效果。首先每一个组织中,激励因素的运用都是在前期基础上进行的,在设计激励系统,运用激励措施时必须考虑到这一点,因为无论物质因素或其他因素,长期累积使用,其作用非叠加而呈递减状态。其次,物质因素在人们生活水平较低阶段有很强的激励作用,但超过了必要限度,作用就会下降。地位和名誉因素如果使用过量,作用也会减少。上述两种情形一旦形成,要继续维持这些因素的激励作用将十分困难,而且需要付出大量的资源,成本极高,效果甚微。并且极易将原激励因素转化为保健因素,组织激励系统运行产生障碍。因此,适宜的激励力度是激励的重要原则。

此外,激励理论应用中,必须和我国组织实际情况相结合。不同国家、民族有各自的传统文化、价值取向、道德规范、行为准则,有不同的科技发展水平和生产力发展水平,这些差异又导致激励理论产生的背景与基础的差别。我们在应用国外激励理论指导实践时,应本着借鉴、取其所长的态度,切忌生搬硬套。同时,也防止另一个极端,认为国外理论毫无借鉴之处。他山之石,可以攻玉;取之精华,为我所用,同样适用于我国管理理论的形成与发展。

二、激励的方法

(1) 目标激励。指设置适当的工作目标来激发员工的动机,调动他们的积极性。目标的设置应结合工作岗位,把个人目标融合于组织目标之中;个人目标的设置应具有挑战性,每个员工应有一个确定的、经努力可以达到的目标,为员工创造展示自己才能的机会,借以培养员工创造自我价值的成就感。持续的目标激励,有助于促使员工产生内在的自我激励力量。

(2) 榜样激励。通过典型示范效应,调动员工积极性。榜样的作用在于影响众人,形成一种积极进取的精神,使员工感到环境中存在着挑战,而且这种挑战是自己经努力可以应对以至可以超越的。在这个过程中,员工的个人目标就因榜样的激励作用不断刷新,在组织目标实现过程中,员工个人也取得了进步和发展。

(3) 感情激励。感情需要是人类最基本的需要之一。领导者注重与员工加强感情交流,从员工思想、生活、工作等方面给予诚挚的关怀,想人所想,急人所难,使领导者成为员工心目中的知遇、知交,而不仅仅是一表威仪,望而生畏,令人退避三舍的至尊者。感情联系蕴藏着无形的潜能,可以增强组织凝聚力,以至于产生"士为知己者死"的激励力量。

(4) 领导行为激励。组织中的每个成员都对他周围的人产生行为影响力。领导作为众望所归者,影响力更大。领导的行为,对组织价值观形成起导向作用;对员工起示范效应。一心为公,恪尽职守,科学决策,任人唯贤,锐意进取,身体力行等优良品行,对员工的感召力是其他人不能比拟的。

(5) 评价激励。评价激励指领导者、管理者对员工业绩的评价,以及组织中同事之间的彼此评价。评价的尺度可以是组织明确规定的标准,也可以是大家认可的其他标准。每个人都有受到他人认可或赏识的期望,希望自己的贡献得到组织领导者及同事的认同。公正的评价是满足个人自尊需要,树立自信,获得社会认可,体现自我价值,获得尊重感及成就感,从而产生内在激励的重要激励因素。

(6) 荣誉激励。荣誉激励实质上是一种评价激励,给优秀员工以表扬、光荣称号、表彰、奖励等等,是对他们贡献的公开承认,可满足人自尊及自我实现的需要,从而产生激励。

(7) 组织观念激励。组织具有什么样的价值观、道德规范、行为准则,对组织成员有重要影响。首先组织成员要衡量其是否与自身相应的标准一致,一致时才容易认同组织标准,使个人自然而然与组织融为一体,结果由成员的归属感、认同感产生激励;其次,组织的价值观、道德规范、行为准则直接影响成员自身相应观念与标准的形成,如果组织传递给他的观念是所做的事有价值、有意义,工作的同时他就会产生一种责任感,从而产生激励。当代的企业理念、企业精神、企业文化所起的作用就是通过强化组织观念,使职工产生内心自我激励力量。

(8) 物质激励。典型的物质激励是金钱报酬,无论何时何地,物质报酬总是最基本的激励因素。员工对组织的期望不管有多少复杂情况,获得物质报酬始终是最基本的要求。此外,其他激励手段也离不开物质因素。尽管物质激励作用是有限度的,其普遍性及重要性不可忽视。

本章小结

激励是指各种主客观因素激发人的动机,诱导和强化人的行为,使之向期望目标趋近的作用过程。这个作用过程以"需要—动机—行为"循环模式为基础,通过设置激励目标,刺激个体众多需求中某种需求使之强烈起来,从而激发个体实现该需求的动机,产生相应行为——这就是激励的机理与实质。可见,关键在于激励目标的设置是否得当,不合理的目标难以启动上述循环,激励就不会发生。本章提出了合理目标设置的基本要求。激励一旦产生,可提高工作绩效,为组织吸引优秀人才、激发员工创造性与革新精神。

激励理论依据"需要—动机—行为"循环模式,针对其中三个环节及彼此关联,提出激励产生的内在机理与相应的激励过程。一般分为内因激励理论和过程激励理论两大类。前者以人的需要为研究核心,试图说明是什么诱导某种需要增强,从而激发动机,启动行为。包括马斯洛需求层次理论;奥尔德弗 ERG 理论;麦克利兰的三分法需要理论和赫茨伯格的双因素理论。后者重点研究人的行为是如何开始、改变和终止的,力图解释人们各种行为选择的起因。包括弗鲁姆的期望理论;斯金纳的强化理论;亚当斯的公平理论。不同激励者有形形色色的特征,没有哪一种理论适用于所有的人,因此激励方式方法因人、因地、因时而异,无常规可言。尽管如此,有一些一般原则是共同适用的,本章提出了六条激励原则及一些激励方法。

思考与理解

1. 激励的概念,其中包括哪些要素?
2. 解释"需要—动机—行为"循环模式。
3. 阐述激励的机理与实质。
4. 激励目标有什么作用?为什么要对其提出设置要求?有哪些要求?
5. 理解各种激励理论,比较其异同,认识其各自长处,掌握其应用价值。
6. 各种激励原则、激励方法及其意义。

课外阅读

1. 张玉利.管理学[M].第 2 版.天津:南开大学出版社,2004:258-291(第 9 章).
2. 斯蒂芬·P.罗宾斯.管理学[M].第 7 版.北京:中国人民大学出版社,2004:389-479(第 14-16 章).
3. 彼得·德鲁克.管理实践[M].帅鹏等译.北京:工人出版社,1989:358-370(第 23 章).
4. [中国台湾]陈念南.管理学教授错在哪里[M].上海:上海大学出版社,2006:

126-129.

【案例分析】

黄工程师为什么要走

助理工程师黄大佑,一个名牌大学高才生,毕业后工作已8年,于4年前应聘调到一家大厂工程部负责技术工作,工作勤恳负责,技术能力强,很快就成为厂里有口皆碑的"四大金刚"之一,名字仅排在一号种子厂技术部主管陈工之后。然而,他的工资却同仓管人员不相上下,一家三口尚住在来时住的那间平房。对此,他心中时常有些不平。

黄厂长,一个有名的识才老厂长,"人能尽其才,物能尽其用,货能畅其流"的孙中山先生名言,在各种公开场合不知被他引述了多少遍,实际上他也是这样做了。4年前,黄大佑调来报到时,门口用红纸写的"热烈欢迎黄大佑工程师到我厂工作"几个不凡的颜体大字,是黄厂长亲自吩咐人事部主任落实的,并且交代要把"助理工程师"的"助理"两字去掉。这确实使黄大佑当时工作更卖劲。

两年前,厂里有指标申报工程师,黄大佑属有条件申报之列,但名额却让给一个没有文凭、工作平平的老同志。他想问一下厂长,谁知,他未去找厂长,厂长却先来找他了:"黄工,你年轻,机会有的是。"去年,他想反映一下工资问题,这问题确实重要,来这里其中一个目的不就是想拿高一点工资,提高一下生活待遇嘛。但是几次想开口,都没有勇气讲出来。因为厂长不仅在生产会上大夸他的成绩,而且,曾记得,有几次外地人来取经,黄厂长当着客人的面赞扬他:"黄工是我们厂的技术骨干,是一个有创新的……"哪怕厂长再忙,路上相见时,总会拍拍黄工的肩膀说两句,诸如"黄工,干得不错"、"黄工,你很有前途"。这的确让黄大佑兴奋,"黄厂长确实是一个伯乐"。此言不假,前段时间,他还把一项开发新产品的重任交给他呢,大胆起用年轻人,然而……最近,厂里新建好了一批职工宿舍,听说数量比较多,黄大佑决心要反映一下住房问题,谁知这次黄厂长又先找他,还是像以前一样,笑着拍拍他的肩膀:"黄工,厂里有意培养你入党,我当你的介绍人。"他又不好开口了,结果家没有搬成。

深夜,黄大佑对着一张报纸招聘栏出神。第二天一早,黄厂长办公桌上压着一张小纸条:

黄厂长:

您是一个懂得使用人才的好领导,我十分敬佩您,但我决定走了。

黄大佑于深夜

讨论题:

1. 根据马斯洛的理论,住房、评职称、提高工资和入党对于黄工来说分别属于什么需要?
2. 根据公平理论,黄工的工资和仓管员的不相上下,是否合理?
3. 根据有关激励理论分析,为什么黄厂长最终没有留住黄工?

【知识点链接】 需要层次理论认为人的行为动力来源于主导需要层次,需要层次从低到高的顺序为生理需要、安全需要、爱(社交和归属)的需要、尊重需要和自我实现的需要。

公平理论认为当一个人付出努力并取得报酬后,他们更为关注的不是报酬的绝对值大小,而是将所取得的报酬与所付出的投入相比较,并且将自己的情况同所处环境中的他人相比较,用以衡量报酬是否公平合理及自己是否受到公平待遇。比较的结果是否公平,决定个体行为方向、方式和强度。

第十章 沟通

第一节 沟通概述

一、沟通的概念

沟通发生在我们日常生活及管理活动的方方面面,小到买卖双方的讨价还价,大到政要间的国际交流,都是信息主客体进行"沟通"的具体表现。近现代社会中,关于"沟通"的讨论日见增多,综合各学派的观点,我们认为沟通是人们通过各种媒介传递语言或非语言信息,以达到实现主体目的并了解客体思想、情感、价值观等方面的一种双向互动过程。

首先,沟通是信息传递的过程。其中,信息发送者是沟通的主体,信息接收者是沟通的客体;文字、语言或其他形式是沟通媒介;沟通的内容包括信息传递、情感交流等方面。

其次,沟通是一种持续的双向互动过程。美国GE公司总裁杰克·韦尔奇曾经指出:沟通其实不是一场类似被拍成录像带的演讲,它也不是公司内部发行的刊物,真实的沟通是一种态度与环境,它是所有过程中最具互动性的,它需要长时间地面对面的来往,它是一种持续性与互动性的过程。其目的在于创造一致性。

最后,沟通的双向互动性应该涵盖五个方面:想说的、实际说的、听到的、理解的、反馈的。在具体的沟通过程中,想说的和实际说的,听到的和理解的都有一定的差别,所以,必须要求沟通的主客体双方掌握科学的沟通理念和一定的沟通技能,从而保证沟通的顺畅。

二、管理与沟通

沟通是管理工作中最重要的组成部分。日常管理过程中碰到的各种摩擦与障碍大多是沟通问题没有处理好所引致的。因此,要处理好这些问题,就得掌握沟通技巧。在信息交流方式日益增多的背景下,沟通的外延也不断发展。沟通一方面表现为通信工具之间的信息交流,如古代的烽火、现代的电话电报等;另一方面表现为人与机器之间的信息交流,如计算机终端的使用;还可以表现为组织与组织、人与组织、人与人之间的信息交流。管理学所要研究的主要是第三种形式的沟通。

管理学范畴下的沟通主要是指,管理者为了实现组织目标,在履行管理职责、实现管理职能过程中,通过对信息、媒介和渠道等方面的控制和使用,有目的的交流观点、信息和情感的双向互动过程。

比较一般的沟通,管理沟通具有以下几方面特征:

(1) 管理沟通的目的是为了达成预定的管理目标。与一般意义的沟通类似,管理沟通也是信息传递和交流的过程。但作为一种特殊形式,管理沟通是管理者在履行管理职能过程中为了解决管理工作中出现的问题而进行的一种职务沟通活动。它不同于熟人见面打招呼等常见的人际沟通,管理沟通不仅与管理有联系,其实它本身就是管理的内容。

(2) 管理沟通是规范性的活动和过程。作为管理活动内容之一的管理沟通有别于随意的、私人的、无计划的、非规范的沟通,它所进行的信息交流与组织目标、任务等密切相关。管理沟通的任何内容的实施和开展都是受组织目标引导的一种有计划的、规范的、自觉的活动过程。

(3) 管理沟通是一种制度体制。管理沟通的一切活动应该包括现代组织信息活动与交流的一般管理要求和现代管理方法在内。这意味着管理沟通不仅是一种活动,同时也是一种制度体系。它要求组织结构的选择和组织制度的建设要为有效沟通服务。

(4) 管理沟通要求设计有效的策略。基于管理沟通在组织发展中的重要作用和沟通事件本身的复杂性,需要沟通双方,尤其是沟通主体制定必要的沟通策略,以达到有效的结果。

三、沟通的要素

在探讨了沟通的概念和沟通的外延(管理沟通)之后,我们对沟通的知识有了一个基本的了解。在现实世界中既有沟通成功的典型,也有大量沟通失败的案例。这就值得我们深入思考,是什么决定了沟通的成败? 为了明白这个问题,有必要对沟通过程中所包含的要素进行分析和认识。

有效沟通环节中,主要包含七个基本要素:

(1) 信息发送者。信息发送者也就是信息的来源。他将经过思考或事先酝酿的策略计划通过合适的渠道发送出去,以便接受者的理解。信息发送者要顺利完成信息的输出,必须对信息进行编码。

信息编码是指将信息以相应的语言、文字、符号或其他形式表达出来的过程。例如,在交通管制中,绿灯表示"行"、红灯表示"停",就是通过灯光符号进行的信息编码。

(2) 听众(受众/信息接收者)。听众是指获得信息的人。听众在接收信息的过程中,必须从事信息解码工作,即将信息转化为自己所能了解的想法和感受。

信息解码是与信息编码相对应的概念,是指信息的接受者将信息转换为客体的感觉或知觉的过程。这一过程受到接受者的经验、知识、才能、个人素质以及对信息主体的期望等因素的影响。

(3) 目标。信息发送者应当明确其传递信息的目的,使信息的编码围绕着目标进行。例如,绩效沟通的目的是为了取得更大的绩效改进。

(4) 信息。信息是指在沟通过程中传递给听众的消息。同样的消息,发送者和听众可能有不同的理解。为了使信息顺畅的传递,必须要策略性地组织信息模块。如使信息结构符合人的记忆曲线等。

(5) 沟通渠道。沟通渠道是指信息传播的媒介或载体。一般来讲,沟通渠道主要有语言和非语言两种。管理沟通过程要求不同的情况下应当采用不同的沟通渠道。

(6) 环境。沟通是在具体的环境中发生的,任何形式的沟通都会受到各种环境因素的影响。在这里,沟通环境主要包括物理环境(沟通发生的场所)和人文环境(心理背景、社会背景、文化背景等)。

(7) 反馈。反馈是指给信息发送者的提示,使其了解信息接受者是如何接受并理解信息的,从而使信息发送者根据需要进行调整。反馈可分为正向反馈和负向反馈两种。

四、沟通过程分析

了解了沟通的组成要素后,为了完成一次完整的沟通,我们必须对所有的因素进行综合考察,这就涉及了沟通过程的概念。沟通过程是指,沟通主体向受众传递信息并获得对方反馈的过程。(如图10-1所示)

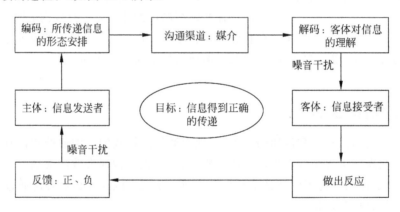

图 10-1 沟通过程示意图

首先,该过程是信息发送者、听众、目标、信息、渠道、环境、反馈七个基本要素的有机整合。

其次,源于主体的编码、源于客体的解码以及沟通渠道的选择是沟通过程取得成功的关键环节。

再次,受众的反馈是沟通成功的标志。沟通过程是良性反应和积极反馈的统一。

最后,沟通过程会受到沟通障碍性因素的干扰(噪音干扰)。因此,实现有效沟通必须对"噪音干扰"进行控制。

五、沟通的类型

按照不同的维度,沟通可以划分为以下几类:

(一) 按照沟通渠道不同,沟通可分为口头沟通、书面沟通、非语言沟通等

(1) 口头沟通:是指用口头语言传递信息的沟通方式。是人们之间最常见的交流方

式。常见的口头沟通包括报告、演说、会谈、电话、会议、广播、讨论以及传闻或小道消息的传播等。这种方式比较灵活,速度快,可以双向交流,及时反馈,简便易行,还可以用表情、语气、语调和手势等增强沟通的效果,但它只适用于小范围的沟通,参与的人越多,信息失真的可能性越大,且沟通后保留的信息较少。因此,在组织中一些重要的信息传达慎用这种方式。

(2) 书面沟通:是指以书面或是电子作为载体,运用文字、图示进行的信息传递和交流。书面沟通是口头沟通、非语言沟通外的主要沟通形式。在管理中进行的书面沟通通常被称为商务写作或商务阅读。书面沟通具有准确性、权威性、规范性等特征,便于存档查阅以及配合口头沟通使用减少信息错误等优点;但书面沟通也存在着对沟通者的素质要求较高、准备相对费时、不利于及时反馈等缺陷。

(3) 非语言沟通:是指使用除语言沟通以外的其他各种沟通方式来传递信息的过程。非语言沟通的形式很多,包括身体语言、副语言、空间语言及环境语言等,甚至没有表情的表情、没有动作的动作都是非语言沟通的有效途径。一般情况下非语言沟通与口头沟通结合进行,在交流沟通中对语言表达起到补充、解释、说明和加强感情色彩的作用。

(二) 按照组织系统,沟通可分为正式沟通和非正式沟通

(1) 正式沟通:是指以正式组织系统为沟通渠道的信息传递。如组织中各层次之间的联系,横向协作关系进行的沟通。正式沟通适用于条款、制度的商议,事实的表达,如备忘录、建议书、通告、正式文件、合同等。

(2) 非正式沟通:是指以非正式组织系统或个人为沟通渠道的信息传递。非正式沟通适用于获取新的观念和知识的场合,如电子邮件、互动研讨会、即时通信工具等。

(三) 按照是否进行反馈,沟通可分为单向沟通和双向沟通

(1) 单向沟通:是指在沟通过程中,信息发送者和接受者之间的地位不变。在这种沟通中,不存在信息反馈。如作报告、下指令是单向沟通。单向沟通的信息传递速度快,但准确率差,有时还容易使接受者产生抗拒心理。

(2) 双向沟通:是指在沟通过程中,发送者和接受者之间的地位经常发生变换。在这种沟通中,存在着信息反馈。如交谈、协商属于双向沟通。双向沟通的信息准确性高,接受者有反馈意见的机会,使之有参与感,有助于双方建立感情,方便沟通,但对发出信息者来说,在沟通中随时会受到对方的挑剔或批评,因而心理压力大,同时信息传递速度慢。

(四) 按主体划分,沟通可分为个体间沟通和群体间沟通

(1) 个体间沟通适用于个人关系的构造,获知他人的反应,交流属于隐私和机密的信息。通过个别沟通使双方可以发掘出对方许多不知道的信息,也是双方协商工作方式、共同订立工作目标的机会。沟通方式可选择面谈、即时通信、电子邮件等。

(2) 群体间沟通则适用于团体关系或形象构建,取得团体的反应,确保组织中的每个成员都能同时接收、理解、共享相关的信息。可选择会议、通告、即时通信的聊天组群、电

子邮件群发等方式来完成。

第二节 沟通的基本策略

一、沟通客体策略

在管理过程中,沟通主体往往过分关注自己的价值取向,忽略了对客体应有的理解,把自己的观点强加于他人的观点之上,最终影响了管理效果。因此,建立科学的沟通理念、选择恰当的沟通策略对于组织发展至关重要。客体导向型的沟通策略是指,沟通者在沟通过程中能够站在对方的立场思考问题,能够根据客体的需要和特点组织信息、传递信息,实现有效沟通。现代管理学实践证明,客体导向型的沟通策略是成功管理的本质要求。

(一) 客体分析步骤

1. 分析受众的范畴

建立客体导向型的沟通策略首先要解决"以谁为中心进行沟通"。在许多情况下,管理者所面对的沟通对象并非单一的个人。如果沟通主体同时拥有多个不同的受众,那么必须要对受众区分,以便实现信息的正确传递。对受众范畴进行分析,可以从两个层次展开:

层次一,对受众整体做分析。整体分析是对受众的群体特征、他们所处的社会环境、文化背景、价值观等做一个框架式的分析,以便取得受众的同一性特征。例如,分析企业中所雇佣的外籍员工时,可从该员工所属的国家整体特征入手。

层次二,区分具体的受众类型。一次沟通中,受众类型大体可分为三类,一是主要受众,是指那些直接从沟通主体处获得信息并可以决定是否接受主体意见或建议的人,这类受众是沟通中的最主要对象;二是次要受众,又称为间接受众,该群体是信息的波及对象,负责为主要受众采纳信息提供参考意见或具体实施;三是桥梁受众,是沟通主体与其他受众之间传递信息的"桥梁",此类受众有权决定主体的信息能否顺畅的传递。

2. 分析受众对信息的需求

该步骤主要解决在具体的沟通过程中,受众已经了解了哪些信息,哪些信息是受众未掌握的,需要主体的传递。

首先,了解受众已经知道了什么,即对背景资料的掌握情况:受众对沟通主题了解多少,有哪些专门术语是他们能够理解的。如果受众在沟通前对背景资料掌握充分,在沟通时就不必要介绍过多的背景情况,可以节省沟通时间;同时,通过对受众掌握的专门术语情况分析,可以决定如何介绍新信息。

其次,了解受众还需要知道什么,即受众对新信息的需求情况。沟通者在传递信息的时候应该考虑的是受众需要什么样的信息,而不是自己能够提供什么样的信息。对于信息细节需求程度高的受众,沟通主体应当提供足够的佐证材料,为受众自觉判断留出空间;对于信息细节需求程度低的受众则应当准备具体的方案以供其选择。

3. 分析受众对信息的感受程度

受众对信息的感受程度也就是受众在接收到新信息后,会存在一个怎样的情感反应过程。

首先,受众对新信息的接受都有一个基本的期望,例如有人喜欢通过非正式的、间接的、婉转的方式接受信息,另外的人群可能更喜欢正式的途径。针对不同的期望特征,选择不同的信息交流方式,是提高客体认可度的一个重要因素。

其次,受众一般对那些与他们自身利益密切相关的信息产生较大的兴趣,如职业生涯规划、财务状况、家庭状况等。因此,客体导向型沟通成功的关键也就是能够从受众自身利益的角度出发,来选择信息实现沟通目标。

(二) 客体沟通方法

1. 通过指明利益来引导受众

根据上面的介绍,受众在接受新信息时,一般对那些与他们自身利益密切相关的信息会产生较大的兴趣。因而,指出信息中对受众的重要价值在客体沟通方法中是非常重要的。新信息带给客体的利益无非表现在两个方面:一个当前具体的好处;二是随着事态的发展可以得到的好处。

"通过指明利益来引导受众"就是要完成如何打动受众这个工作。当前的利益容易识别,但一些长远的利益却可能会被隐藏起来。对于后者,沟通的重点在于发掘隐藏的利益,将一些看似不可被受众接受的事情找到让受众可以接受的理由。

2. 通过让渡利益来引导受众

部分沟通中,沟通者可以通过给予受众优惠、让渡部分利益的方式,增强受众对沟通主体的认同度,建立信赖关系,从而提高沟通成功的概率。

3. 通过奖惩技巧引导受众

与沟通客体建立信赖关系的另一种方法是通过地位可信度技巧的使用而实现的。所谓地位可信度即依靠自身管理地位的优势,采用升值、加薪等奖励措施或降职、减薪等惩罚措施,实现主体沟通目标。地位可信度技巧属于引导客体的一种极端方法。

二、沟通主体策略

客体沟通策略是研究沟通主体如何采用"换位思考"的理念,站在自己的立场看待别人。与之相对应的是在沟通中主体如何看待自己的问题,这就涉及沟通主体策略的选择。

(一) 沟通主体分析的两个基本问题

1. 自我认识

自我认识是解决"我是谁"的问题,即沟通主体如何看待和感受自己,由此影响主体的情绪体验。进行自我认识关键是要解决两个方面的问题:

第一,剖析自身的物质特征、社会特征、精神特征,即对物质自我、社会自我、精神自我等三要素的认识。物质自我是主体对自己的身体、仪表、家庭等方面的认知;社会自我是主体对自己在社会活动中的地位、名誉、财产以及与他人相互关系认知；精神自我是主体对自己的智慧能力、道德水准等内在素质的认知。

第二，分析自身内在动机和外在动机的统一程度。内部动机是个体对所从事的活动本身有兴趣而产生的动机，这种动机能够使个体获得满足感。外部动机是由于个体所从事的活动以外的刺激诱发而产生的，这种活动不能给个体带来直接的满足，但可以给个体带来其他效益，如努力工作为了争取先进等。在沟通过程中，如果沟通主体的内部动机与外部动机发生冲突，但仍按照内部动机去发生外部所不需要的行为，往往会演变为不纯的动机；如果外部动机所需要发生的行为与内部动机不吻合，就会由于缺乏激励而导致沟通积极性减弱。因此，在沟通过程中，沟通主体必须要客观审视自己的内外动机，只有内外动机得到统一，才能为沟通客体所接受。

2. 自我定位

自我定位就是对自身的地位、能力、个性特点、价值观和形象的客观定位，解决的是"我在什么地方"这个问题。自我定位主要包括以下几个方面：

(1) 你在组织中的地位
(2) 可获得的资源
(3) 组织传统和价值观
(4) 人际关系网络
(5) 领导者的利益和偏见
(6) 沟通渠道
(7) 你和竞争者之间的经营现状
(8) 文化环境等

(二) 主体沟通策略的选择

沟通主体策略选择是指沟通主体通过对自我认识和自我定位的分析，采取相应的策略去实现沟通目标的过程。沟通主体根据自己对沟通内容的不同控制程度可以采用以下四种不同的沟通形式：

告知策略。告知策略是沟通主体在信息中掌握绝对优势而采用的一种沟通形式。沟通主体仅仅向客体叙述或解释信息及要求，不需要客体参与意见，如企业任命下属员工。

说服策略。说服策略是沟通主体在信息中具有主导优势，但客体有权利决定是否采用主体所提供的信息，主体只能提供做或不做的利弊，以供对方参考。例如销售人员推销产品。

征询策略。征询策略是沟通主体希望计划的安排得到受众的认可，或是沟通主体希望通过协商来达到某个目标。例如销售部门召开的销售方案咨询会。

参与策略。参与策略是沟通主体针对某一事项最初并没有意见或建议时，通过共同讨论解决问题的方法。例如头脑风暴法。

第三节　沟通的障碍与控制

一、沟通的障碍

沟通的目的是要使信息接收者(受众)尽可能理解信息发送者的真实意图,进而影响信息接收者的行为方式。上一节中沟通策略的选择与使用正是为这一目的服务的。然而,由于沟通中存在多种因素,这些因素在信息传递过程中并不尽善尽美,导致沟通目的不能如人所愿,造成了沟通中的各种障碍。

一般来讲,沟通中的障碍主要有以下几个方面。

(一) 源于沟通主体方面的因素

1. 目标不明

沟通中的首要任务是信息发送者围绕沟通目标进行信息编码。因而,明确的目标是成功编码的前提。明确的目标主要解决"我要通过什么渠道,向谁传递什么信息,达到什么效果"等问题。在具体的沟通实践中,许多信息发送者并不十分清楚沟通目标,或是对沟通目标理解不到位,造成了诸如沟通渠道选择失误、沟通对象区分不清等沟通障碍。

2. 选择失误

选择失误是指信息发送者在沟通过程中选择信息载体(媒介)、沟通环境、沟通方式时出现失误。具体包括:

语言选择失误。语言是最主要的人际沟通工具。持不同编码系统语言的主体互相不能传递信息。由于地域、文化、生活方式等的不同,语言可分为多个不同的语系(如印欧语系、汉藏语系等);语系内部又分为若干语族(如印欧语系又分为印度语和日耳曼语等);即使是同一语族,也会由于地方不同而演变成不同的方言(如我国汉语又分为北方话、闽南话、粤语等)。如果沟通主体选择与客体不同的语言种类,沟通时必然存在障碍。另外,信息表达方式不当,如措辞不当、丢字少句、空话连篇、文字松散、生造词汇等,这些都会增加沟通双方的心理负担,影响沟通的进行。

环境选择失误。沟通环境包括正式环境(如办公室)、中立环境(如咖啡厅)和非正式环境(如公园),甚至还包括空间环境等。按照不同的沟通内容和对象,应当选择不同的沟通环境。如果沟通环境选择不当(如在公园任命部门经理),必然会影响沟通效果。此外,信息的发送者和接受者如果空间距离太远、接触机会少,也会造成沟通障碍。目前随着信息技术、通信技术的长足发展,尤其是计算机互联网络的出现,在组织内外的沟通中,空间距离的障碍基本消除。数字化、网络化、多媒体的通信技术已使得沟通的实现天涯若比邻。但应当强调的是,无论技术如何发展,技术设备支持的沟通,最终也不能代替面对面沟通的全部意义。

3. 沟通形式不当

沟通形式选择不当,同样会造成沟通障碍。沟通的方式多种多样,且它们都有各自的优缺点。要根据沟通内容和目的选择最恰当的沟通方式,如果不根据实际情况灵活选择,则沟通不能畅通进行。

(二) 源于沟通客体方面的因素

1. 知觉偏差

知觉偏差,是指在沟通过程中,接受者会根据自己的需要、动机、经验、背景及其他个人特点有选择地去看或去听信息,往往会不自觉地根据自己的兴趣和期望带进所接受的信息之中,并误将之认为就是事实。人们往往听或看他们感情上能够接纳的东西,或他们想听或想看的东西,甚至只愿意接受中听的,而对自己不利的、有可能损害自身利益的,则不容易听进去。凡此种种,都会导致信息歪曲,影响信息沟通的顺利进行。选择性知觉与个人心理品质有关,在不同个体中所表现的程度不同,在很多情况下是不被主体意识到的。

2. 情绪因素

在接收信息时,接受者的感觉也会影响到他对信息的解释。不同的情绪感受会使个体对同一信息的解释截然不同。极端的情绪体验,如狂喜或悲痛,都可能阻碍有效的沟通。这种状态常常使我们无法进行客观而理性的思维活动,代之以情绪性的判断。

3. 过滤加工

信息接收者在信息交流过程中,有时会按照自己的主观意愿和思维定式,对信息进行"过滤"和"加工"。在沟通中还存在另外一种情况就是客体所获得的信息并不是由主体直接发出的,而是经过其他人转述的。这种转述的信息很可能出现信息扭曲或信息失真,因而也是客体沟通障碍的一方面。

除主客体因素外,在管理中,合理的组织机构有利于信息沟通。但是,如果组织机构过于庞大,中间层次太多,那么,信息从上级传递到下级单位不仅容易产生信息的失真,而且还会浪费大量时间,影响信息的及时性。有学者统计,如果一个信息在高层管理者那里的正确性是100%,到了信息的接受者手里可能只剩下20%的正确性。因此,如果组织机构臃肿,机构设置不合理,各部门之间职责不清,分工不明,形成多头领导,或因人设事,人浮于事,就会影响沟通的进行。

二、沟通障碍的控制

沟通中的障碍是难免的,但由于这些障碍几乎都是人为的,所以只要方式和方法能对症下药,障碍的控制也是容易的。

(一) 沟通要有认真的准备和明确的目的性

沟通者自己首先要对沟通的内容有正确、清晰的理解。重要的沟通最好事先征求他人意见,每次沟通要解决什么问题,达到什么目的,不仅沟通者清楚,还要尽量使被沟通者也清楚。此外,沟通不仅是下达命令、宣布政策和规定,而且是为了统一思想协调行动,所以沟通之前应对问题的背景、解决问题的方案及其依据和资料、决策的理由和对组织成员的要求等做到心中有数。

（二）设计合理的沟通渠道

作为一个组织，要充分考虑组织的行业特点和人员心理素质，结合正式沟通渠道和非正式沟通渠道的优缺点，设计一套包含正式沟通和非正式沟通的沟通通道，以使组织内各种需求的沟通都能够准确及时而有效的实现。

（三）运用反馈

很多沟通问题是由于误解或理解不准确造成的，这时可以运用反馈机制予以避免或减少。反馈可以是语言的，也可以是非语言的，谈话者有时从对方的表情、动作及其他非语言线索中也可以捕捉到是否已经充分理解信息。最好的办法是让接受者用自己的话复述信息。听取别人的反馈时，要抓住其中对自己有价值的东西，不要计较对方的身份和交流的方式，做到言者无罪，闻者足戒。

（四）了解下属，消除顾虑

上级管理者要全面了解并掌握下级或下属的心理和行为的实际情况，站在对方的立场上去想问题，消除他们的顾虑，他们才能把自己心里的话讲出来，从而获得真实可靠的信息。这同时也会改善上下级的人际关系，使沟通工作进入良性循环。

（五）运用通俗、准确的语言

鉴于接受信息的人各不相同，所以发出信息所用的语言也要因人而异，要使用对方最容易懂得的语言；容易含糊和误解的词语要加以重复、强调和解释，以便对方正确的理解。在这里，反复的沟通是必要的。

（六）培养个人的信誉

尤其是上级主管人员，一定要取得下级或下属的信任。由于信任是双方的，同时他也应相信下级或下属人员。这种信任必须建立在个人的信誉基础之上。只有这样，信任程度才能被保持和进一步提高。

（七）重视双向沟通、平行沟通和斜行沟通

双向沟通可以使信息发出者及时了解到信息在实际中如何被理解，使信息接受者得以表达接受时的困难，从而得到帮助和解决。在组织中允许员工提出问题，反映所思所想，提出建议和评论，并得到决策层领导的应答。可以在组织建立的网站上开辟空间，鼓励员工发表意见，与领导讨论共同关心的问题。在必要和可能的条件下，要充分利用平行和斜行的沟通方式，要求不同的职能部门结合起来，以他们共同面临的问题作为沟通的主线，从而解决他们各自存在的问题。

（八）避免过早的评价

上级人员应该不带有任何成见地传递和接受信息。如果他过早地对沟通过程加以

评价,表明自己全部或部分的态度,就会使下级人员手足无措,沟通就会中断。所以不要过早地评价,这样才能传递和接受完整的信息。

(九)选择适当的沟通方式

不同的沟通方式,信息传递效果不同。根据沟通的对象、内容、环境特征等采取不同的信息沟通方式,才能达到最佳的效果。如组织中重要决定的公布、规章制度的颁行、决策命令的传达等都宜于采用书面正式公文的形式,形式庄重,表达准确,措辞严谨并可作为核查的依据;如果组织面临变革调整,员工一般会有不同程度的担忧焦虑,甚至产生抵触情绪。这时面对面的交流沟通可以最大程度的传递信息;普遍性的问题选择会议沟通,个别问题选择个别沟通等。

(十)控制情绪

情绪的波动会使信息传递受阻或失真。在沟通中主体的情绪状态会直接影响到接受者对所接受的信息的感受,会产生错觉或误解。在强烈的情绪状态下对于信息的表述也有失准确和清晰,判断很难正确,态度容易偏激。因此在沟通时遇有不如意的事情要能控制情绪,防止情绪化反应。最好的办法是暂停沟通,稳定情绪,待恢复平静后再进行沟通。

三、沟通的技巧

(一)倾听的艺术

信息沟通通常是沟通各方互动的过程,这时沟通者倾听的技能是影响信息接受效果的重要因素,尤其是作为管理者的沟通者更应当掌握倾听艺术。

为了实现有效沟通,必须要克服10种不良习惯:(1)对所谈的主题表现出没兴趣;(2)被谈话人的姿态所吸引,而忽略了其谈及的内容;(3)当听到与自己意见不同的地方时,就过分激动,不愿再听下去,把其余的信息都抹杀了;(4)仅重视事实,而不肯注意原则和推论;(5)过分注重条理,而对欠条理的人讲话不重视;(6)过多注重造作掩饰,而不重视实质问题;(7)分心于别的事情,心不在焉;(8)对较难的言辞不求甚解;(9)当对方谈话带有感情词语时,听力分散;(10)边听别人讲边思考问题,顾此失彼。

实现有效倾听的技巧包括:(1)要耐心地听,避免中间打断别人讲话;(2)适当的提问;(3)要听出说话人的感情和情绪;(4)谈话时要精神集中;(5)重新陈述一次对方的看法;(6)不要多说;(7)控制自己的情绪;(8)避免争论;(9)站在对方立场考虑问题;(10)不要事先就做出评价。

(二)语言表达的艺术

语言是沟通中传递信息的主要载体,掌握语言表达艺术是提高沟通质量和效率的首要问题。这就要求通过一定的学习和训练,提高运用语言词汇、清晰有条理表达自己思想的能力。

在沟通过程中,语言的运用要切合沟通的内容,语言表达要清晰、明确,能让对方明白你要表达的意思;应注意语言的亲和力,坦诚平和,使人感觉到心灵的靠近;说话的力度也不容忽视,它体现了沟通者对所要表达信息的确定和对自己的信心;在适当的场合可以使用幽默生动的语言,可以缓解气氛,又可以增进与对方的友好感情。

(三)非语言提示的技巧

在沟通中不能忽视非语言要素的作用,人的表情、手势、动作等身体语言所表达的意思有时比口头语言更直接。有人做过统计,一个人口头表达的信息大约有65%是身体语言。灵活运用语气、语调、表情、肢体语言等,可以有效的促进沟通。在沟通中要根据谈话的内容和沟通对象来确定所用的音色和语气;与对方沟通时,眼睛要注视着对方,学会用眼睛说话;学会点头和微笑,使双方在轻松友好的气氛中进行沟通;注意手势运用的频度和幅度要适度;运用正确的面部表情,才能传递给对方准确的信息。

(四)创造一个有利于沟通的环境

沟通所选择的时间、地点以及情境环境会对沟通的效果有很大的影响。要根据沟通主客体间的关系和沟通目的等多方面的因素灵活选择谈话的地点;沟通的时间安排不宜过于紧迫、短促,时间安排尽量根据内容留有余地;创造令人愉快放松的沟通氛围,一般地,人们在和谐、友好、轻松、愉快的气氛中更易于表露内心深处的思想和情感,当然营造氛围要因时因地因事制宜,如果沟通目的需要一种严肃庄重的气氛,就要以严肃庄重为宜。

第四节 组织中的正式沟通与非正式沟通

一、组织的正式沟通

正式沟通一般指在组织系统内,通过组织明文规定的渠道进行的信息传递与交流。例如组织与组织之间的公函来往、组织内部的文件传达、召开会议、上下级之间的定期情报交换等。正式沟通的沟通效果好,严肃可靠,约束力强,易于保密,可以使信息沟通保持权威性。但由于依靠组织系统层层的传递,所以较刻板,沟通速度慢。

(一)正式沟通的渠道

1. 下行沟通

下行沟通是指信息从上级逐层的向下级传递的沟通,是从上而下的沟通。这是组织下达指令,发布指示、表达愿望的通道。如一个组织的上级将工作计划、任务、规章制度向下级传达。沟通的内容一般包括:(1)有关工作的指示;(2)工作内容的描述;(3)各种政策、程序、规章等;(4)有关下属工作情况的反馈;(5)组织目标。在沟通中,要防止信息的失真,因此必须建立一个跟踪反馈系统。

下行沟通可以使下级部门和团体成员及时了解组织的目标和领导意图,增加组织成员对所在团体的向心力与归属感。也可以协调组织内部各个层次的活动，加强组织原则和纪律性，使组织机器正常的运转下去。但如果这种渠道使用过多，会在下属中造成高高在上、独裁专横的印象，使下属产生心理抵触情绪，影响团体的士气。此外，由于来自最高决策层的信息需要经过层层传递，容易被耽误、搁置，有可能出现事后信息曲解、失真的情况。

2. 上行沟通

上行沟通是指下级的意见和信息向上级反映。沟通是由下而上的。这是上级了解下级的情报信息，并正确向下级发布指示的重要基础。如正式报告、汇报会、建议箱、申诉、接待日、员工士气问卷、离职谈话、信访制等。它有两种表达形式：一是层层传递，即依据一定的组织原则和组织程序逐级向上反映。二是越级反映，即减少中间层次，让决策者和团体成员直接对话。

上行沟通是领导了解实际情况的重要途径。但在沟通过程中，下属因级别不同造成心理距离，形成一些心理障碍；害怕受打击报复，不愿反映意见。同时，上行沟通常常效率不佳。

3. 平行沟通

平行沟通是指信息在组织中各平行部门或人员之间的交流。它使组织中各职能相关的部门协调起来，形成优势互补的组织运行状态。

平行沟通可以使办事程序、手续简化，节省时间，提高工作效率；可以使组织各个部门之间相互了解，有助于培养整体观念和合作精神；可以增加组织成员之间的互谅互让，培养成员之间的友谊，满足组织成员的社会需要，使其提高工作兴趣，改善工作态度。但平行沟通头绪过多，信息量大，易于造成混乱；此外，平行沟通尤其是个体之间的沟通也可能成为组织成员发牢骚、传播小道消息的一条途径，造成涣散团体士气的消极影响。

4. 斜行沟通

斜行沟通是指一部门的人员与其他部门的上级、下级或同级人员之间的直接沟通交流。它可以加快信息流动，促进相互了解和配合。如当人事部门的主管直接与比他高的生产部门经理联系时，他所采取的是斜行沟通。

图10-2为以上四种沟通的示意图。

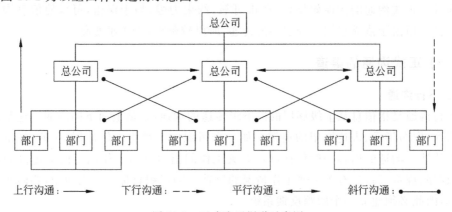

图10-2　正式沟通渠道示意图

（二）正式沟通的网络形式

由组织正式沟通的四种不同渠道方式可以组成信息传递的多种模式，这些模式可称之为沟通网络，它指出了在一个组织中信息是怎样传递和交流的。在正式组织环境中，每一种网络相当于一定的组织结构形式。

1. 链式沟通

链式沟通表示信息在组织的五个层次中逐级传递，信息在这里既可以上行沟通也可以下行沟通。它相当于一个纵向沟通网络，居于两端的人只能与其相邻的一个成员联系，而居中间的人则可以分别与前面和后面的人沟通信息。在这个网络中，信息逐层传递，容易失真，每一层传递主体都可能在传递过程中过滤、筛选或掺入自己的见解，致使信息增多或减少。这种网络属控制结构，信息不易外泄。在管理中，如果某一组织系统过于庞大，需要实行分权授权管理，那么，链式的沟通网络是一种行之有效的方法。

2. 轮式沟通

轮式沟通表示主管人员分别对四个下级进行沟通联系。只有主管了解全面情况，而下级之间无沟通联系，他们只了解本部门的情况。此网络集中化程度高，解决问题的速度快，是加强组织控制、争时间、抢速度的一个有效方法。如果组织接受紧急任务，要求进行严密控制，则可采取这种网络。但沟通的渠道很少，处于轮式网络中央的主体要接受和处理较大载荷的信息量。

3. Y式沟通

这也是一个纵向沟通网络，但其中只有一个成员位于沟通的中心，成为沟通的媒介。这种网络集中化程度高，解决问题速度快，组织中领导人员预测程度高。此网络适用于主管人员的工作任务十分繁重，需要有人选择信息，提供决策依据，节省时间，而又要对组织实行有效的控制。但此网络易于导致信息曲解或失真，影响组织中成员的士气，阻碍组织提高工作效率。

4. 环式沟通

环式沟通可以看成是链式形态的一个封闭式控制结构，表示信息在五个人之间依次沟通，其中每个人都可以同时与两侧的人沟通信息，但不能跨越相邻成员与他人沟通。在这个网络中，组织的集中化程度较低，畅通渠道不多，组织中成员具有比较一致的满意度，组织士气高昂。如果在组织中需要创造出一种高昂的士气来实现组织目标，环式沟通是一种行之有效的措施。

5. 全通道式沟通

也称星式沟通，是一个开放式的沟通网络模式，表示信息可以在所有成员之间相互沟通。其中每个成员都有一定的联系，彼此了解。此网络中沟通主体地位平等、沟通自由、信息传递速度快而且丰富，合作气氛浓厚。但是这种网络沟通渠道太多，易造成混乱；且又费时，影响工作效率。适合于解决复杂问题、增强组织合作精神、激发创造力的情况。

图10-3示意了以上五种沟通网络。

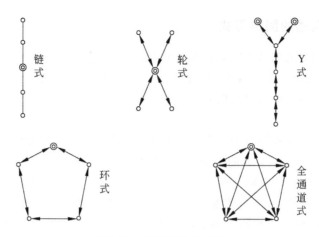

图 10-3　沟通网络示意图

上述五种沟通形态和网络,都有其优缺点。作为一名主管人员,在管理实践中,要进行有效的人际沟通,就需发挥其优点,改进存在的问题,提高沟通效能,使组织的管理工作水平提高。

二、非正式沟通

非正式沟通指在正式沟通渠道以外进行的信息交流和传递。非正式沟通是由于组织成员的感情和动机上的需要而形成的,其沟通渠道往往是通过组织内的各种社会关系,这种社会关系超越了部门、单位以及层次,不受组织监督。非正式沟通网络构成了组织中重要的消息通道。例如同事之间任意交谈,朋友聚会,传播谣言和小道消息等都属于非正式沟通。通过这种沟通途径来交换或传递信息,常常可以满足个人的某些要求。

(一) 非正式沟通的特征

非正式沟通,理论上叫传言。美国管理心理学家戴维斯提出,传言有以下特征:
(1) 消息越新鲜,人们就说得越多。
(2) 对人们工作有影响的,最为人们所谈论。
(3) 人与人在工作上有关联性,最可能牵涉在同一传言中。
(4) 人与人在工作中经常接触,最可能牵涉在同一传言中。

(二) 非正式沟通的方式

(1) 单线式。消息由一连串人传到最终的接受者。即由 A 将信息转告 B,B 再转告给 C,一人传一人,依次传递。这些人之间不一定存在着正规的组织关系,这种链条在传播信息时是最不准确的。

(2) 流言式。也叫闲谈传播式。由一人把取得的信息主动传播给其他成员。这种方式常用于传播令人很感兴趣但却与工作无关的信息。

(3) 偶然式。也叫机遇式。消息被随机传播,而得到信息的人又随机地告诉其他人。这种传播形式通常用于传播非常有趣却无足轻重的信息。

(4) 集束式。消息被有选择地传播给朋友或有关的人,他人接受后又将信息有选择地传递给其他人。这种方式最为普遍。

图 10-4 是这四种方式的示意图。

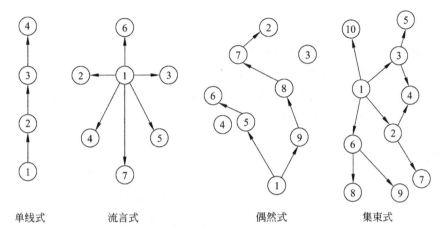

单线式　　　　流言式　　　　　　偶然式　　　　　集束式

图 10-4　非正式沟通方式示意图

作为组织领导者应重视非正式沟通的研究与运用,因为人们的真实思想和动机往往是在非正式的沟通中表露出来的。非正式沟通能更灵活迅速的适应事态的变化,省略许多烦琐的程序,信息传播速度快且易迅速扩散;可以使领导从中得到正式沟通得不到的情况;可以发泄情绪,缓和紧张空气。但非正式沟通也常常会带来不良影响,信息常被歪曲,与事实不符,造成不必要的误会和事端;由于事先将一些信息"泄密",使正式沟通成为"马后炮";它也难以控制,在组织中容易生成小集体,小团体,破坏企业的凝聚力。所以作为一个领导者在非正式沟通面前,既不能一味地反对,也不能置若罔闻,正确的态度应是积极引导,从中吸取合理的因素。

本 章 小 结

沟通,就是我们通常所说的信息交流,是指将某一信息传递给客体或对象,以期取得客体或对象做出相应反应的过程。在这个过程中包含的基本要素有信息发出者、信息接收者、目的、信息、渠道、环境、反馈。组织中沟通的目的是促进组织的变革,即按有利于组织的方向左右组织的行动。沟通可以按照不同的分类标准进行分类,包括口头沟通、书面沟通、非语言沟通;正式沟通和非正式沟通;单向沟通和双向沟通;个体间沟通和群体间沟通。其中正式沟通指在组织系统内,通过组织明文规定的渠道进行的信息传递与交流;非正式沟通指在正式沟通渠道以外进行的信息交流和传递。这两种沟通在组织中是并存的,二者所发挥的作用各不相同,而每种沟通又存在多种形式。在实际工作中,由于多方面因素的影响,信息往往被丢失或曲解,使信息不能被有效地传递,造成沟通的障碍。沟通中的障碍是难免的,我们要采用正确的方式、方法进行控制,同时要掌握一些有效沟通的技巧。

思考与理解

1. 什么是沟通,沟通过程的基本构成是什么?
2. 沟通有哪些类型?
3. 正式与非正式沟通的渠道有哪些?
4. 沟通的障碍有哪些,如何进行控制?
5. 说说你在生活中是如何倾听别人的建议的,如何更好的进行倾听?
6. 总结一下学生与教师之间的沟通方式有哪些?

课外阅读

1. 申明,姜利民,杨万强.管理沟通[M].北京:企业管理出版社,1997.
2. 刘爱华.如何进行有效沟通[M].北京:北京大学出版社,2004.

【案例分析】

一次战略方案制定引起的风波

天讯公司是一家生产电子类产品的高科技民营企业。近几年,公司发展迅猛,然而,最近在公司出现了一些传闻。公司总经理邓强为了提高企业的竞争力,在以人为本,创新变革的战略思想指导下,制定了两个战略方案:一是引人换血计划,年底从企业外部引进一批高素质的专业人才和管理人才,给公司输入新鲜血液;二是内部人员大洗牌计划,年底通过绩效考核调整现有人员配置,内部选拔人才。邓强向秘书小杨谈了自己的想法,让他行文并打印。中午在公司附近的餐厅吃饭时,小杨碰到了副总经理张建波,小杨对他低声说道:"最新消息,公司内部人员将有一次大的变动,老员工可能要下岗,我们要有所准备啊。"这些话恰好又被财务处的会计小刘听到了。他又立即把这个消息告诉他的主管老王。老王听后,愤愤说道:"我真不敢相信公司会做这样的事情,换新人,辞旧人。"这个消息传来传去,两天后又传回邓强的耳朵里。公司上上下下员工都处于十分紧张的状态,唯恐自己被裁,根本无心工作,有的甚至还写了匿名信和恐吓信,对这样的裁员决策表示极大的不满。

邓强经过全面了解,终于弄清了事情的真相。为了澄清传闻,他通过各部门的负责人把两个方案的内容发布给全体职工。他把所有员工召集在一起来讨论这两个方案,员工们各抒己见,但一半以上的员工赞同第二个方案。最后邓强说:"由于我的工作失误引起了大家的担心和恐慌,很抱歉,希望大家能原谅我。我制定这两个方案的目的就是想让大家来参与决策,来一起为公司的人才战略出谋划策,其实前几天大家所说的裁员之类的消息完全是无稽之谈。大家的决心就是我的信心,我相信公司今后会发展更好。谢谢!关于此次方案的具体内容,欢迎大家向我提问。"

通过民主决议,该公司最终采取了第二个方案,由此,公司的人员配置率得到了大幅度地提高,公司的运作效率和经营效益也因此大幅度地增长。

讨论题:
1. 案例中的沟通渠道或网络有哪些?请分别指出,并说出各自的特点。
2. 案例中邓强的一次战略方案的制定为什么会引起如此大的风波?
3. 如果你是邓强,从中应吸取什么样的经验和教训?

【知识点链接】 沟通是指特定组织中的人们,为了达成组织目标而进行的管理信息交流的行为和过程。沟通渠道有正式沟通渠道和非正式沟通渠道之分,前者是对信息传递的媒介物、线路作了事先安排的渠道,是通过正式的组织结构而建立起来的。后者是指非官方的、不受任何约束的信息通道。

第十一章

控制

第一节 控制概述

在现代管理系统中,人、财、物等要素的组合关系是多种多样的,时空变化和环境影响很大,内部运行和结构有时变化也很大,加上组织关系错综复杂,随机因素很多,处在这样一个十分复杂的系统中,要想实现既定的目标,执行为此而拟定的计划,求得组织在竞争中的生存和发展,不进行控制工作是不可想象的。

一、控制概念及其与计划的关系

在管理的基本职能中,控制是要确保组织的所有活动与其环境和计划相一致,从而使这些活动更为有效。具体的讲,控制是通过制定计划或业绩的衡量标准,以及建立信息反馈系统,检查实际工作的进度及结果,及时发现偏差以及产生偏差的原因,并采取措施纠正偏差,从而确保组织目标得以实现的一系列活动。

在理解控制和其他管理职能的关系时,特别要注意的是,计划和控制是一个问题的两个方面。管理人员首先要制定计划,然后计划又成为评定行动及其效果是否符合需要的标准。计划越明确、全面和完整,控制效果也就越好。没有计划就无法衡量行动是否偏离计划,更谈不上纠正偏差。因此,计划是控制的前提,控制则是完成计划的保证。如果没有控制系统,没有实际与计划的比较,就不知道计划是否完成,计划也就毫无意义。因此计划和控制是密不可分的。

二、控制的特点

管理工作中的控制,其控制过程与基本原理与物理、生物、经济及其他各方面的控制没有什么区别。请看电冰箱是怎样工作的:首先,要利用温控器设置电冰箱室内的温度标准(控制标准),然后,借助传感器随时测量电冰箱室内的实际温度,以便获取温度偏差(偏差信息);一旦电冰箱室内的实际温度高于预先设定的温度标准,温控器便向压缩机下达指令,压缩机开始启动进行制冷(纠正措施)。但是,与电冰箱等机械控制系统相比,管理控制又有其自身的特点:

(一)管理控制具有整体性

管理控制具有整体性包括两层含义：一是管理控制是组织全体成员的职责，完成计划是组织全体成员共同的责任；二是控制的对象是组织的各个方面。确保组织各部门和单位彼此在工作上的均衡与协调是管理工作的一项重要任务，为此需了解、掌握各部门和单位的工作情况并予以控制。

(二)管理控制具有动态性

管理工作中的控制不同于电冰箱的温度调控，后者的控制是高度程序化的，具有静态的特征。而组织不是静态的，其内部环境不断地发生变化，进而决定了控制标准和方法不可能固定不变。管理控制应具有动态的特征，这样可以提高控制的适应性和有效性。

(三)管理控制是对人的控制并由人执行

管理控制是保证工作按计划进行并实现组织目标的管理活动，而组织中的各项工作要靠职工完成，各项控制活动也要靠人去进行。管理控制首先是对人的控制。管理控制的这种特点使得管理控制工作中具有更明显的人为因素干扰，这种干扰有可能是正面的，如人们的责任心有助于增强控制效果；也可能是负面的，如担心被处罚的心理会影响偏差信息的收集。如何降低人为因素所产生的负面影响是管理控制工作中一大难题。

(四)管理控制工作是提高职工工作能力的重要手段

控制不仅仅是监督，更重要的是指导和帮助。管理者可以制定偏差纠正计划，但这种计划要靠职工去实施，只有职工认识到纠正偏差的重要性并具备纠正能力时，偏差才会真正被纠正。通过控制工作，管理者可以帮助职工分析偏差产生原因，端正职工的工作态度，指导他们采取纠正措施。这样，既会达到控制目的，又会提高职工的工作质量和自我控制能力。

三、控制的功能

在管理工作中，人们借助计划工作确立目标，借助组织工作来调配资源、构建分工协作网络，借助领导和激励来指挥和激发职工的士气和工作积极性。但是，这些活动并非一定能保证实际工作按计划进行和组织目标的真正实现。因此，控制便显得尤为重要，控制是管理职能链条上的最终环节。

任何组织都需要控制。控制为组织适应环境变化、限制偏差累积、处理组织内部复杂局面和降低成本提供了有效的途径，控制的这四项基本功能也是控制的目的所在。

(一)适应环境变化

如果管理者能够建立起目标并即刻将其实现，就不需要进行控制了。事实上，制定目标之后到目标实现之前，总有一段时间，在这段时间内，组织内部和周围环境会有很多事情发生,如顾客的消费心理的改变,市场的转移,新材料新产品的出现,新的经济法律法规的颁布实施,组织内出现重大的人事变动等等。这些不仅会阻止目标的实现,甚至可能要求视情况的变化对目标进行修改。因此需要构建有效的控制系统帮助管理者预测和确定这些变化,并对由此带来的机会和威胁作出反应。

(二)限制偏差的积累

小的差错和失误不会立即给组织带来严重的损害,然而随着时间变长,小的差错就会被积累、放大,并最终变得非常严重。

工作中出现偏差在很大程度上是不可完全避免的,关键是要能够及时地获取偏差信息,及时采取有效的纠正措施。

(三)处理组织内部的复杂局面

当今的组织发展的越来越复杂,而组织内部的复杂局面使得授权成为必要,但是现实中许多管理者发现他们难以授权,原因是怕下属将他们负责的事情做错。然而,如果管理者建立起有效的控制系统,由它给管理者提供有关下属工作绩效的信息,那么管理者对授权的担心就会减轻,并使组织内的复杂局面变得井然有序。

(四)降低成本

从事经营管理工作的人,最熟悉的一个公式应该是:利润=收入-成本。成本领先是企业获得竞争优势的一个主要手段,它要求建立起达到有效规模的生产设施,强化成本控制,减少浪费。为了达到这些目标,有必要在管理方面对成本控制予以高度重视,通过有效的控制降低成本,增加产出。

第二节 控制工作过程

控制的工作过程是一个循环的系统,而其基本的工作步骤则是确定控制标准、衡量绩效、进行差异分析和采取纠偏措施。

一、确定控制标准

管理控制过程的第一步就是拟定一些具体标准。这里所说的标准(norm),是指评定成效的尺度,它是从整个计划方案中选出的对工作成效进行评价的关键指标。标准的设立应当具有权威性。标准的类型有多种。最理想的标准是以可考核的目标直接作为标准。但更多的情况则往往是需要将某个计划目标分解为一系列的标准,例如,将利润率目标分解为产量、销售额、制造成本、销售费用等。此外,工作程序以及各种定额也是一种标准。

控制标准一般可分为定量标准和定性标准两大类,定量标准便于度量和比较,但定性标准也是不可缺少的。定量标准主要表现为实物标准、价值标准、时间标准。实物标准有明确的数量,是计划工作的主要表现形式,也是控制的基本标准。价值标准反映了组织的经营状况,包括成本标准、利润标准、资金标准等,适用范围很广。时间标准为工作的展开提供了时间限制,表现为工时定额、工程周期等一系列的时间指标。定性标准主要是质量标准,可分为工作质量标准和产品质量标准,这些标准的控制对于整个组织计划和目标的实现极为重要。

一项好的标准应该符合四个方面的要求:总括性与一致性,即标准应在相同的范围和条件下使用,标准之间相辅相成,不能互相矛盾;可行性,即标准水平的高低要得当;稳定性,即标准一经制定,在较长时间内适用;简单性,即标准应通俗易懂,便于理解和执行。

常用的标准拟定的方法有三种:

(1)统计法。统计法就是根据企业内外资料,进行统计分析处理,确定衡量预期成效的统计或常规数据。这样订立出的标准,是以历史上统计数据的经验分析为基础的。标准所选择具体统计数字可能是平均数,也可能是高于或低于中点的一个定点。这种方法制定的标准,较好的反映了过去的平均或一般的水平或状态,为预期未来行为提供了有用的依据。但当系统波动大时,这种方法就不准确了,因为它忽视了新的情况,特别是未来可能出现的变化。

(2)估计法。估计法就是根据管理人员过去的经验和判断来确定控制标准。这种方法制定的标准,实质上反映一种价值判断。管理者对目标的期望及其个人价值系统将起决定作用;同时管理者需要对已经变化了的新情况,特别是对未来的预期,运用主观判断能力进行评估。当然这种办法比前者缺乏一些关于历史状况或趋势的精确分析,但它更重视新的情况,有利于发挥管理人员的主观技能,特别是在缺乏历史统计资料的情况下,则更显示其长处。

(3)工程法。它是根据对具体工作情况作出客观的定量分析来制定标准的一种方法。它不是利用现成的历史数据,也不是靠管理者的经验判断,而是对实际发生活动进行测量,从而订立出符合实际的可靠标准。这种方法订立标准,一般是更科学、更可靠的,因为它是以实际测量为基础的。但是这种方法也有一定的局限性,即有些实际工作的测量的难度是很大的,而且现在的实际也难以反映未来的变化。

二、衡量绩效

在控制活动中,确定标准只是过程的出发点,最有意义的是过程结束时能取得预期的结果。因此控制活动经过一个阶段后,必须对控制结果进行检查和评估,也就是对所获成效作出定性或定量的评价,以便确认实际结果与控制标准之间的比较关系,为下一步寻找偏差做准备。由此可见,绩效评估具有明显的目的性,是控制活动中的一个重要环节。

为做好衡量绩效的工作,管理者要注意以下几个问题。

(一) 全面性,即完整性

对绩效的衡量不能只注意某一方面或某几个方面,而必须进行全面衡量。不仅要检查和评估目标整体要求的实施进度,而且要检查和评估目标所规定的各项具体要求的进度;不仅要衡量结果的获得的客观困难程度,而且要看结果获得的主观努力程度等。否则,衡量出来的数据和结论会带有片面性,不能说明控制活动的全部,甚至可能引导出错误的管理行为。

(二) 客观性

管理活动的实际结果与控制标准之间会出现各种复杂情况,或者没有达到标准;或者超过了标准要求;或者某一部分达到了标准,而另一部分未能达到标准;或者质量、数量达到了要求,而时间、效益上还有一定的差距等,都要作出一个恰如其分的评价。强调结果评定的客观性,其困难不在评定对象——结果本身,而常常在于许多对照对象——标准本身模糊不清。如服务水平、敬业精神、思想解放等。怎样进行客观评价,这是管理者必须认真思考的问题。要做到客观性,需要借助一些科学合理的办法来衡量。

(三) 敏感性

所谓敏感性是指能灵敏地反映出管理活动结果的变化情况。灵敏度越高,则越能衡量出管理活动微小状态变化。从管理需要来说,衡量结果的灵敏度越高,对管理者掌握管理节奏,认识控制活动的规律是非常有益的,它有利于提高控制活动的效果。但从实际可能来看,灵敏度越高、衡量绩效的工作越复杂、越困难、耗费也越大。因此,衡量绩效的敏感性以多高为好,这就需要根据实际情况来决定。

三、进行差异分析

一般说来,管理活动的实际结果与各控制点上的控制标准之间总会有一定的偏差,没有偏差的情况是很少见的,否则就不需要控制了。正因为总有偏差,控制活动才显得尤为重要和有意义。既然存在差异,我们就应及时深入研究分析,找出要害和原因。一般来说,要特别重视对关键环节上的差异、差异特别大的环节和预料之外的差异进行分析。

在具体的管理系统中,绩效偏离标准的原因是各种各样的,归纳起来主要来自四个方面:

(一) 标准本身不合理

如果确定的标准脱离实际,那么,不管你控制多有效,也无法改变结果与标准之间偏离的现状。也就是说,原确定的标准已超出了受控对象可能的行为空间,当然无法使结果与标准一致起来。

(二) 控制力选择不当

由于主观认识上的问题,指挥失误、调节失度,或者是环节上安排不妥,资源的质和量不合乎要求等原因,对控制系统造成了不良影响。

(三) 输入失控

控制对象不仅受"可控输入"的影响,而且还要受到"不可控输入"的干扰。如环境条件的变化,不可预测因素的增减等,都会影响控制系统的输出成效。

(四)控制对象的内部结构不合理

组织结构是组织功能的基础,如果控制对象的内部结构不合理,即使有合理有效的输入,运行结果仍会偏离预期的标准。

分析偏差的原因,目的是准确地找出影响控制系统有效运行的因素,以便为"对症下药"创造条件。所以,在分析偏差原因时,一定要采取科学的态度,深入实际,调查研究,摸透控制系统运行的过程和状态,客观地找出偏差的真正原因。如果不深入研究,粗枝大叶、主观臆想,不仅找不到真正的原因,还可能进一步恶化已经出现的偏差。

四、采取纠偏措施

根据发现的偏差,找出的原因,采取有效的改进措施,使管理回到控制轨道上来,以保证预期目标的实现。管理人员可以通过发挥管理的其他职能来纠正偏差,实施控制。常见的纠正偏差的方法有:①调整原计划。如果发现原有计划安排不当,或由于内外环境的变化,不得不调整计划时,可采用此法。②改进生产技术。在管理中,达不到控制标准,生产技术上的原因占很大比例。因此,采取措施,提高各方面的技术水平,才能及时处理出现的技术问题,纠正偏差,完成预定目标。③改进组织工作。④改进激励工作。控制与激励相辅相成。控制如无激励,就会失去动力,激励如无控制,就没有客观依据。因此,可以通过改进激励工作,达到控制的目的。

第三节 控制工作的基本类型

在组织中,由于控制的性质、内容、范围的不同,控制可以分为许多不同的类型。了解控制的不同的类型,对于根据实际情况选择合适的类型,从而进行有效的控制是十分重要的。这里介绍两种分类:根据控制实施的时间或纠正措施的重点划分,控制可分为前馈控制、现场控制与反馈控制三种类型;根据控制的方式划分,可分为间接控制和直接控制。

一、前馈控制、现场控制与反馈控制

组织内所有活动都可以被认为是将各种资源由投入到转换加工再到输出的过程。将控制集中到这三个阶段,便形成了三种基本的控制类型:前馈控制、现场控制与反馈控制。

(一)前馈控制

前馈控制又称事前控制,是指一个组织在一项活动(如生产或服务活动)开始之前就进行控制。前馈控制主要是对活动最终产出的确定和对资源投入的控制,其重点是防止组织所使用的资源在质和量上产生偏差。通常情况下前馈控制有两个基本目的:一是保证某项活动有比较明确的绩效目标;二是保证各种资源要素合理的分配以达到绩效目

标。因此，前馈控制应力图发现潜在的问题并及早预防。从这个意义上讲，前馈控制是以未来为导向的，需要一种超前的思维和解决问题的方法。

尽管前馈控制是在活动开始之前进行的控制，可以防患于未然，但是实施前馈控制的前提条件也比较多，例如它要求管理者拥有大量准确可靠的信息，对计划行动过程有清楚的了解，懂得计划行动本身的客观规律并要随着行动的进展及时了解新情况和新问题，否则就无法实施前馈控制。由于前馈控制所需要的信息常常难以获得，所以在实践中还必须依靠其他两类控制方式。

（二）现场控制

现场控制又称过程控制、同步控制、事中控制，是在某项活动或工作过程中进行的控制。现场控制的主要特征表现为：在一定的工作的过程中而非完成后发现问题并采取正确的修正活动。它主要有监督和指导两项职能，监督是按照预定的标准检查正在进行的工作，以保证目标的实现；指导是管理者针对工作出现的问题，根据自己的经验指导下属改进工作，或与下属共同商讨纠正偏差的措施，以便使工作人员能正确的完成所规定的任务。管理者亲临现场视察就是一种最常见的现场控制活动。

由于现场控制具有监督和指导职能，有助于提高工作人员的工作能力和自我控制能力。但是，现场控制也有许多弊端：首先，运用这种控制方法容易受管理者时间、精力、业务水平的制约。管理者不能时时对事事都进行现场控制，只能偶尔使用或在关键项目上使用。其次，现场控制的应用范围较窄，对生产工作容易进行现场控制，而对那些难以识别、成果难以衡量的工作，如科研、管理工作等，几乎无法进行现场控制。最后，现场控制容易在被控制者和控制者之间形成心理上的对立，容易损害被控制者工作的积极性和主动性。

（三）反馈控制

反馈控制又称事后控制，是在某项活动或工作之后进行的控制。反馈控制是一种重要而又常用的控制形式，其主要特征是利用一定的计划指标对实际工作绩效进行比较、分析和评价。但反馈控制的最终目的，是在对实际工作绩效评价的基础上，为未来工作的展开和改进提供依据。

反馈控制最大的弊端是在采取纠正措施之前，偏差就已经产生。但是在有些情况下，反馈控制又是唯一可选择的控制类型。反馈控制能为管理者评价计划的制定与执行提供有用的信息，人们可以借助反馈控制认识组织活动的特点及其规律，为进一步实施前馈控制和现场控制创造条件，实现控制工作的良性循环，并在不断的循环过程中，提高控制效果。

上述的三种控制方式是互为前提、互相补充的。现实中，很少有组织只采取单一的控制方式，而是综合使用这三种控制方式，对各种资源的输入、转换和输出进行全面的、全过程的控制，以提高控制效果。

二、间接控制和直接控制

直接控制是对某一项活动（管理活动或业务活动）采用直接执行该项活动控制标准

的方式来进行的控制。同样,对某项活动的间接控制就是不直接执行该项活动的控制标准,而是以该项活动的服务对象的客观评价为控制标准来控制该项活动。不管是直接控制还是间接控制,其控制的好坏最终都要表现为其服务对象对服务的客观评价。

就管理工作本身而言,直接控制和间接控制的区别如下:间接控制着眼于发现管理者所管理的各项工作中出现的偏差,分析产生的原因,并追究其个人责任使之今后改进管理工作;直接控制着眼于培养更好的管理人员,使他们能熟练地应用管理的概念、技术和原理,能以系统的观点来进行和改善他们的管理工作,从而防止出现因管理不善而造成的不良后果。

(一) 间接控制

所谓"间接控制"是基于这样一些事实为依据的:即人们常常会犯错误,或常常没有察觉到那些将要出现的问题,因而未能及时采取适当的纠正或预防措施。他们往往是根据计划和标准,对比和考核实际的结果,追查造成偏差的原因和责任,然后才去纠正。实际上,在工作中出现问题,产生偏差的原因是很多的。所订标准不正确固然会造成偏差,但如果标准是正确的,则不肯定因素、主管人员缺乏知识、经验和判断力等也会使计划遭到失败。所谓不肯定因素包括了不能肯定的每一件事情。例如,一个制造活塞计划的成功与否,不仅取决于已知的各项前提条件,而且还取决于这样一些不肯定因素:未来的世界状况;已知的和尚未发现的金属材料的竞争;以及会把现有最好的活塞发动机淘汰掉的新的动力技术的发展等等。对于这些不肯定因素造成的管理上的失误是不可避免的,故出现这种情况时,间接控制技术不能起什么作用。但对于由于主管人员缺乏知识、经验和判断力所造成的管理上的失误和工作上的偏差,运用间接控制则可帮助其纠正;同时,间接控制还可帮助主管人员总结吸取经验教训,增加他们的经验、知识和判断力,提高他们的管理水平。

当然,间接控制还存在着许多缺点,最显而易见的是间接控制是在出现了偏差,造成损失之后才采取措施,因此,它的费用支出是比较大的。此外,间接控制的方法是建立在以下五个假设之上的:(1)工作成效是可以计量的;(2)人们对工作成效具有个人责任感;(3)追查偏差原因所需要的时间是有保证的;(4)出现的偏差可以预料并能及时发现;(5)有关部门或人员将会采取纠正措施。

然而这些假设有时却不能成立:(1)有许多管理工作中的成效是很难计量的。例如,主管人员的决策能力、预见性和领导水平是难以精确计量的;对完成计划起关键影响作用的部门的工作成效是不能和非关键部门的工作成效相比拟的,即便是前者的工作成效大,也不能说明后者的工作难度一定低于前者。(2)责任感的高低也是难以衡量的。有许多工作,其成效不高,却与个人责任感关系不大或无关。例如由于缺乏廉价燃料时不得不使用另一种昂贵的能源而使费用支出增加。(3)有时主管人员可能会不愿花费时间和费用去进行调查分析造成偏差的事实真相,这往往会阻碍对明显违反标准的原因进行调查。(4)有许多偏离计划的误差并不能预先估计到或及时发现,而往往是发现太迟以至难以采取有效的纠正措施。(5)有时虽能够发现偏差并能找到产生的原因,却没有人愿意采取纠正措施,大家互相推卸责任,或者即使能把责任固定下来,当事的主管人员却固执己见，不愿纠正错误。由此看来，间接控制并不是普遍有效的控制方法，它还存在着许多不完善的地方。

（二）直接控制

控制工作所依据的是这样的事实，即计划的实施结果取决于执行计划的人。销售额、利润率、产品质量等这些计划目标的完成情况，主要取决于直接对这些计划目标负责的管理部门的主管人员。因此，通过遴选、进一步的培训、完善管理工作成效的考核方法等等，以改变有关主管人员的未来行为，是对管理工作质量进行控制的关键所在。

（1）直接控制是相对于间接控制而言的，它是通过提高主管人员的素质来进行控制工作的。直接控制的指导思想认为，合格的主管人员出的差错最少，他能觉察到正在形成的问题，并能及时采取纠正措施。所谓"合格"，就是指他们能熟练地应用管理的概念、原理和技术，能以系统的观点来进行管理工作。因此，直接控制的原则也就是：主管人员及其下属的质量越高，就越不需要进行间接控制。

（2）这种控制方法的合理性是以下列四个较为可靠的假设为依据的：①合格的主管人员所犯的错误最少；②管理工作的成效是可以计量的；③在计量管理工作成效时，管理的概念、原理和方法是一些有用的判断标准；④管理基本原理的应用情况是可以评价的。

（3）进行直接控制的优点。①在对个人委派任务时能有较大的准确性；同时，为使主管人员合格，对他们经常不断地进行评价，实际上也必定会揭露出工作中存在的缺点，并为消除这些缺点而进行专门培训提供依据；②直接控制可以促使主管人员主动地采取纠正措施并使其更加有效。它鼓励用自我控制的办法进行控制。由于在评价过程中会揭露出工作中存在的缺点，因而也就会促使主管人员努力去确定他们应负的职责并自觉地纠正错误；③直接控制还可以获得良好的心理效果。主管人员的质量提高后，他们的威信也会得到提高，下属对他们的信任和支持也会增加，这样就有利于整个计划目标的顺利实现；④由于提高了主管人员的质量，减少了偏差的发生，也就有可能减轻间接控制造成的负担，节约经费开支。

第四节 有效的控制系统

一、控制工作的原理

任何一个负责任的主管人员，都希望有一个适宜的、有效的控制系统来帮助他们确保各项活动都符合计划要求。但是，主管人员却往往认识不到他们所进行的控制工作，是必须针对计划要求、组织结构、关键环节和下级主管人员的特点来设计的。他们往往不能全面了解设计控制系统的原理。因此，要使控制工作发挥有效的作用，在建立控制系统时必须遵循一些基本的原理。

（一）反映计划要求原理

这条原理可表述为：控制是实现计划的保证，控制是为了实现计划，因此，计划越是明确、全面、完整，所设计的控制系统越是能反映这样的计划，则控制工作也就越有效。

每一项计划每一种工作都各有其特点。所以，为实现每一项计划和完成每一种工作所设计的控制系统和所进行的控制工作，尽管基本过程是一样的，但在确定什么标准、控制哪些关键点和重要参数、收集什么信息、如何收集信息、采用何种方法评定成效，以及由谁来控制和采取纠正措施等方面，都必须按不同计划的特殊要求和具体情况来设计。例如，质量控制系统和成本控制系统尽管都在同一个生产系统中，但二者之间的设计要求是完全不同的。

(二) 组织适宜性原理

控制必须反映组织结构的类型。组织结构既然是对组织内各个成员担任什么职务的一种规定，因而，它也就成为明确执行计划和纠正偏差职责的依据。因此，组织适宜性原理可表述为：若一个组织结构的设计越是明确、完整和完善，所设计的控制系统越是符合组织机构中的职责和职务的要求，就越有助于纠正脱离计划的偏差。例如，如果产品成本不按制造部门的组织机构分别进行核算和累计，如果每个车间主任都不知道该部门产出的产成品或半成品的目标成本，那么他们就既不可能知道实际成本是否合理，也不可能对成本负起责任。这种情况下是谈不上成本控制的。

组织适宜性原理的另一层含义是，控制系统必须切合每个主管人员的特点。也就是说，在设计控制系统时，不仅要考虑具体的职务要求，还应考虑到担当该项职务的主管人员的个性。在设计控制信息的格式时，这一点特别重要。送给每位主管人员的信息所采用的形式，必须分别设计。例如，送给上层主管人员的信息要经过筛选，要特别表示出与设计的偏差、与去年同期相比的结果以及重要的例外情况。为了突出比较的效果，应把比较的数字按纵行排列，而不要按横行排列，因为从上到下要比横看数字更容易得到一个比较的概念。此外，还应把互相比较的数字均用统一的足够大的单位来表示（例如万元、万吨等），甚至可将非零数字限制在两位数或三位数。

(三) 控制关键点原理

控制关键点原理是控制工作的一条重要原理。这条原理可表述为：为了进行有效的控制，需要特别注意在根据各种计划来衡量工作成效时有关键意义的那些因素。对一个主管人员来说，随时注意计划执行情况的每一个细节，通常是浪费时间精力和没有必要的。他们应当也只能够将注意力集中于计划执行中的一些主要影响因素上。事实上，控制住了关键点，也就控制住了全局。

控制工作效率的要求，则从另一方面强调了控制关键点原理的重要性。所谓控制工作效率是指：控制方法如果能够以最低的费用或其他代价来探查和阐明实际偏离或可能偏离计划的偏差及其原因，那么它就是有效的。对控制效率的要求既然是控制系统的一个限定因素，自然就在很大程度上决定了主管人员只能在他们认为是重要的问题上选择一些关键因素来进行控制。选择关键控制点的能力是管理工作的一种艺术，有效的控制在很大程度上取决于这种能力。

(四) 控制趋势原理

这条原理可表述为：对控制全局的主管人员来说，重要的是现状所预示的趋势，而不是现状本身。控制变化的趋势比仅仅改善现状重要得多，也困难得多。一般来说，趋势是多种复杂因素综合作用的结果，是在一段较长的时期内逐渐形成的，并对管理工作成效起着长期的制约作用。趋势往往容易被现象所掩盖，它不易觉察，也不易控制和扭转。

通常，当趋势可以明显地描绘成一条曲线，或是可以描述为某种数学模型时，再进行控制就为时已晚了。控制趋势的关键在于从现状中揭示倾向，特别是在趋势刚显露苗头时就敏锐地觉察到。这也是一种管理艺术。

(五) 例外原理

这一原理可表述为：主管人员越是只注意一些重要的例外偏差，也就是说越是把控制的主要注意力集中在那些超出一般情况的特别好或特别坏的情况，控制工作的效能和效率就越高。

质量控制中广泛地运用例外原理来控制工序质量。工序质量控制的目的是检查生产过程是否稳定。如果影响产品质量的主要因素，例如原材料、工具、设备、操作工人等无显著变化，那么产品质量也就不会发生很大差异。这时我们可以认为生产过程是稳定的，或者说工序质量处于控制状态中。反之，如果生产过程出现违反规律性的异常状态时，应立即查明原因，采取措施使之恢复稳定。

(六) 直接控制原理

直接控制，是相对于间接控制而言的。一个人，无论他是主管人员还是非主管人员，在工作过程中常常会犯错误，或者往往不能觉察到即将出现的问题。这样，在控制他们的工作时，就只能在出现了偏差后，通过分析偏差产生的原因，然后才去追究其个人责任，并使他们在今后的工作中加以改正。已如前述，这种控制方式，我们称之为"间接控制"。显而易见，这种控制的缺陷是在出现了偏差后才去进行纠正。针对这个缺陷，直接控制原理可表述为：主管人员及其下属的工作质量越高，就越不需要进行间接控制。这是因为主管人员对他所负担的职务越能胜任，也就越能在事先觉察出偏离计划的误差，并及时采取措施来预防它们的发生。这意味着任何一种控制的最直接方式，就是采取措施来尽可能地保证主管人员的质量。

二、有效控制的要求

要使控制工作发挥作用，取得预期的成效，设计控制系统与技术的系统专家在具体运用上述六条原理时，还要特别注意满足以下几个要求。

(一) 控制系统应切合主管人员的个别情况

控制系统和信息是为了协助每个主管人员行使其控制职能的。如果所建立（或设计）的控制系统，不为主管人员所理解、信任和使用，那么它就没有多大用处。因此，建立控制系统必须符合每个主管人员的情况及其个性,使他们能够理解它,进而能信任它并自觉运用它。例如,不同的人提供的信息形式是不同的,统计师和会计师喜欢用复杂的表格形式;工程技术人员喜欢用数据或图表形式,甚至还有少数人,如数学家,则喜欢用数学模型;而对主管人员来说,由于知识水平所限,不可能样样精通。因此,提供信息时就要注意他们的个性特点,要提供那些能够为他们所能理解、所能接受的信息形式。同时,控制技术也是如此,不同的主管人员适用不同的控制技术。因为即使是很聪明的主管人员,也可能由于系统专家的某些复杂技术而被"难倒"。为此,一些明智的专家是不愿向他人去炫耀自己是如何的内行,而宁愿设计一种使人们容易理解的方法,以使人们能够运用它。这样的专家愿意正视这一点,即如果他们能从一个虽然粗糙,但却是合理的方法中得到80%的好处,那么总比虽然有一个更加完善但不起作用,因而一无所获的方法要好得多。

(二) 控制工作应确立客观标准

管理难免有许多主观因素在内,但是对于下属工作的评价,不应仅凭主观来决定。在需要凭主观来控制的那些地方,主管人员或下级的个性也许会影响对工作的准确判断。但是,如能定期地检查过去所拟定的标准和计量规范,并使之符合现时的要求,那么人们客观地去控制他们的实际执行情况也不会很难。因此,可以概括地说,有效的控制工作要求有客观的、准确的和适当的标准。

客观标准可以是定量的,例如每一个预防对象的费用或每日门诊病人数,或工作完成的日期。客观的标准也可以是定性的,例如一项专门性的训练计划,或者是旨在提高人员质量的专门培训计划。问题的关键在于,在每一种情况下,标准都应是可以测定和可以考核的。

(三) 控制工作应具有灵活性

控制工作即使在面临着计划发生了变动,出现了未预见到的情况或计划全盘错误的情况下,也应当能发挥它的作用。这就是说,在某种特殊情况下,一个复杂的管理计划可能失常。控制系统应当报告这种失常的情况,它还应当含有足够灵活的要素,以便在出现任何失常情况下,都能保持对运行过程的管理控制。换言之,如果要使控制工作在计划出现失常或预见不到的变动情况下保持有效性的话,所设计的控制系统就要有灵活性。这就要求在制定计划时,要考虑到各种可能的情况而拟定各种抉择方案。一般说来,灵活的计划有利于灵活的控制。但要注意的是,这一要求仅仅是应用于计划失常的情况,而不适用于在正确计划指导下人们工作不当的情况。

(四) 控制工作应讲究经济效益

控制所支出的费用必须是合算的。这个要求是简单的,但做起来却常常很复杂。因为一个主管人员很难了解哪个控制系统是值得的,以及它所花费的费用是多少。所谓经济效益是相对而言的,它随经营业务的重要性及其规模而不同,也随着缺乏控制时的耗费情况与一个控制系统能够作出的贡献时的情况而不同。例如,为调查某种原因不明的流行病而花费大量的人力和时间去拟定调查表格,这被认为是值得的。但谁也不会说花费同样的费用去拟定一个旨在了解本单位医护人员技术状况的表格也是合算的。

由于控制系统效果的一个限定因素是相对的经济效益,因而自然就在很大程度上决定了主管人员只能在他认为是重要的方面选择一些关键问题来进行控制。因此可以断言,如果控制技术和方法能够以最小的费用或其他代价来探查和阐明偏离计划的实际原因或潜在原因,那么它就是有效的。

(五) 控制工作应有纠正措施

一个正确的有效的控制系统,除了应能揭示出哪些环节出了差错,谁应当对此负责外,还应确保能采取适当的纠正措施,否则这个系统就等于名存实亡。应当记住,只有通过适当的计划工作、组织工作、人员配备、指导与领导工作等方法,来纠正那些已显示出的或所发生的偏离计划的情况,才能证明该控制系统是正确的。

(六) 控制工作要具有全局观点

在组织结构中,各个部门及其成员都在为实现其个别的或局部的目标而活动着。许多主管人员在进行控制工作时,就往往从本部门的利益出发,只求能正确实现自己局部的目标而忽视了组织目标的实现,因为他们忘记了组织的总目标是要靠各部门及成员协调一致的活动才能实现的。因此,对于一个合格的主管人员来说,进行控制工作时,不能没有全局观点,要从整体利益出发来实施控制,将各个局部的目标协调一致。

(七) 控制工作应面向未来

在前面已经论述过,一个真正有效的控制系统应该能预测未来,及时发现可能出现的偏差,预先采取措施,调整计划,而不是等出现了问题再去解决。

第五节 控制技术和方法

如何有效地运用控制技术和方法是成功地进行控制的重要保证,控制技术和方法多种多样,本节将介绍一些常用的控制技术和方法。

一、管理信息系统

(一) 管理信息系统的概念

"管理信息系统"(management information system,MIS),就是向组织内各级主管部门(人员)、其他相关人员,以及组织外的有关部门(人员)提供信息的系统。更具体的说,我们可以把管理信息系统的定义表述如下:管理信息系统是为有效实现组织目标,由相关人员、各种计算机等装置以及有关程序所组成的提供信息服务的结构性综合体。它通过提供作为决策依据的统一的信息来为一个组织的计划工作、组织工作、人员配备、领导工作、控制工作以及日常的作业服务。

(二) 建立管理信息系统的必要性

一方面,现代社会经济和科学技术迅速发展,进入"信息爆炸时代",管理者所接受的信息的数量急剧增加;另一方面,管理者越来越少与"具体事务"打交道,而更多的是与事务的信息打交道。因此,客观上要求必须把各部门、各环节的分散信息集中起来,建立一个管理组织信息的整体系统,科学地处理信息,以便高质量地、更有效地向管理者提供决策与指挥信息。所以,处于现代社会的各类组织都需要建立起高效率的管理信息系统。

(三) 管理信息系统的功能

管理信息系统主要有以下功能:

(1) 确定信息需要。根据管理者的需要,确定需要搜集何种信息,多少数量;信息的使用者是何人,在何时使用;需要什么样的信息形式等。要根据信息的输出确定信息的输入。

(2) 信息的搜集与处理。即搜集所需要的信息,并改善信息的质量。具体包括五个要素:①检核,就是确定某一特定信息的置信度,同时包括信息来源的可靠性,数据的准确性、有效性等;②提炼,将输入的信息和数据加以编选和缩减,以便向管理人员提供与他们特定任务有关的信息;③编制索引,为信息的储存和检索提供分类基础;④传输,将正确的信息适时地提供给有关管理人员;⑤储存,将信息储存起来,以便必要时再次使用这些信息。

(3) 信息的使用。管理信息系统的最终功能是让管理者更好的使用这些信息。信息使用的效果,主要取决于所提供信息的质量、提供信息的方法或形式、提供信息的时效。信息使用的基本要求是:向有关管理者适时地提供正确的信息。

二、预算控制

在管理控制中使用最广泛的一种控制方法就是预算控制。预算控制最清楚地表明了计划与控制的紧密联系。预算是计划的数量表现。预算的编制既是作为计划过程的一部分开始的,而预算本身又是计划过程的终点,是一种转化为控制标准的计划。

(一) 预算的概念及作用

所谓预算,是根据计划目标和实施方案具体筹划与确定资源的分配、使用以及相应行动预期结果的数字化形式。其突出的特点就是数字化,可以把组织的目标准确、详尽地表示出来,并能清楚地反映出所采取的各种行动的资源(人、财、物及时间)的消耗情况,从而使计划的实施与控制建立在更可靠的基础上。

预算的作用主要表现在:

(1) 帮助管理者掌握全局,控制整体情况

对于任何组织而言,资金财务状况都是举足轻重的,预算使人们得以了解资金的状况,从而可通过对资金的运筹来控制组织的整体活动。由于预算是用数字化的形式来表现的,这为衡量和比较各项活动的完成情况提供了一个清晰的标准,从而使管理人员可

通过预算的执行情况把握组织的整体情况。

(2) 有助于管理者合理配置资源和控制组织中各项活动的开展

组织中预算范围内的资金收支活动,由于得到人力和物力的支持而得以进行,没有列入预算的活动,由于没有资金来源,也就难以开展活动,预算外的收支,会使人很快警觉而被纳入控制。因此,管理者可通过预算,合理分配资源,保证重点项目的完成,并控制各项活动的开展。

(3) 有助于管理者和各部门的工作评价

由于预算为各项活动确定了投入产出标准,因此只要正确运用,就可以根据执行预算的情况,来评价各部门的工作效果。同时,由于预算规定了各项资金的运用范围和负责人,因此通过预算还可以控制各级管理人员的职权,明确各自应承担的责任。

(4) 预算还便于形成勤俭节约、精打细算的工作作风

由于预算一般不允许超支,而且常作为考核的依据,因此预算可迫使管理者在收支的考虑上都尽可能的精打细算,从而有助于杜绝铺张浪费的不良现象。严格和严肃的预算可促使成本下降、效益提高。

(二) 预算的种类

预算的形式多种多样,企业的预算一般可分为以下几种:

(1) 收入与支出预算。这是一种最基本的形式,是用金额表示的,如销售预算与相应的费用预算。一般来说,一个企业的收入与支出将反映其经济活动的基本状态。其支出反映了对企业资源的分配与使用情况;其收入反映了企业行为的预期结果。科学的收支预算,能从基本方面控制企业的总体行动。

(2) 时间、空间、材料及产品预算。这是从要素的自然存在形态上所进行的预算,一般是用这些要素的实际数量单位来表示的。这种预算对控制资源的分配与使用特别有用,如原材料消耗预算、产品成本预算等。

(3) 资金预算,或称资产负债预算。它是就企业的资产、负债、所有者权益及其相互关系进行预测,如企业的资产负债表。

(4) 现金预算。它是根据实际现金收支的经验数据,去预测与安排现金的收入与支出数额。这也是控制企业经济活动的一个重要工具。

(5) 投资预算。它是对一定时期固定资产投资运行情况所进行的预算,如基本建设预算等。

除上述诸种形式外,企业还需编制反映有关基本物资、技术设备、人事规划、市场开发及广告等方面的预期支出的各种专项拨款预算。

(三) 现代预算的方法

(1) 弹性预算。为使预算适应将来可能出现变化的环境,在编制预算中必须注意预算的弹性问题。实行弹性预算的方法主要有两种,一种是变动预算,另一种是滚动预算。①变动预算。这是依照成本性质不同而将其分解的一种预算方法。即一部分费用与产量大小无关,是固定要发生的,称为固定成本;另一部分费用则随产量的变化而变化,成

为变动成本。由于预算期条件时常变化,生产量可能要相应变动,这就需要相应调整变动成本。根据不同的预期产量,编制不同的预算,这就是一种变动预算的方法。这种控制方法主要用于制造、销售等与产量直接相关的成本系统。②滚动预算。这是指先确定一定时期的预算,然后每隔一定时间,就要定期修改以使其符合新的情况,从而形成时间向后推移一段的新预算。变动预算与滚动预算都保持了较大的灵活性,能较好的适应各种变化。

(2)程序性预算。程序性预算方法(即制定计划——编制程序——制定预算)是美国前国防部长麦克纳马拉在制定国防部1963年预算时开始在政府机构中采用的。传统的预算方法是以各项开支为目标制定的。它一般是根据以往的开支情况,将资源分配在各个开支项目上,而忽略了开支只是完成计划目标的手段。这样的预算,必然导致资源分配的不合理以及不能有效的保证组织或部门目标的特定需要。而程序性预算,完全是以计划为基础的,按照计划目标的实际需要来分配资源,使资源最有效的保证目标的实现。

(3)零基预算。在传统的预算方法中,人们确定某项职能的成本费用,往往是以过去的实际支出为基础的。然后,再根据新情况的变化,作适当增加、减少或维持不动。但很可能是这笔费用支出的调整不适应实际情况的变化,甚至可能是原有的费用支出本来就是不合理的。因此,那种以原来费用支出为准线上下调整的办法是有很多弊端的。零基预算就是在制定某项职能预算时从零起点开始其预算过程,即每次都是重新由零开始编制预算。这样可以打破原有的框子,避免了不合理资源分配的延续,使预算更为符合实际,更能适应情况的变化。

零基预算主要适用于支援、参谋等领域,如营销、研究开发、人事、财务等部门。它们的支出一般无硬性根据,主要是根据目标要求来灵活制定。零基预算的主要做法是:①把每一项支援性活动描述为一个决策的组件,每个组件都包含目标、行动及所需资源;②对每一个组件或活动用成本——效益分析的方法进行评价和安排顺序;③在上一步的基础上,对拥有的资源按照每种职能对于实现组织目标所作的贡献大小来进行分配。

三、非预算控制方法

预算主要体现为一种预先控制的手段,而在管理工作中,还需要采取其他管理手段来加强控制。有许多控制方法与预算没有直接关系,但也是非常有效的控制方法。下面介绍几种常用的非预算控制方法。

(一)实地视察

实地视察是一种常用的控制方法。它是指管理者对重要的管理问题的实际调查研究获取控制所需的各种信息,或由亲自观察职工的生产进度、倾听职工的交谈来获取信息,或者亲自参加某些具体工作,通过实践来加深对问题的了解,获得第一手资料。实地视察不仅可以直接与下属沟通,了解他们的工作、情绪、工作成绩,发现存在的问题,而且能够激励下属,有利于创造一种良好的组织氛围。这种方式也可称为"走动管理"。

(二)报告

报告是用来向实施计划的主管人员全面地、系统地阐述计划的进展情况、存在的问题及原因、已经采取了哪些措施、收到了什么效果、预计可能出现的问题等情况的一种重要方式,有助于对具体问题的控制。控制报告的主要目的是提供一种如有必要,即可用作纠正措施依据的信息。对控制报告的基本要求是必须做到:适时;突出重点;指出例外情况;尽量简明扼要。

(三) 资料统计

资料统计是指管理者借助各种数据资料,掌握受控系统的运行情况,进行控制的方法。资料统计要求企业要有良好的基础工作,有健全的原始记录和统计资料。同时,坚持使用统计方法对大量的数据资料进行汇总、整理、分析,就能为控制系统运行、监测偏差并及时采取纠正行动提供有力的依据。所以加强管理的基础工作,健全原始记录,积累统计数据,是实施控制的有效手段。

(四) 管理审计

管理审计,或叫内部审计,是指企业内部的审计人员对企业的会计、财务、人事、生产、销售等方面的工作定期和不定期的独立评价。通过管理审计,可以检查和比较客观地评价企业的各项管理工作,确定哪方面有问题,应采取纠正措施。由此可见,管理审计可为企业管理部门提供各种控制信息。

(五) 比率分析

比率分析就是通过一些比率来分析企业的一些实际情况,如流动比率可以反映一家企业的偿债能力和经营的风险程度,存货周转率可以反映企业存货周转速度,投资报酬率反映企业运用投资的效果等等。比率可以简单明了地反映企业的各种活动,因此可以利用比率分析作为控制的一种手段。例如,企业的负债比率应尽量控制在60%以下,企业的财务风险就较小。

除了以上这些方法,比较有效的控制方法还有在生产控制中常用的计划评审技术、盈亏分析法和线性规划,在库存管理中常用的定量库存控制法、定期库存控制法、经济批量控制法以及在质量管理中提倡的全面质量管理方法等等。

本 章 小 结

管理的控制职能,是对组织的计划、组织、领导等管理活动及其效果进行衡量和校正,以确保组织的目标以及为此而拟定的计划得以实现。控制职能是每一位主管人员的主要职责,正确地和因地制宜地运用控制原理和方法,是使控制工作更加有效的重要保证。管理控制具有整体性、动态性、对人的控制并由人执行、是提高职工工作能力的重要手段等特点。控制为组织适应环境变化、限制偏差累积、处理组织内部复杂局面和降低成本提供了有效的途径,控制的这四项基本功能也是控制的目的所在。

控制工作的过程涉及四个基本步骤:第一步是为应完成的任务制定标准;第二步是衡量实际绩效;第三步是进行差异分析;第四步是采取纠偏措施。

在组织中,由于控制的性质、内容、范围的不同,控制可以分为许多不同的类型。根据控制实施的时间或纠正措施的重点划分,控制可分为前馈控制、现场控制与反馈控制三种类型;根据控制的方式划分,可分为间接控制和直接控制。

要使控制工作发挥有效的作用,在建立控制系统时必须遵循一些基本的原理。分别是:(1)反映计划要求原理;(2)组织适宜性原理;(3)控制关键点原理;(4)控制趋势原理;(5)例外原理;(6)直接控制原理。有效的控制系统还应注意满足以下几个要求:(1)控制系统应切合主管人员的个别情况;(2)控制工作应确立客观标准;(3)控制工作应具有灵活性;(4)控制工作应讲究经济效益;(5)控制工作应有纠正措施;(6)控制工作要具有全局观点;(7)控制工作应面向未来。

如何有效的运用控制技术和方法是成功进行控制的重要保证。控制技术和方法多种多样,常用的控制技术和方法有管理信息系统、预算控制、非预算控制等等。

思考与理解

1. 管理控制有什么样的特点?其在管理工作中应体现什么样的功能?
2. 试述控制过程的主要内容。
3. 比较不同控制类型的优缺点。
4. 构建有效的控制系统应遵循哪些原理,需满足哪些要求?
5. 简述管理信息系统的概念与功能。
6. 简要介绍预算控制的种类与方法。

课外阅读

1. 哈罗德·孔茨,海因茨·韦里克.管理学[M].第9版.北京:经济科学出版社,1993:552-572(第20章).
2. [美]斯蒂芬·P.罗宾斯.管理学[M].第4版.北京:中国人民大学出版社,2004:531-555(第19章).
3. 张玉利.管理学[M].第2版.天津:南开大学出版社,2004:352-379(第12章).

【案例分析】

天安公司的管理创新

天安公司是一家以生产微波炉为主的家电企业。2005年该厂总资产5亿元,而五年前,该公司还只是一个人员不足200人,资产仅300万元且濒临倒闭的小厂。五年间企业之所以有了如此大的发展,主要得益于公司内部的管理创新。

第一,生产管理创新。公司对产品的设计设立高起点,严格要求;依靠公司设置的关键质量控制点对产品的生产过程全程监控,同时,利用PDCA和PAMS方法,持续不断地提高产品的质量;加强员工的生产质量教育和岗位培训。

第二,供应管理创新。天安公司把所需采购的原辅材料和外购零部件,根据性能、技术含量以及对成品质量的影响程度,划分为A、B、C三类,并设置了不同类别的原辅材料和零部件的具体质量控制标准,进而协助供应厂家达到质量控制要求。

第三,服务管理创新。公司通过大量的市场调研和市场分析活动制定了售前决策,进行了市场策划,树立了公司形象;与经销商携手寻找最佳点,共同为消费者提供优质服务;公司建立了一支高素质的服务队伍,购置先进的维修设备,建立消费者投诉制度和用户档案制度,开展多形式的售后服务工作,提高了消费者满意度。

讨论题:

1. 案例中的控制类型有哪些?请分别指出,并说出各自的特点。
2. 天安公司"设置不同类别的原辅材料和零部件的具体质量控制标准"属于哪类控制标准?为什么?
3. 案例中"公司所设置关键质量控制点",体现了控制工作原理中的哪一项?为什么?

【知识点链接】 控制工作可以划分为前馈控制、现场控制和反馈控制。前馈控制是一种在计划实施之前就进行的预防性控制;现场控制是在某项活动或工作进行过程中进行的控制;反馈控制是某项活动或工作之后进行的控制。

控制标准是从整个计划方案中选出的对工作成效进行评价的关键指标。

控制的职能就是使工作按照计划的进度表向预定的目标前进。为了达到有效控制的目的,在建立控制系统时必须遵循相应的原理,即有效的控制原理。

思考与理解答题要点

第一章 绪论

1. 理解管理的概念。

【要点】 管理是指一定组织中的管理者在特定的组织内外环境的约束下,运用计划、组织、领导和控制等职能,有效地整合、利用组织的资源,协调他人的活动,使他人同自己一起实现组织的既定目标的活动过程。

2. 论述管理的含义。

【要点】 管理的含义包括六个内涵要点:管理的主体、管理的客体、管理的职能、管理的载体、管理的环境、管理的目的。理解管理的含义需要从这几个内涵要点着手。

3. 管理有哪些主要职能?

【要点】 计划、组织、领导、控制。

4. 管理者的含义包括哪些内容?

【要点】 管理的主体、管理的客体、管理的职能、管理的载体、管理的环境、管理的目的。

5. 如何理解管理学的科学性和艺术性?

【要点】 管理的科学性强调管理是具有特定规律的完整的知识体系;管理的艺术性更强调管理实践的创造性。管理是科学与艺术的结合。

6. 什么是管理的二重性?管理的二重性有何意义?

【要点】 管理具有自然属性和社会属性两种属性,谓之管理的二重性。意义在于:(1)有助于我们探索某种管理模式形成的规律;(2)有助于借鉴成功的管理理论和方法;(3)有助于确立符合我国国情的管理模式。

第二章 管理理论的形成和发展

1. 管理理论的发展可分为几个阶段?划分依据是什么?

【要点】 早期管理思想阶段古典管理理论阶段、行为科学理论阶段、现代管理理论阶段。划分的依据是时间。

2. 国外古代管理思想发展阶段有什么特征？提出哪些主要管理思想？

【要点】 管理思想是随着生产力发展而不断发展的,古代生产力发展较快的国家的管理思想及管理实践都较丰富。古巴比伦《汉谟拉比法典》中许多条款涉及责任、借贷、最低工资、交易、会计等管理思想。古罗马皇帝戴克里先曾采用把中央集权与地方分权管理有效结合的连续授权制度。《圣经》旧约全书的《出埃及记》的记载中也体现了管理的授权原则及例外原则。

3. 中国古代管理思想主要有哪些？举例说明。

【要点】 (1)尊重客观规律:春秋时期管仲的"与俗同好恶";范蠡的"持盈者与天"、"节事者与地"。

(2)重视人的因素:孔子的"为政在人","举贤才";贾思勰的《齐民要术》中的"欲善其事,先利其器,悦以使人,人忘其劳";"抚恤其人,常遣欢悦"。

(3)重视领导的作用:"其身正,不令而行,其身不正,虽令不从";"举直错诸枉,则民服,举枉错诸直,则民不服"。

(4)重视和谐的人际关系:孟子的"天时不如地利,地利不如人和"。

4. 早期管理思想阶段中,产业革命后的管理思想及代表人物有哪些？

【要点】 亚当·斯密的《国富论》对劳动分工的作用与经济效益的论述;罗伯特·欧文认为企业要想获利,就必须注意对人的关心,在人际关系方面取得和谐一致;查尔斯·巴贝奇认为工人和工厂主之间有着一致的利益,为此主张支付工人报酬的方式应改变,采用工资加利润分享的付酬方式。

5. 泰罗科学管理理论的内容及要解决的问题是什么？

【要点】 主要解决的是劳动生产率的问题。主要内容有:(1)科学管理的中心问题是提高劳动生产率。(2)提高劳动生产率的关键是怎样在管理者和工人之间建立一种和谐的人际关系。(3)挑选和培训第一流的工人。(4)标准化管理。(5)采用刺激性工资报酬制度激励工人努力工作。实行"差别计件工资制"。(6)把计划职能和执行职能区别开来,以科学工作方法取代经验工作方法。(7)提出管理中的分权、授权与例外原则。(8)主张实行职能工长制。

6. 法约尔古典组织理论的内容是什么？

【要点】 (1)六种经营活动。法约尔认为经营包括六种活动:技术活动、商业活动、财务活动、安全活动、会计活动、管理活动。(2)五大管理职能(五大管理要素)。管理包括计划、组织、指挥、协调、控制五大职能,这些职能广泛适用于企业、事业单位和行政组织,是一般性的职能。(3)14条管理原则。法约尔提出了14条著名的管理原则:劳动分工;权力与责任(权责对等);纪律;统一指挥;统一领导;个人利益服从整体利益;人员的报酬;集中(集权);等级制度;秩序;公平;人员的稳定;首创精神;人员的团结。

7. 行为科学和科学管理理论所要解决的问题及途径之异同。

【要点】 行为科学:对工人在生产中的行为以及这些行为产生的原因进行分析研究,目的是解释、预测、控制人的行为,使之有利于达成组织预期的目标,同时使个人获得成长和发展;科学管理理论:泰罗的科学管理理论中心问题是提高劳动生产率,途径是在研究劳动动作和实间标准化的基础上,实行工作定额管理和差别计件工资制。

8. 行为科学的主要理论。

【要点】 (1)人性理论:基于对人性的不同认识;(2)个体行为理论;(3)群体行为理论;(4)领导理论。

9. 现代管理理论中各学派的代表人物及主要观点是什么?

【要点】 社会系统学派,美国,切斯特·欧文·巴纳德,一切组织都是一个由相互协作的个人"自觉地、有意地、有目的地"组成的协作系统,是一种人的相互关系的体系。它是社会大系统中的一个部分,受到社会环境各方面因素的影响。任何协作系统,无论级别高低、规模大小,都包含着三个基本要素:协作的意愿;共同的目标;信息的交流。巴纳德还提出了正式组织与非正式组织理论。

系统管理学派,卡斯特、罗森茨韦克、约翰逊及贝塔朗菲。他们认为,组织是一个人造的开放式系统,与环境之间存在着交互作用;它由各个相互联系的子系统组成,根据研究的需要,可以把子系统分成不同种类,如企业组织中,可分为目标子系统、技术子系统、工作子系统、相互联系子系统、组织结构子系统等等。

管理过程学派,亨利·法约尔,哈罗德·孔茨,认为管理是由一些基本步骤(如计划、组织、控制等)所组成的一个独特过程,这些步骤之间相互联系,递次运转,形成一个完整的管理过程。

经理主义学派,彼得·德鲁克和欧内斯特·戴尔,他们把管理看成是对经验的研究,并运用案例分析作为概括管理经验的手段。主要研究对象是大企业的管理经验,以便把这些经验加以概括和理论化,传授给企业管理的实际工作者和研究工作者。

决策理论学派,美国卡内基-梅隆大学管理学、心理学教授赫伯特·西蒙和美国学者马奇,他们把决策作为管理的中心,西蒙认为,决策贯穿于管理的全过程,管理就是决策。

管理科学学派,美国的伯法、英国的物理学家、诺贝尔奖获得者布莱克特,他们是运筹学应用于生产管理的启蒙研究者。这个学派包括运筹学家、作业分析家或管理科学家。

权变理论学派,主要代表人物有美国尼布拉加斯大学教授卢桑斯,美国伊利诺斯大学的菲德勒教授,强调在管理中要根据组织所处的内外环境变化而随机应变,针对不同情况采用相宜的管理模式与方法,没有一成不变的、普遍适用的、最好的管理模式和方法。

10. 你认为中国企业管理中更适宜采用哪种管理思想?

【要点】 略

11. 管理新观念与传统的管理理论最主要的区别是什么?

【要点】 更加注重组织中人的因素。

第三章 管理的基本原理

1. 什么是系统?它有哪些特征?

【要点】 是指由若干相互联系、相互作用的要素组成,在一定环境中具有特定功能的有机整体。集合性,相关性,环境适应性,动态性,目的性,层次性。

2. 怎样认识相对封闭原理和能级原理?二者存在怎样的联系?

【要点】 所谓封闭,是指系统中个元素之间的制衡关系,在一个组织系统中,管理机构、管理制度、管理原则、管理措施,应该形成连续的封闭回路环环相扣,互相制约,才能确实发挥管理的效力,实现组织的目标;能级原理,在组织系统中,将不同的人分配到不同权责的岗位上,做到因事择人,人尽其才。

3. 怎样运用整分合原理和反馈原理?

【要点】 整分合原理是指任何一个系统,均是统一的整体,任何一个整体内,又有各式各样的子系统和各层次的分工,任何一个子系统及分工又是相互联系、相互制约的,从而形成有机的一个整体;反馈原理就是构建一个控制系统,通过反馈的桥梁作用,不断地调整组织系统目标并适时修正相应决策方案,面对着永远不断变化的客观实际,管理是否有效,关键在于是否有灵敏、准确和有力的反馈。

4. 如何理解弹性原理?

【要点】 管理的各种手段必须及时适应客观事物的变化,有效地实行动态管理,这就是弹性原理。

5. 怎样将动力原理和人本原理结合运用?

【要点】 只有正确的运用动力,才能使管理运动持续有效地进行下去,这就是动力原理。人是生产力中最积极最活跃的因素,也是生产关系中最核心、最关键的因素。管理活动中,管理者是人,被管理者也是人。所谓人本原理,就是指在管理中要以调动人的主观能动性和积极创造性为根本。人的任何管理活动都是人的主观能动性见之于客观现实性的体现,管理首先是人为达到自己的目的而进行的自觉活动。

6. 如何理解权变(弹性)原理和效益原理?

【要点】 管理的各种手段必须及时适应客观事物的变化,有效地实行动态管理,这就是弹性原理;效益原理是找到最好的方式或方法,使人们能以尽可能少的投入(成本)换取尽可能多的产出(效益)。

第四章 决策

1. 什么是决策?其内涵要点有哪些?

【要点】 所谓决策,就是在组织外部环境及内部条件约束下,为实现组织特定目标,从所拟定的若干个备选方案中选出较为满意的方案付诸实施的管理活动。其特点有目标确定性;环境条件约束性;方案可选择性;决策的风险性。

2. 为什么说决策只能以"满意"(最佳)为原则而非"最优"?

【要点】 用最大化准则择优需要具备三个条件:(1)有全部的备选方案可供选择;(2)每个备选方案所产生的后果都十分清楚,也就是说决策者有无限的估算能力;(3)对所有的备选方案的结果能按好坏顺序排列。显然,决策者不可能完全具备这些条件。

3. 西蒙决策理论的内容。

【要点】 (1)组织是作为决策者组成的系统,组织成员的第一个决策是应否加入该组织。(2)"管理就是决策",决策贯穿于管理全过程。(3)创立了用"满意原则"代替传统的"最优化原则"的新理论。(4)决策时既重视数学模型、计算机技术等定量分析方法,又重视行为科学、人际关系等社会因素对决策的影响。(5)决策不是一瞬间,而是包括搜集信息资料、拟出备选方案、选择方案等一系列过程。

4. 决策的分类方法;程序化决策、非程序化决策的含义。

【要点】 按决策活动表现的形式不同,可分为程序化决策和非程序化决策;按决策的性质不同,可分为战略决策和战术决策;按决策的方法不同,可分为确定型决策、风险型决策和不确定型决策;按决策问题所面临的对象不同,可分为非对抗型决策和对抗型决策。程序化决策又称常规决策,是指具有一定程序、模式及标准的例行决策;非程序化决策是不经常出现的偶然性决策,没有既定的程序及模式为依据。

5. 理解决策的基本原则及意义。

【要点】 决策的基本原则包括信息原则、可行性原则、系统原则、对比择优原则、柔性原则、集体决策原则。

6. 简述决策的程序。

【要点】 决策的程序包括发现问题、确定决策目标、拟定备选方案、方案的评价和选定、决策方案的执行和反馈。

7. 掌握头脑风暴法、对演法和德尔菲法的应用

【要点】 头脑风暴法又称畅谈会法。是用小型会议的形式,启发大家畅所欲言,充分发挥创造性,经过相互启发产生思维共振,然后集思广益,提出多种可供选择的方案的方法。对演法是分小组提出不同方案,会上各方案提出者分别介绍自己的观点,展开辩论,互攻其短,充分暴露各方案的缺点和不完善之处;或者预先设计一个方案,作为对立面,故意让与会者提出挑剔性意见。通过这种方法,可以尽量考虑可能发生的问题,增加方案的完善程度和可行性。

德尔菲法又叫专家调查法。它是把所要决策的问题和必要的资料,用信函的形式向专家们提出,每个专家根据资料给出自己的意见和决策依据。决策的组织者将第一次决策的结果及资料进行统计整理后再反馈给专家,让专家比较自己同他人的不同意见修改自己的意见和判断,决策的修改可进行3~5轮。经过专家几次反复修改的结果,根据全部资料,确定出专家趋于一致的决策意见。

8. 确定型决策、风险型决策、不确定型决策的概念及区别。掌握应用方法。

【要点】 确定型决策就是每个行动只产生一个确定结果的决策,因此,最优行动方案常常是求收益最大的方案;风险型决策又称随机型决策,指未来自然状态及其发生的概率均为已知条件下的决策,这种决策中,每一个行动方案因对应有各种不同的自然状态,所以无论选定哪一个行动方案,其结果亦是不确定的,有一定的风险性;不确定型决策是在行动方案的自然状态及发生的概率都未知情况下所做的决策。

第五章 计划

1. 计划的概念与特点。

【要点】 计划是指组织在未来一定时期内,对组织目标做出的决策和对执行决策的途径做出的具体安排,是组织、领导、控制等管理活动的基础。计划的特点:(1)计划的目

的性;(2)计划的首要性;(3)计划的普遍性;(4)计划的秩序性;(5)计划的效率性。

2. 计划与决策的关系。

【要点】 二者的联系表现为:(1)计划是组织最重要也是最首要的决策。计划面临的首要问题是决定组织用什么样的战略来实现其目标的决策。(2)计划的步骤和决策的步骤大体相同。计划也需要考虑外部环境及内部条件的约束,从而估量机会,确定组织目标;之后的拟出备选方案、选择评价方案等步骤都相同。(3)计划与决策相互渗透,不可分割地交织在一起。

从整个管理过程看,计划与决策二者的区别在于:(1)决策是组织对活动方向与方式的选择,贯穿于整个管理过程中。计划则是对组织目标、组织发展战略、组织内部不同部门、不同成员的工作任务的具体安排。(2)计划是决策的组织落实过程。决策是计划的前提,计划是决策的逻辑延续。决策为计划的任务安排提供了依据,计划则为决策所选择的目标活动的实施提供了要素保证。(3)计划是一种决策,而决策不仅仅存在于计划职能之中。

3. 计划的类型及作用。

【要点】 按照时间长短可分为长期、中期和短期计划;按照功能性质可分为业务计划、财务计划和人事计划;按照对象范围分可分为综合计划和专业计划;按照明确程度分可分为指向性计划和具体计划;按照程序化程度分可分为程序性计划和非程序性计划;按照影响范围分可分为战略计划和战术计划。

4. 计划的编制包括哪几个阶段的工作?

【要点】 估量机会;确定计划目标;明确计划的前提条件;拟定、评价和选择计划方案;制定主要计划;制定派生计划;制定预算使计划数字化。

5. 计划的实施有哪些方法?滚动计划有何特点?

【要点】 计划实施方法有目标管理、滚动计划法、网络计划技术。滚动计划法的特点是"分段编制,近细远粗"。

6. 何为目标管理?其核心内容是什么?如何利用目标管理组织计划的实施?

【要点】 目标管理在假设所有的员工均能积极参与目标制定、在实践中能够进行自我控制、能够自觉完成工作目标的前提下,将组织的任务转化为各级组织成员共同制定的、分层次的目标,并确定彼此的成果责任。以目标实现程度和责任履行状况作为奖惩员工的依据。

目标管理的核心内容包括:(1)形成目标体系;(2)规定目标的性质;(3)通过参与式管理完成组织成员各自的职责。

目标管理的实施过程:设定目标;目标执行;目标检查;实施奖惩;制定新目标。

7. 网络计划技术的概念。怎样用网络计划技术编制计划?

【要点】 网络计划技术又称网络分析技术,它是运筹学的一个分支,是系统工程的一项重要技术,是项目计划技术的一种。由于项目是在固定的预算以及固定的时间内,为了达到某一明确的最终目标,临时组合在一起的一组资源,所以时间和资金的约束性产生了对计划的需求。网络计划技术的基本原理是将拟定与开发项目的计划作为一个系统来看待,将组成该系统的各项具体工作分解先后顺序,通过网络图的形式对整个系统全面规划,控制工作进度、安排利用资源。

第六章 组织

1. 试述组织的概念。

【要点】 组织是按照一定的职务和职位结构配置成员,为实现特定的目标而形成的有序的结构体系。我们可以从静态和动态两个角度加以理解。从静态的角度来看,组织是一种人与人、人与事关系的系统或模式,体现为一种特定的结构体系,即组织结构。从动态的角度看,组织体现为创设、维持和变革组织结构,以完成组织目标的过程,即组织工作。

2. 组织工作有哪些基本内容?

【要点】 (1)根据组织目标的要求设计一套与之相应的组织结构;(2)明确规定各部门的职权关系;(3)明确规定各部门之间的沟通渠道与协作关系;(4)人员配备;(5)团队精神的培育和组织文化的建设;(6)组织变革与创新。

3. 组织结构设计应遵循哪些原则?

【要点】 遵循任务目标、分工协作、统一指挥、管理幅度、集权与分权相结合、职权责利相对应、精干高效、稳定性与适应性相结合、执行和监督分设的设计原则。

4. 简述主要的部门化方式及其优缺点。

【要点】 职能部门化,优点是:有利于专业化,能够减少稀缺资源的重复浪费;有利于专家们职业生涯的发展,使部门内部的交流变得容易。其缺点是:过于强调日常的任务,使得管理人员的监督观念变得越来越狭隘;既减少了部门间的交流,又增加了部门间的依赖;对涉及全局性的问题难于发现。

产品部门化,优点是:可以提高决策的效率;有利于本部门内更好的协作;易于检查产品质量和监督职工,因此,有利于提高产品质量,有利于进行核算。其缺点是:各个部门的管理人员都把注意力集中在本部门的生产上面,因而对整个组织集体的关心就有所忽视;由于每个部门都有自己的市场调查和财务分析等方面的人员,因而形成行政管理人员庞大,费用增加。

地区部门化,优点是:有利于对本地顾客和环境的变化作出迅速的反应并采取相应的措施;有利于培养独当一面的管理人才。其缺点是:由于地区和人员分散,增加了总部对各个分部控制的难度,而且区域之间的协调也不容易进行;存在机构重复设置,集中进行的经济活动也得不到很好的开展等问题。

过程部门化,优点是:符合专业化原则,可充分利用专业技术和特殊技能,简化培训,提高工作效率。其缺点是:各部门之间的沟通协作困难,同时不利于全面管理人才的培养。

顾客部门化,优点是:能够更好的做到以顾客为中心,能够快速的掌握顾客需求的变化并提供优质服务。其缺点是:顾客分类有些难度,且容易造成忽视或放弃某一部分客户。

5. 试述管理层次与管理幅度的关系。

【要点】 管理幅度与管理层次相互制约,它们之间存在着反比例的数量关系,其中起主导作用的是管理幅度。

6. 简述影响集权与分权的主要因素。

【要点】 (1)组织因素。组织因素包括：①组织规模；②产品结构和生产技术特点；③职责与决策的重要性；④管理控制技术发展程度。(2)环境因素。环境因素包括：①外部环境；②内部环境。(3)管理者与下级因素。

7. 组织结构有哪些类型？各类型特点如何？

【要点】 典型的组织结构类型有直线制、职能制、直线职能制、事业部制、矩阵制、委员会制和网络型组织结构等。

第七章 人员配备

1. 人事管理与人力资源管理有何不同？

【要点】 人力资源管理与传统的人事管理相比，具有以下特点：(1)管理阶层重视，人力资源管理成为各阶层管理者的一项重要工作；(2)注重人力资源的开发和利用；(3)强调参与管理及组织文化建设；(4)协调组织成员的关系；(5)在组织发展的同时使组织成员个人得到发展。

2. 人员配备的重要性有哪些？

【要点】 (1)人员配备是组织有效活动的保证；(2)人员配备是组织发展的准备。

3. 人员配备必须满足哪些要求？

【要点】 适才适能；选贤任能；扬长避短；群体相容；协调发展。

4. 什么是职务分析？职务说明书应该包括哪些内容？

【要点】 职务分析(job analysis)也叫工作分析，是组织中一切人事管理工作的基础，从组织决策、人员选聘、绩效考评到管理人员的报酬和发展，都要以职务分析所提供的信息为依据。职务分析应该有以下内容。

(1) 职务概要：概括本职务的特征及主要工作范围。

(2) 责任范围及工作要求：列出任职人员需完成的任务、所使用的材料及最终产品，需承担的责任，与其他人的联系，所接受的监督及所施与的监督等。

(3) 机器、设备及工具：列出工作中用到的所有机器、设备及辅助性工具等。

(4) 工作条件与环境：列出有关的工作条件，以及可能遇到的危险、工作场所布局等。

(5) 任职资格：即职务规范，指出担任此职务的人员应该具备的基本资格和条件。

5. 组织实行外部招聘或内部提升各有什么利与弊？

【要点】 外部招聘方式好处和优点是：(1)有较广泛的人才来源满足组织的需求，并有可能招聘到第一流的管理人才。(2)被聘人员具有"外来优势"。"外来优势"是指被聘者没有"历史包袱"。因组织成员只知其工作能力和实绩，而不知其失败记录，所以他可以大胆放手工作。(3)有利于平息和缓和内部竞争者之间的紧张关系。(4)可避免近亲繁殖，给组织带来新的思想、新的方法，防止组织的僵化和停滞。(5)大多数应聘者都具有一定的理论知识和实践经验，因而可节省在培训方面所耗费的大量时间和费用。

当然,外部招聘也有其局限性:(1)外聘人员不熟悉内部情况,缺乏人事基础,需要有一个适应过程。(2)组织对应聘者不能深入了解,可能会有错误的选聘。(3)外聘最大的局限莫过于对内部员工的打击。如果外聘形成制度和习惯,会堵死员工晋升之路,挫伤其工作积极性,同时也影响外部人士的应聘。

内部提升优点主要是:(1)有利于提升士气,提高工作热情,调动组织成员的积极性。(2)有利于吸引外部人才。内部晋升表面上排斥外部人才,但实际上,由于能凭借实力得到提升,因而外部人才乐意应聘到这样的组织中来。(3)有利于保证选聘工作的正确性,使选聘的人员更适合职务要求。(4)有利于被聘者迅速开展工作。这是因为内部提升的管理人员对组织情况熟悉,能迅速打开工作局面。

但内部提升制度也有其弊端:(1)引起落选同事的不满。(2)可能造成"近亲繁殖"现象,不利于管理创新,不利于管理水平的提高。(3)当组织所需人才在组织内部找不到合适人选时,仍坚持内部提升和培养,则会影响组织绩效。

6. 人员招聘的程序与方法是什么?

【要点】 程序:(1)公开招聘信息;(2)对应聘者进行初选;(3)对初选合格者进行知识与能力的考核;(4)选定录用人员;(5)评价和反馈招聘效果。

方法:(1)面试,包括结构化面试和非结构化面试;(2)测评中心,包括处理公文测验和无领导小组讨论。

7. 人员考评的基本内容有哪些?

【要点】 业绩考评、行为考评、能力考评、态度考评。

8. 人员考评的方法有哪些?

【要点】 (1)强制分布法;(2)两两对比法;(3)关键事件法;(4)行为锚定评分法;(5)目标管理法等。

9. 人员的培训方法有哪些?

【要点】 (1)工作轮换;(2)设置助理职务;(3)设置临时职务。

10. 管理中的"彼得原理"指的是什么?它的意思是否是说高级管理人员都不称职?

【要点】 彼得原理——在实行等级制度的组织里,每个人都崇尚爬到能力所不逮的层次。

它的意思并非是高级管理人员都不称职,而是提拔管理人员往往是根据他们过去的工作成绩和能力。在较低层次表现优异、能力突出的管理者并不一定能胜任较高层次的管理工作。只有当这些人担任高层次管理工作的能力得到证实后,组织才能考虑将其晋升。

第八章 领导

1. 领导的概念及含义是什么?

【要点】 领导定义为是一种影响力,是指挥或带领、引导或鼓励追随者为实现目标而努力的过程。这个定义包括下面几个要素。

(1)领导者必须有追随者,没有追随者的领导谈不上领导。

(2)领导者有影响追随者的能力,这些能力包括由组织赋予领导者的职位和权力,也包括领导者个人所具有的影响力。

(3) 领导的目的是通过影响力来影响人们心甘情愿地努力达到组织目标。

2. 领导特征理论的内容是什么？其意义何在？

【要点】 对领导的研究主要是以探讨领导者的特征为主,力图分析领导人所具备的个人特性。该理论最初希望找出历史上各个伟人的特征,并假设这些特征会影响到他们的成就。如能找出这些特征,就能以此来挑选领导者。

3. 领导行为四分图的含义及其贡献是什么？

【要点】 领导行为归为两类：第一类是关心下属的行为；第二类是建立制度的行为。两种领导行为在一个领导者身上可以是两方面的一个整体组合。将两维坐标的平面分为四个象限,每个象限代表一种组合。意义在于这是用两维空间表示领导行为的首次尝试,为以后的研究开辟了一条新的途径。

4. 管理方格理论的作用是什么？

【要点】 管理方格理论用横坐标表示领导者对生产的关心程度,用纵坐标表示对人的关心程度,将代表两类领导行为的坐标各划分为9等分,形成了81个方格,每个方格代表一种对"生产"和"人"关心的不同程度的组合形成的领导行为。管理方格在识别和区分管理作风方面是一个有用的工具。

5. 领导权变理论提出的主要论点是什么？菲德勒的领导权变理论的主要内容和方法是什么？

【要点】 领导权变理论提出,不存在一种"普适"的领导方式,领导工作强烈地受到领导者所处的客观环境的影响,换句话说,领导和领导者是某种既定环境的产物。

费德勒的领导权变理论认为,人们之所以成为有效领导者不仅在于他们的个性,而且也在于各种不同的环境因素和领导者群体成员之间的交互作用。他将环境因素分为职位权力、任务结构和领导者与被领导者关系三个方面,领导风格分为任务导向和关系导向。当领导者所处的环境是"有利"或"不利"的情况下,采用任务导向领导方式,将是最有成效的。即在职务权力很高,任务结构明确,上下级关系良好,或职务权力不高,任务结构不明确,上下级关系恶劣时,关心任务的领导者将是最有成效的；当领导环境仅是有些不利或是一般的情况下,关系导向的领导者是最有成效的。

6. 领导权变理论对管理实践有何指导意义？

【要点】 权变理论认为在不同的情境下需要不同的特征和行为才能达到有效的管理。权变理论提出,不存在一种"普适"的领导方式,领导工作强烈地受到领导者所处的客观环境的影响。

7. 领导决策的含义及要素的具体内容是什么？

【要点】 领导决策,就是以领导者为主体,以本单位整体所面临的问题为内容,同领导权相联系的一种特殊类型的决策,它较之其他类型的决策,规模更大、影响更广、结构成分更复杂。要素包括：决策主体、决策客体、决策信息、决策方法和决策成果。

8. 领导决策与管理决策有何异同？

【要点】 首先,领导决策通常都具有明显的战略性,内容主要是有关国家、地区、系统或单位有关发展方向和远景的重大决定；而管理决策通常是侧重战术性的,是以领导决策为指导或基础,并为领导决策服务的。其次,领导决策大都是非常规性的,所以解决的办法一般无先例可寻,只能靠自己设法安排解决;而管理决策一般都是常规性的,解决的办法大都是在已有的经验或模式基础上加以改进、发展和提高。

9. 领导决策的科学原则有哪些?

【要点】 (1)"三面向"原则;(2)分层决策原则;(3)可行择优原则;(4)跟踪反馈原则。

10. 领导艺术的含义是什么?

【要点】 领导艺术是指领导者根据其自身的知识、经验和智慧来处理组织中非规范化管理活动的领导技巧和能力。领导艺术是实践性与理论性的统一,是随机性与原则性的统一,是继承性与创造性的统一,是动态多样性与相对静止性的统一。

11. 领导在用人时应注意哪些问题?

【要点】 (1)树立正确的人才观念;(2)用人的根本是用人所长;(3)用人的关键在于授权;(4)用人之忌:疑人、嫉才、唯亲。疑人不用,用人不疑,这是用人的一条法则;(5)用人应为实现人的成长与发展提供机会。

12. 一个有效的领导者应具备哪些素质?

【要点】 (1)品德高尚;(2)个性完善;(3)富于进取心和创新意识;(4)博学多识;(5)多谋善断;(6)知人善任;(7)沟通协调能力强。

13. 一个组织或群体的领导是否有效应从哪些方面反映出来?

【要点】 (1)下级的支持;(2)相互关系;(3)员工的评价;(4)激励程度;(5)沟通的效果;(6)工作效率;(7)目标的实现。

14. 根据权力定位和工作定位的不同可将领导方式分为哪些类?

【要点】 根据权力定位和工作定位的不同,可以分为集权型、民主型、任务型、关系型和兼备型五种。

第九章 激励

1. 激励的概念,其中包括哪些要素?

【要点】 激励作为一种管理行为,简言之,就是调动人的积极性。从管理心理学的角度看,激励是指利用各种主客观因素激发人的动机,诱导和强化人的行为,使之向期望目标趋近的作用过程。

2. 解释"需要—动机—行为"循环模式。

【要点】 该模式表明,人的行为受某种动机所驱使,动机被激发是由于人的需要,最强烈的需要决定人的行为。人的行为达到预期目标,他的需求就得到满足,从而产生新需要,激发新动机,采取新行为,达到新目标,循环往复,永无止境。

3. 阐述激励的机理与实质。

【要点】 在需要—动机—行为循环模式中,一个人可能同时存在着多种需要,要使与实现组织目标相一致的潜在需要变得最强烈,从而促使员工为满足这种需要产生的动机与行为有利于实现组织目标,组织的管理者就有意识地在员工的行为循环中注入有针对性的激励措施,刺激这种需要,强化人的动机,改进人的行为,使之向达成组织目标的方向发展,最终在实现组织目标的同时,实现员工的个人目标,这就是激励的机理与实质。

4. 激励目标有什么作用?为什么要对其提出设置要求?有哪些要求?

【要点】 激励是否有效,关键在于激励目标设置是否合理。为达到激励的目的,设置激励目标应符合以下要求:

(1) 不仅要考虑组织成员的个人需要,最终还是为了完成组织目标。因此设置激励目标时,必须将组织目标纳入其中。

(2) 所设置的目标必须是被激励者迫切需要的,否则不可能激发其动机或激发出来的动机强度不够,以至于不能实现组织所期望的结果。

(3) 激励目标设置要适当,既不能高不可攀,又不能俯首即拾,应是通过努力可以实现的。

5. 理解各种激励理论,比较其异同,认识其各自长处,掌握其应用价值。

【要点】 激励理论包括马斯洛(A. H. Maslow)需要层次理论、奥尔德弗(Alderfer)的ERG理论、麦克利兰(D. Meclelland)的三分法需要、赫茨伯格(F. Herzberg)的双因素理论、弗鲁姆(V. H. Vroom)的期望理论、斯金纳(B. F. Skinner)的强化理论、亚当斯(J. S. Adams)的公平理论等。

6. 各种激励原则、激励方法及其意义。

【要点】 激励原则包括内在激励与外在激励相结合、精神激励与物质激励相结合、竞争与和谐并重、共性与个性兼顾、时机与力度相宜。

激励方法包括:(1)目标激励;(2)榜样激励;(3)感情激励;(4)竞争激励;(5)领导行为激励;(6)评价激励;(7)荣誉激励;(8)组织观念激励;(9)物质激励。

第十章 沟通

1. 什么是沟通,沟通过程的基本构成是什么?

【要点】 沟通是人们通过各种媒介传递语言或非语言信息,以达到实现主体目的并了解客体思想、情感、价值观等方面的一种双向互动过程。沟通过程包括:(1)信息发送者;(2)听众(受众/信息接收者);(3)目标;(4)信息;(5)沟通渠道;(6)环境;(7)反馈。

2. 沟通有哪些类型?

【要点】 按照沟通渠道不同,沟通可分为口头沟通、书面沟通、非语言沟通等;按照组织系统,沟通可分为正式沟通和非正式沟通;按照是否进行反馈,沟通可分为单向沟通和双向沟通;按主体划分,沟通可分为个体间沟通和群体间沟通。

3. 正式与非正式沟通的渠道有哪些?

【要点】 正式沟通的渠道有下行、上行、平行和斜行沟通。网络包括链式沟通、轮式沟通、Y式沟通、环式沟通和全通道式沟通。非正式沟通的网络包括单线式、流言式、偶然式和集束式。

4. 沟通的障碍有哪些,如何进行控制?

【要点】 源于沟通主体方面的因素:(1)目标不明;(2)选择失误;(3)沟通形式不当。
源于沟通客体方面的因素:(1)知觉偏差;(2)情绪因素;(3)过滤加工。
沟通障碍的控制包括(1)沟通要有认真的准备和明确的目的性;(2)设计合理的沟通渠道;(3)运用反馈;(4)了解下属,消除顾虑;(5)运用通俗、准确的语言;(6)培养个人的信誉;(7)重视双向沟通、平行沟通和斜行沟通;(8)避免过早的评价;(9)选择适当的沟通方式;(10)控制情绪。

5. 说说你在生活中是如何倾听别人的建议的,如何更好的进行倾听?(略)

6. 总结一下学生与教师之间的沟通方式有哪些?(略)

第十一章 控制

1. 管理控制有什么样的特点?其在管理工作中应体现什么样的功能?

【要点】 管理控制的特点是:(1)管理控制具有整体性;(2)管理控制具有动态性;(3)管理控制是对人的控制并由人执行;(4)管理控制工作是提高职工工作能力的重要手段。

功能:(1)适应环境变化;(2)限制偏差累积;(3)处理组织内部复杂局面;(4)降低成本。

2. 试述控制过程的主要内容。

【要点】 (1)确定控制标准;(2)衡量绩效;(3)进行差异分析;(4)采取纠偏措施。

3. 比较不同控制类型的优缺点。

【要点】 根据控制实施的时间或纠正措施的重点划分,控制可分为前馈控制、现场控制与反馈控制三种类型;根据控制的方式划分,可分为间接控制和直接控制。

4. 构建有效的控制系统应遵循哪些原理,需满足哪些要求?

【要点】 有效控制的原理:(1)反映计划要求原理;(2)组织适宜性原理;(3)控制关键点原理;(4)控制趋势原理;(5)例外原理;(6)直接控制原理。

有效控制的要求:(1)控制系统应切合主管人员的个别情况;(2)控制工作应确立客观标准;(3)控制工作应具有灵活性;(4)控制工作应讲究经济效益;(5)控制工作应有纠正措施;(6)控制工作要具有全局观点;(7)控制工作应面向未来。

5. 简述管理信息系统的概念与功能。

【要点】 管理信息系统是为有效实现组织目标,由相关人员、各种计算机等装置以及有关程序所组成的提供信息服务的结构性综合体。

它的功能:(1)确定信息需要;(2)信息的搜集与处理;(3)信息的使用。

6. 简要介绍预算控制的种类与方法。

【要点】 预算的种类:(1)收入与支出预算;(2)时间、空间、材料及产品预算;(3)资金预算,或称资产负债预算;(4)现金预算;(5)投资预算。

预算的方法:(1)弹性预算;(2)程序性预算;(3)零基预算。

教师服务

感谢您选用清华大学出版社的教材！为了更好地服务教学，我们为授课教师提供本书的教学辅助资源，以及本学科重点教材信息。请您扫码获取。

≫ 教辅获取

本书教辅资源，授课教师扫码获取

≫ 样书赠送

企业管理类重点教材，教师扫码获取样书

 清华大学出版社

E-mail: tupfuwu@163.com
电话：010-83470332 / 83470142
地址：北京市海淀区双清路学研大厦 B 座 509

网址：http://www.tup.com.cn/
传真：8610-83470107
邮编：100084

教学服务

为方便教师授课和本书读者学习使用，清华大学出版社向授课教师提供本书的教学资源。为了配合本书的教学，我们还开通了相关的教学服务微信公众号，以反馈本学科重点校的教师、学生使用本书的情况。

> **教学配套**

本书提供课件、习题参考答案和程序代码。

> **样书赠送**

定位于普通高等教育重点规划教材、教师明确开设该课程，可获赠样书。

清华大学出版社

E-mail: hupjiwu@163.com
电话：010-83470236 / 83470142
地址：北京市海淀区双清路学研大厦 B 座 509
网址：http://www.tup.com.cn/
电话：8610-83470107
邮编：100084